# FRENCH FOR TODAY

## Pupil's Book C

**T R W Aplin**
Head of Languages, Henry Box School, Witney

**P J Downes**
Headmaster, Hinchingbrooke School, Huntingdon

HODDER AND STOUGHTON
LONDON SYDNEY AUCKLAND TORONTO

# ACKNOWLEDGEMENTS

We should like to thank the following for their help in supplying us with the photographs that appear on the cover of this book: Paul Popper Ltd; Keystone Press Agency Ltd; Spectrum Colour Library.

The authors and publishers would like to thank the following for permission to reproduce photographs: Air France (bottom p. 91); All-Sport (bottom right p. 71); British Hovercraft Corporation (top p. 91); Chambre Syndicale des Constructeurs d'Automobiles (p. 8 and bottom left p. 49); C.N.D.P Jean Suquet (top left and top right p. 31, top p. 59, centre p. 65 and top p. 127); Cl. O'Sughrue (p. 97); Crédit Lyonnais – Relations Publiques (left p. 123); Documentation Française Photo J. Niepce – Rapho (bottom left p. 31, centre p. 59 and right p. 123); Documentation Ministère des P.T.T. (p. 121); Elf Aquitaine UK Ltd (p. 66); French Government Tourist Office (p. 111); Gendarmerie Nationale (bottom p. 37); I.N.R.D.P Jean Suquet (top left p. 49 and bottom p. 65); Institut Pédagogique National Jean Suquet (bottom right p. 31 and top p. 65); Interphotothèque – DF Photo D.R.E.I.F. – GUIHO (p. 122); Keystone Press Agency Ltd (top left p. 71); Mary Lyons, Foods from France Inc. (p. 117); Photo de la Présidence de la République Française (p. 112); Préfecture de Police (centre p. 127); S and G Press Agency Ltd (p. 67); Topham (bottom p. 68, top right p. 71 and p. 75); RATP (p. 100).

All other photographs appear by courtesy of P. J. Downes.

Drawings by Derek Lucas
and Jan Pickett

**British Library Cataloguing in Publication Data**

Downes, P. J.
  French for today.
  Pupil's book C
  1. French language—Examinations, questions, etc.
  I. Title II. Aplin, Richard
  448 PC2112

  ISBN 0 340 24374 0

First published 1983   Fourth impression 1987

Set in Times Linotron (202) by
Rowland Phototypesetting Ltd, Bury St. Edmunds, Suffolk

Printed in Great Britain for
Hodder and Stoughton Educational,
a division of Hodder and Stoughton Ltd,
Mill Road, Dunton Green, Sevenoaks, Kent TN13 2YD,
by Hazell Watson & Viney Limited,
Member of the BPCC Group,
Aylesbury, Bucks

# TO THE PUPIL

*French for Today* has been written to help you achieve the following aims:

1 To understand what French people say to you and to be able to make yourself understood when you visit France, with a school party, on an exchange visit, or on a family holiday. You should find that you understand a lot of the French being spoken around you and can read notices and printed instructions. You will also be able to write letters in French, to make arrangements to meet people and to tell them about yourself and your family.

2 To understand more about how the French language works, so that you can begin to read French books and express yourself in written French more freely, without being restricted to set phrases.

3 To find out about French life, people and customs, so that, when you go to France, you will quickly feel 'at home' and enjoy your visit all the more.

The **Pupil's Book** has 18 Units, which generally follow this pattern:

Page 1 consists of a story, usually with plenty of dialogue for you to act out parts.
Page 2 gives (a) sets of questions on the story to test how well you have understood it; (b) the English meaning of words you will meet for the first time in this Unit. Your teacher will advise you which words need to be learnt.
Page 3 consists of a conversational situation or topic that will help you to develop your confidence in dealing with some of the everyday situations you could meet in France. Of course, these go beyond the much simpler situations you tackled in Parts A and B.
Pages 4 and 5 contain (a) an explanation of how some part of the French language works, enclosed in a box with a red border, and (b) exercises to give you practice in what you have just learnt.
Page 6 is usually a set of photographs related to the topic of the Unit. We hope that you will use these to talk and write more freely on the subject and we often ask you to use your imagination.

After Units 6, 11 and 18, there are revision sections. When you are learning a language, regular revision of what you have already learnt

is an essential part of the process. For newcomers to *French for Today*, we have included at the end of the book a detailed summary of the grammar of the earlier parts of the course and the vocabularies at the end of the book contain all the words from Parts A and B, as well as from Part C. We strongly recommend that you borrow a copy of the earlier parts of the course and read through them quickly to catch up with anything you may have missed in your earlier work.

Two **workbooks** have been published to accompany this book. They contain extra exercises, photographs, problems and quizzes of varying difficulty. Something for everyone!

A **cassette** has been recorded to accompany this book. It contains a reading of all the stories and conversations, recorded by French native speakers. In addition, there are extra listening comprehension exercises. Your teacher may well want to use the cassette in class; we also hope you may be able to borrow a copy to use at home. You need to get as much practice as you can in listening to French.

A **filmstrip** consisting of colour photos on topics related to the units in this book is available. It will give you a further opportunity to talk in French, as well as giving you a better picture of what life is like in France.

Finally, by the time you have completed this book, you will have laid a good foundation for a knowledge of French. You will be able to use and understand a lot of everyday French and will know a lot more about how the French language works. We have tried to make learning French as clear, varied and enjoyable as possible, but you will have to work hard, in class and at home, if you are to be successful.

Bonne chance!

T R W Aplin
P J Downes

AMÉRIQUE
DU NORD

Canada (Québec)

St-Pierre-et-Miquelon

*OCÉAN ATLANTIQUE*

Dominique

Haïti
Martinique
Guadeloupe

Costa Rica

Guyane

AMÉRIQUE
DU SUD

*OCÉAN PACIFIQUE*

EUROPE
Belgique
Luxembourg
France  Suisse
Andorre  Italie (Val d'Aost)
Monaco

Maroc
Tunisie
Algérie

AFRIQ

Mauritanie  Mali  Niger  T
Sénégal
Haute-Volta
Guinée
Côte
d'Ivoire
Bénin
Togo
Cameroun
Cer
Gabon
Congo

Terre
Antartique

# Le monde francophone

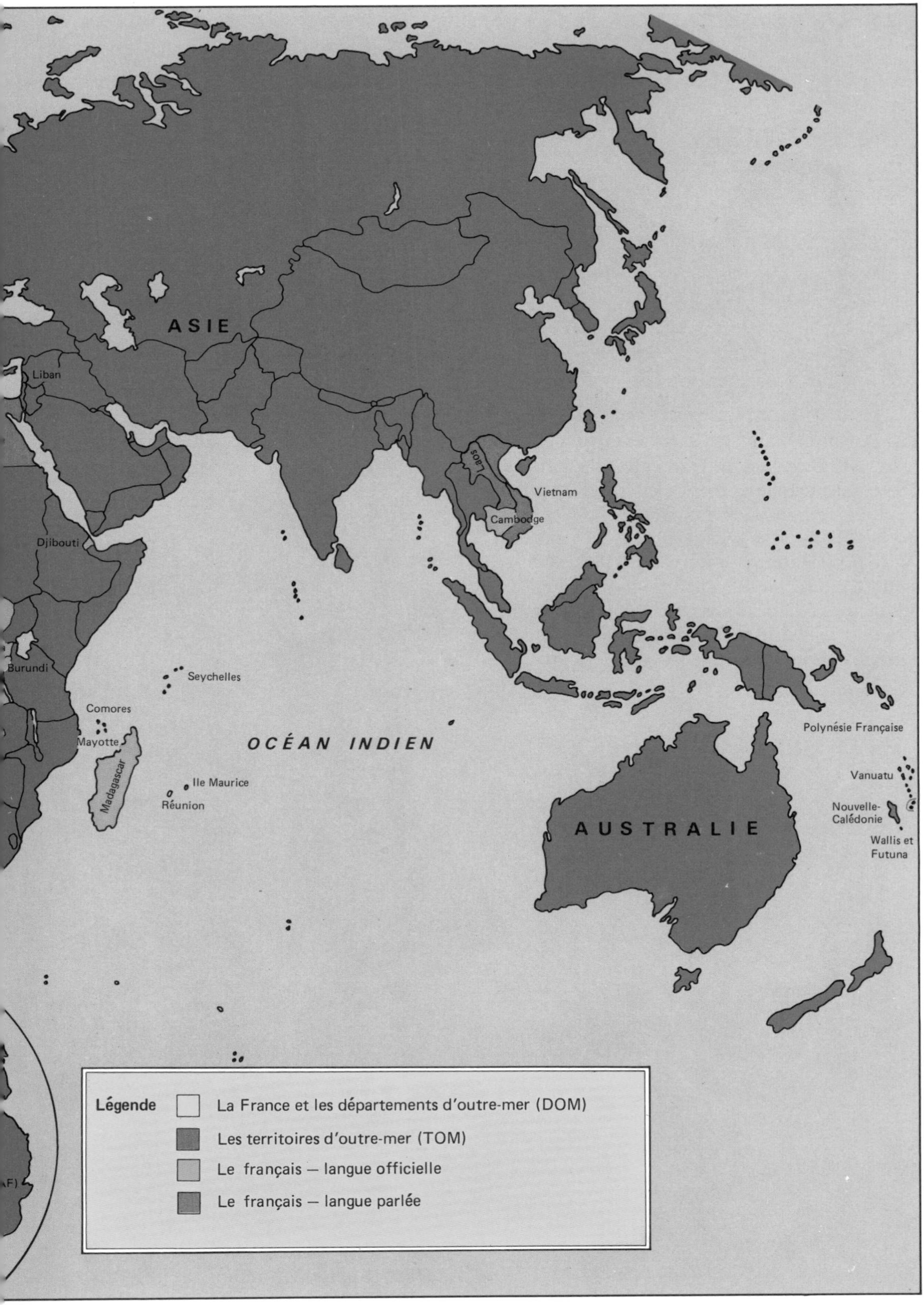

ASIE

Liban

Djibouti

Burundi

Seychelles

Comores

Mayotte

Madagascar

Ile Maurice

Réunion

OCÉAN INDIEN

LAOS

Vietnam

Cambodge

AUSTRALIE

Polynésie Française

Vanuatu

Nouvelle-
Calédonie

Wallis et
Futuna

**Légende**

☐ La France et les départements d'outre-mer (DOM)

■ Les territoires d'outre-mer (TOM)

▨ Le français — langue officielle

▨ Le français — langue parlée

# Je vous présente

## LES BERTILLON

Les Bertillon habitent à Villeneuve près de Paris. M. Bertillon est douanier à l'aéroport Charles-de-Gaulle à Roissy et Mme Bertillon travaille à temps partiel comme vendeuse dans une boutique de modes. Philippe a 15 ans et il est en troisième au collège de Villeneuve; sa sœur, Marie-Claude, a 13 ans et elle est en cinquième; Alain a 7 ans et va à l'école primaire près de chez lui. Les Bertillon aiment faire des promenades en voiture et en vélo.

## LES MARTIN

Didier Martin est un camarade de classe de Philippe Bertillon et ils jouent et sortent ensemble le week-end. M. Martin est inspecteur de police et sa femme est dessinatrice de vêtements. Gilles, le frère aîné de Didier, vient de fêter ses 18 ans et va bientôt passer l'examen du permis de conduire.

# PIERRE DUVIVIER

Pierre Duvivier est l'oncle des enfants Bertillon (c'est le frère de leur mère). Il travaille à la télévision comme reporter. Il doit voyager beaucoup et visite des endroits intéressants. Il aime venir passer la soirée chez les Bertillon de temps en temps car il n'est pas marié et il s'intéresse beaucoup aux activités de sa nièce et de ses neveux.

# LES VALBOIS

M. Valbois est mécanicien dans un garage à Villeneuve. C'est un spécialiste de voitures Renault. Sa femme, elle aussi, aime les voitures: elle est chauffeuse de taxi mais le matin seulement. Le reste du temps, elle s'occupe de leurs trois enfants – Yvette (15 ans), Julien (13 ans) et Olivier (11 ans). Yvette est très sportive et joue souvent au football avec ses frères.

# DAVID YOUNG

David Young est le jeune Anglais qui est le correspondant de Didier Martin. Il habite près de Londres et va venir faire un séjour chez les Martin. Il aime beaucoup parler français et il fait de très bons progrès.

# NATHALIE et PASCALE

Nathalie et Pascale Moreau sont dans la même classe que Marie-Claude. Ce sont des sœurs jumelles et on n'est jamais sûr à laquelle des deux on parle. C'est quelquefois un peu difficile pour les amis, surtout pour les garçons qui les trouvent tout à fait charmantes!

# 1 Le Salon de l'Auto

**1** L'année dernière les Bertillon ont acheté une voiture d'occasion – une Renault 5. Elle roule bien mais elle est vraiment trop petite pour toute la famille (ils sont cinq en tout). En octobre M. Bertillon a décidé d'aller au Salon de l'Auto pour choisir une voiture neuve. Il a demandé à ses enfants:

«Voulez-vous m'aider à choisir une voiture?»

«Oui, bien sûr», ont-ils répondu.

«Est-ce que mon copain Didier peut venir aussi?» a demandé Philippe.

«Oui, avec plaisir», a répondu papa.

Philippe a téléphoné à Didier pour l'inviter et il a accepté tout de suite.

**2** Le lendemain matin donc, les voilà à neuf heures déjà en route pour le Salon de l'Auto à Paris. Ils ont garé la voiture dans un grand parking et puis Papa a acheté les billets pour entrer. Chaque billet a un numéro et tous les jours à midi il y a un tirage – le premier prix est une voiture neuve.

Dans une salle énorme ils ont regardé toutes sortes de voitures. Les garçons ont préféré les voitures de sport.

«Regarde cette Lancia!» a crié Didier. «Elle est formidable!»

«Non, pas du tout!» a répondu Philippe. «Cette voiture française est plus belle.» Il a indiqué une Matra.

**3** Marie-Claude et son père ont surtout aimé le confort de la Citroën CX et de la Peugeot 604, mais ce sont des voitures de luxe. Il n'est pas question d'acheter une grosse voiture chère.

À midi ils ont décidé de rentrer. Alain a demandé à son père:

«As-tu choisi notre nouvelle voiture, papa?»

«Non, pas encore. J'ai vraiment l'embarras du choix.»

**4** À ce moment-là ils ont entendu la voix du haut-parleur:

«Mesdames, mesdemoiselles, messieurs. Attention, s'il vous plaît! Le numéro gagnant aujourd'hui, c'est le 32.533. Si vous avez ce billet-là, présentez-vous au bureau de renseignements.»

M. Bertillon a cherché dans toutes ses poches.

«Tu as perdu nos billets, papa?» a demandé Marie-Claude.

«Mais non, je les ai quelque part», a répondu M. Bertillon. Il a fini par les trouver dans son portefeuille. «32.533. C'est fantastique! Nous avons gagné!»

«Incroyable! Sensationnel! Formidable! Quelle chance!» ont crié les enfants, tous ensemble.

Quelques minutes plus tard, M. Bertillon a posé son billet sur la table devant l'employé du bureau de renseignements qui en a vérifié le numéro.

«Oui, monsieur, c'est exact. Vous avez gagné . . . une Renault 5.»

«Ça alors! Nous en avons déjà une!»

# Comprehension

**A** *Answer these questions in English:*

1 Why did the Bertillon family consider it might be time to buy a new car?
2 How did Philippe get in touch with his friend Didier?
3 Who bought the entrance tickets to the Motor Show?
4 Why was there a number on the ticket?
5 Which car did Philippe particularly like?
6 What feature of the Citroën CX particularly appealed to Marie-Claude?
7 Why hadn't M. Bertillon immediately decided what to buy?
8 What did M. Bertillon do when the winning number was announced?
9 What was the children's reaction to the news of their win?
10 Why was M. Bertillon surprised and disappointed when he found out which car he had won.

**B** *Which of the four statements given is the correct one?*

1 L'année dernière les Bertillon
  A ont vendu une Renault 5.
  B ont acheté une voiture neuve.
  C ont acheté une voiture d'occasion.
  D ont acheté une nouvelle moto.

2 M. Bertillon va au Salon de l'Auto
  A avec ses copains.
  B avec sa femme.
  C avec toute la famille.
  D avec quatre enfants.

3 Dans le tirage de midi le premier prix est
  A neuf voitures.
  B une voiture neuve.
  C une voiture de sport.
  D un numéro.

4 M. Bertillon veut acheter
  A une voiture de luxe.
  B une grosse voiture chère.
  C une petite Renault 5.
  D une voiture plus grosse que la Renault 5.

5 M. Bertillon
  A a perdu les billets.
  B a trouvé les billets dans sa poche.
  C a trouvé les billets au bureau de renseignements.
  D a trouvé les billets avec son argent.

6 Au bureau de renseignements, M. Bertillon
  A a vérifié le numéro de l'employé.
  B a posé l'employé sur la table.
  C a donné le billet à l'employé.
  D a trouvé l'employé sous la table.

**C** *Answer these questions in French:*

1 Quand est-ce que les Bertillon ont acheté leur voiture d'occasion?
2 Pourquoi est-ce que Philippe a téléphoné à son copain?
3 Où ont-ils garé la voiture au Salon de l'Auto?
4 À quelle heure est le tirage?
5 Pourquoi n'ont-ils pas acheté une Peugeot 604?
6 Que doit faire la personne qui a le billet 32.533?
7 Où est-ce que M. Bertillon a fini par trouver les billets?
8 Qu'est-ce que l'employé a fait quand M. Bertillon a posé le billet sur la table?

---

le **confort** *comfort*
le **copain** *friend*
le **haut-parleur** *loudspeaker*
le **lendemain matin** *the following morning*
le **portefeuille** *wallet*
le **Salon de l'Auto** *Motor Show*

la **poche** *pocket*
la **voix** *voice*

**avoir l'embarras du choix** *to be spoilt for choice*
**finir par faire qq.ch.** *to do sthg in the end*
**garer** *to park*
**indiquer** *to point to*
**se présenter** *to present o.s., to introduce o.s.*

**exact** *right, correct*
**formidable** *great, fabulous*
**incroyable** *unbelievable*
**sensationnel** *great*

**de luxe** *luxury*
**d'occasion** *second-hand*
**il n'est pas question de** *there's no question of*
**quelque part** *somewhere*

# Conversation: *Giving your opinion*

1  AU SALON DE L'AUTO

    **Robert**  Tu aimes la nouvelle Peugeot?

    **Pierre**  Oui, elle est formidable!

    **Robert**  Regarde cette voiture anglaise! Elle est moche, n'est-ce pas?

    **Pierre**  Ah oui, c'est affreux!

2  AU CAFÉ

    **Richard**  Tu prends un coca?

    **Caroline**  Oui, si tu veux, mais je préfère un diabolo-menthe.

    **Richard**  Bon, et tu prends quelque chose à manger? Un croque-monsieur, peut-être?

    **Caroline**  Oui, je veux bien. J'aime beaucoup les croque-monsieur. Moi, je t'offre une crêpe au jambon. Tu aimes ça?

    **Richard**  Ah oui, j'adore les crêpes. C'est chouette, ça. Merci beaucoup.

3  À LA DISCOTHÈQUE

    **Jean-Paul**  Tu aimes le nouveau disque de McCartney?

    **Yves**  Ah oui, c'est sensationnel!

    **Jean-Paul**  Et que penses-tu de ce disque de Presley?

    **Yves**  Moi, je trouve que c'est horrible. Je n'aime pas du tout Elvis Presley.

4  AU COLLÈGE

    **Brigitte**  Quel est ton cours préféré?

    **Sophie**  J'aime bien l'histoire. Et toi?

    **Brigitte**  Moi, je préfère l'anglais. Je déteste la géographie. C'est trop difficile.

    **Sophie**  Tu aimes le sport?

    **Brigitte**  Oui, j'adore le volley-ball.

    **Sophie**  Et le nouveau prof. de sport est terrible, n'èst-ce pas?

    **Brigitte**  Ah oui, il est fantastique.

| *LIKING THINGS* | *DISLIKING THINGS* |
|---|---|
| J'adore . . . J'aime beaucoup/bien . . . *I'm very fond of* . . . <br> Je préfère . . . J'aime mieux . . . *I prefer* <br> C'est très bien, formidable, sensationnel, excellent, fantastique, terrible, chouette. | Je n'aime pas (du tout) . . . *I don't like (at all)* <br> Je déteste . . . J'ai horreur de . . . *I hate* <br> C'est affreux, horrible, moche; ça ne me plaît pas. |

**D**    *When you have practised the above conversations and learnt the words for expressing your likes and dislikes, work with a partner to give your opinion on the following topics:*
une Rolls, une Austin Metro, une Aston Martin, la limonade, le thé au citron, un sandwich au fromage, un disque de Sacha Distel, un disque de Cliff Richard, un disque des Rolling Stones, les maths, les sciences, le travail manuel, le français.

# The perfect tense – le passé composé

> **WHEN TO USE THE PERFECT TENSE**
> We use this tense to say what has happened in the fairly recent past. It is the most important past tense used in conversation as it tells us about recent events and happenings.
>
> **HOW TO FORM THE PERFECT TENSE**
> The perfect tense of a French verb has three parts:
>
> **Subject** – the person carrying out the action
>
> **Auxiliary verb** – a verb that helps to form the tense, used in the present
>   The auxiliary verb of most French verbs is **avoir**.
>
> **Past participle** – the part that tells you what actually happened
>   If the verb is an **-ER** verb, the past participle ends in **-é**
>   If the verb is an **-IR** verb, the past participle ends in **-i**
>   If the verb is an **-RE** verb, the past participle ends in **-u**.
>
> Look at these examples, noticing how the part of **avoir** fits the subject and the spelling of the past participle does not change.
>
> | | | |
> |---|---|---|
> | -ER verbs: | M. Bertillon **a** décidé . . . | M. Bertillon decided . . . |
> | | Les garcons **ont** préféré . . . | The boys preferred . . . |
> | | Nous **avons** gagné . . . | We won . . . |
> | | J'**ai** téléphoné . . . | I telephoned . . . |
> | -IR verbs: | Tu **as** choisi . . . | You have chosen . . . |
> | | Il **a** fini . . . | He finished . . . |
> | -RE verbs: | Ils **ont** répondu . . . | They replied . . . |
> | | Tu **as** perdu . . . | You have lost . . . |
> | | Vous **avez** vendu . . . | You have sold . . . |

**E**   Complete these sentences by putting the correct part of **avoir** into the blank, thus making a correct sentence in the perfect tense.

*Example:* Il——— invité Marie-Claude. **Il a invité Marie-Claude.**

1 J'——— invité mon copain.
2 Tu——— oublié mon adresse.
3 Il——— décidé d'aller au Salon de l'Auto.
4 Elle——— choisi une Peugeot.
5 Nous——— rencontré nos amis.
6 Vous——— préféré une autre voiture.
7 Ils——— cherché la sortie.
8 Les enfants——— regardé la télévision.
9 Elles——— fini leur travail.
10 Les enfants——— acheté des bonbons.

**F**   Fill in the gaps by putting the verb in its perfect tense, using **avoir** and the past participle. The verb to be used is given in brackets at the end of the sentence.

*Example:* Tu——— ——— ton vélo. (vendre) **Tu as vendu ton vélo.**

1 Nous ——— ——— Paul à une boum. (inviter)
2 Elles——— ——— la musique. (aimer)
3 Il ——— ——— beaucoup de gâteaux. (manger)
4 Yvette ——— ——— pendant une heure. (danser)
5 Nos amis ——— ——— la maison à 10 heures. (quitter)
6 Tu——— ———, Alain. (pleurer)
7 Oui, j'——— ——— mon argent de poche. (perdre)
8 Tes frères ——— ——— ton argent. (trouver)
9 Alain——— ——— de pleurer. (finir)
10 Vous ——— bien ———, mes élèves. (travailler)

# Questions in the perfect tense

The French ask questions about what happened in the past in one of three ways:
1  The simplest is to make a statement but to raise the voice at the end of the sentence.
   Tu as joué au football hier?   *Did you play football yesterday?*
   Ils ont acheté leur vin au supermarché?   *Did they buy their wine in the supermarket?*

2  The next way is to put **Est-ce que** or **Est-ce qu'** at the beginning of the statement.
   Est-ce que tu as perdu ton argent?   *Have you lost your money?*
   Est-ce qu'ils ont oublié leurs devoirs?   *Have they forgotten their homework?*

3  The third way is to turn round the position of the verb **avoir** and the subject pronoun, adding
   a hyphen when you write it down.
   As-tu perdu ton argent?   *Have you lost your money?*
   Avez-vous regardé la télévision?   *Have you watched television?*

   With **il**, **elle** and **on**, you have to put in the letter **-t-**, with hyphens on each side when writing.
   A-t-il cherché son portefeuille?   *Has he looked for his wallet?*
   A-t-elle fini ses devoirs?   *Has she finished her homework?*

**G**   *Can you work out the questions that must have been asked to produce these answers? Follow
the example given.*

*Example:* «Oui, j'ai acheté un journal.» **«As-tu acheté un journal?»** *or* «Est-ce que tu as acheté un
journal?»

1  «Oui, j'ai mangé toutes les pommes.»
2  «Oui, nous avons regardé la télé hier soir.«
3  «Oui, ils ont attendu longtemps.»
4  «Oui, il a choisi les cadeaux.»
5  «Oui, nous avons écouté le disque.»

6  «Oui, elle a attendu Philippe.»
7  «Oui, elles ont regardé le départ.»
8  «Oui, j'ai rencontré M. Dupont.»
9  «Oui, il a saisi le chien.»
10  «Oui, nous avons bien travaillé.»

**H**   *These drawings show the times of some family activities in the evening. Use them as the
framework for interviewing your partner. Ask him/her at what time certain things happened
yesterday evening. The partner must give the answer. Follow the example given.*

*Example:* A quelle heure as-tu commencé tes devoirs?
**J'ai commencé mes devoirs à cinq heures.**

I  *Describe these French cars as fully as you can. Talk about their colour, their age and size; comment on any unusual details; describe the background and say what the people you can see are doing.*

# 2 Le permis de conduire

**1** En France la plupart des nouveaux conducteurs apprennent à conduire avec une auto-école. Quand ils ont assez d'expérience, ils peuvent passer leur examen pour le permis de conduire.

**2** Gilles Martin, le frère aîné de Didier (le garçon qui a accompagné les Bertillon au Salon de l'Auto) a eu dix-huit ans en juin. Il aime beaucoup les voitures et a voulu apprendre à conduire aussitôt que possible. Il a donc pris des leçons avec une auto-école et la semaine dernière il a passé son examen.

**3** Il a dû passer deux épreuves: d'abord, il y a l'épreuve audio-visuelle. Il a bien compris le Code de la Route et il a donc coché les bonnes réponses sur la feuille. Après qu'il a réussi à cette partie, il a eu le droit de passer l'épreuve pratique. Accompagné d'un inspecteur, il a dû conduire la voiture en ville pendant une demi-heure. C'est une demi-heure qui semble durer très longtemps!

**4** Gilles a démarré sans difficulté; il a engagé les vitesses, puis il a dû s'arrêter au feu rouge au premier carrefour. Quand il a vu le feu vert, il a pu se mettre en route encore une fois. L'inspecteur lui a dit: «Tournez à gauche, s'il vous plaît!» Il a donc pris la grand'rue où il y a

toujours beaucoup de circulation et de piétons. Il a fallu rouler lentement à cause des passages cloutés. Il y a certains piétons qui traversent la rue sans même regarder!

**5** Quelques minutes plus tard, l'inspecteur lui a dit: «Allez tout droit au prochain carrefour et garez la voiture devant la bibliothèque.» Gilles a eu peur: «Que faire s'il n'y a pas de place?» a-t-il pensé. Ce jour-là, il a vraiment eu de la chance. Il a trouvé une place libre sans difficulté.

**6** Il a été plus difficile de faire un demi-tour parce qu'un chien idiot a voulu traverser la chaussée juste derrière la voiture. Vers la fin de l'examen Gilles a dû faire un démarrage en côte. C'est quelque chose qu'il a souvent trouvé difficile mais cette fois-ci, il l'a bien réussi.

**7** À la fin de l'examen, l'inspecteur a écrit sur une feuille rose et il a dit à Gilles: «Félicitations, monsieur. Vous avez réussi.» L'inspecteur a ouvert la portière pour descendre de la voiture et il a dit au revoir à Gilles. Quant à lui, Gilles a lu la feuille rose pour voir le résultat de son examen. Comme il a été content!

«Maintenant je vais pouvoir faire des promenades en auto avec mes amis . . . si mon père me permet d'emprunter sa voiture!»

# Comprehension

**A**  *Answer these questions in English:*

1  When can French people take their driving test?
2  Who is Gilles Martin?
3  What is the difference between the first and second parts of the driving test?
4  Why did Gilles have to stop at the first crossroad?
5  In what way do some pedestrians risk their lives?
6  Why was Gilles worried about having to park near the library?
7  Which manoeuvre had he often found difficult in the past?
8  What has to happen before Gilles can take his friends out for a car-ride?

**B**  *Which of the four statements given is the correct one?*

1  Gilles Martin
   A  a passé son examen le 18 juin.
   B  a réussi à son examen en juin.
   C  a accompagné les Bertillon au Salon de l'Auto.
   D  a eu son 18ème anniversaire en juin.

2  Pendant l'épreuve pratique, il a dû conduire
   A  très longtemps.
   B  pendant 30 minutes.
   C  sans inspecteur.
   D  pendant une heure et demie.

3  Dans la grand'rue, Gilles Martin
   A  a roulé très vite.
   B  a traversé la chaussée dans un passage clouté.
   C  a traversé la rue sans regarder.
   D  n'a pas pu rouler vite.

4  Pendant le demi-tour
   A  Gilles a trouvé une place libre.
   B  un inspecteur idiot a traversé la chaussée.
   C  un animal stupide a posé un problème pour Gilles.
   D  Gilles a vu un chat devant la voiture.

5  À la fin de l'examen, l'inspecteur
   A  a écrit sur une rose.
   B  a réussi.
   C  a cherché une feuille grise.
   D  a félicité Gilles.

6  Après son examen, Gilles va pouvoir
   A  faire des promenades avec son père.
   B  sortir avec ses copains en voiture.
   C  emprunter une voiture à ses amies.
   D  permettre à son père d'emprunter sa voiture.

**C**  *Answer these questions in French:*

1  Où est-ce que les nouveaux conducteurs apprennent à conduire en France?
2  Qu'est-ce que Gilles a dû faire dans la première partie de son examen?
3  Pourquoi a-t-il dû rouler lentement dans la grand'rue?
4  Pourquoi n'a-t-il pas eu de difficulté à garer devant la bibliothèque?
5  Pourquoi a-t-il trouvé difficile de faire un demi-tour?
6  Pourquoi Gilles a-t-il été content de réussir?

le **Code de la Route** *Highway Code*
le **conducteur** *driver*
le **demi-tour** *3-point turn*
le **démarrage en côte** *hill-start*
le **droit** *right*
l'**examen** *exam*
le **feu (-x)** *traffic-light*
l'**inspecteur** *inspector*
le **passage clouté** *pedestrian crossing*
le **permis de conduire** *driving licence*
le **piéton** *pedestrian*

l'**auto-école** *driving school*
la **chaussée** *roadway*
la **circulation** *traffic*
la **demi-heure** *half-hour*
la **difficulté** *difficulty*
l'**épreuve** *test*
la **grand'rue** *high street*
la **leçon** *lesson*
la **partie** *part*
la **plupart de** *most of*
la **vitesse** *gear*

**accompagner** *to accompany*
**cocher** *to tick*
**démarrer** *to start*
**durer** *to last*
**emprunter** *to borrow*
**engager** *to engage*
**falloir** *to be necessary*
se **mettre en route** *to set off*
**passer** *to take (exam)*
**permettre** *to permit*
**réussir à** *to succeed in*

**audio-visuel (-lle)** *audio-visual*
**obligatoire** *compulsory*

**après que . . .** *after . . .*
**aussitôt que possible** *as soon as possible*
**plus tard** *later*
**quant à** *as for*
**que faire?** *what shall I do?*

# Conversation: *Driving in town*

| | | |
|---|---|---|
| 1 | **Automobiliste** | Pardon, monsieur l'agent, pour trouver l'autoroute, s'il vous plaît? |
| | **Agent de police** | Oui, monsieur. Allez tout droit et prenez la deuxième à gauche. Mais attention! Vous ne devez pas stationner ici. Circulez! |
| 2 | **Automobiliste** | Oh, regarde, chérie, nous sommes dans une zone bleue. Tu as le disque? C'est obligatoire. |
| | **Sa femme** | Ah, non, François, je ne l'ai pas. Je suis désolée. |
| | **Automobiliste** | Bah! Nous devons chercher un parking payant. Que c'est embêtant! |
| 3 | **Piéton** | *(fâché)* Eh, monsieur, vous n'avez pas le droit d'entrer par ici. Vous ne savez pas lire? |
| | **Chauffeur de camion** | Si, mais je ne connais pas la ville. Pour aller à la gare maritime, s'il vous plaît? |
| | **Piéton** | Vous devez prendre la route principale, près de l'hoverport. Alors, la gare maritime est à votre gauche. |

| *ASKING THE WAY* | | *GIVING DIRECTIONS* | |
|---|---|---|---|
| Pour aller à . . . ⎫ | | Prenez la première, | Take the first, |
| Pour trouver . . . ⎬ | *What's the way to . . .?* | la deuxième | the second |
| Où est, où sont . . . | *Where is, where are . . .?* | Allez tout droit | Go straight on |
| | | Tournez à gauche, | Turn left, |
| Y a-t-il . . . près d'ici? | *Is there . . . near here?* | à droite | right |
| | | Descendez la rue | Go down the street |

| *WHAT YOU MUST DO* | | *WHAT YOU MUST NOT DO* | |
|---|---|---|---|
| Vous devez | *You must* | Vous ne devez pas ⎫ | *You must not* |
| Il faut | *It is necessary* | Il ne faut pas ⎬ | |
| Il est obligatoire de | *It is compulsory to* | Vous n'avez pas le droit de | *You have no right to* |

| | | |
|---|---|---|
| le **disque** *parking disc* | l'**autoroute** *motorway* | **désolé** *very sorry* |
| l'**hoverport** *hoverport* | la **gare maritime** *port station* | **embêtant** *annoying* |
| le **parking payant** *non-free car-park* | la **route principale** *main road* | **circulez!** *move on!* |
| | la **zone bleue** *restricted parking zone* | |

# The perfect tense of irregular verbs

The principle is the same as that described on page 11.

Use the present tense of **avoir** followed by the **past participle**. The past participle does not normally change its spelling.

Some of these past participles end in **-is**
Il a compris le Code de la Route.   *He understood the Highway Code.*
Nous avons mis nos chaussures.   *We put our shoes on.*
J'ai pris le train.   *I took the train.*
Ils ont promis de venir.   *They promised to come.*

These verbs are:   **prendre – pris**   **comprendre – compris**   **promettre – promis**
**apprendre – appris**   **mettre – mis**   **remettre – remis**

**D**   *A policeman, M. Barbiche, is trying to find out about an incident at the coach station. Complete the gaps in this conversation by supplying the verbs in the perfect tense. They all have past participles ending in* **-is**.

**M. Barbiche** Qu'est-ce que vous . . . (prendre) . . ., monsieur?

**M. Jolet** J' . . . (prendre) . . . ce parapluie.

**Mme Fons** Mais c'est mon parapluie à moi. J' . . . (mettre) . . . mon parapluie dans la salle d'attente.

**M. Barbiche** J' . . . (comprendre) . . .! Vous . . . (mettre) . . . votre parapluie dans la salle d'attente et ce monsieur l' . . . (prendre) . . .

**Mme Rousseau** *(qui entre)* Regardez! Voilà le nouveau parapluie que j' . . . (promettre) . . . de donner à mon mari. Merci, monsieur. Mon mari dit que je l' . . . (remettre) . . . dans mon sac. Mais non! Le voilà! *(Elle quitte la salle.)*

**Mme Fons** Et mon parapluie? Ça alors!

**M. Jolet** Et mon parapluie alors? C'est affreux!

**M. Barbiche** Moi, je n'y comprends rien!

Some verbs have past participles that end in **-u** *(or, in the case of* **devoir, -û**)
Vous avez vu le dernier film de Truffaut?   *Have you seen Truffaut's latest film?*
J'ai lu ce livre.   *I've read this book.*
Tu as pu vendre ton vélo?   *Were you able to sell your bike?*

Verbs like these are:   **avoir – eu**   **falloir – fallu**   **savoir – su**
**boire – bu**   **lire – lu**   **voir – vu**
**devoir – dû**   **pouvoir – pu**   **vouloir – voulu**

**E**   *Monsieur Barbiche has had an unusual day. Here he is telling us how it started. Complete the story as before. This time the past participles end in* **-u**:

**M. Barbiche** Ce matin il . . . (falloir) . . . me lever à sept heures. J' . . . (devoir) . . . préparer le petit déjeuner moi-même. Ma femme . . . (vouloir) . . . rester au lit. J' . . . (savoir) . . . quoi faire et bientôt j' . . . (boire) . . . une tasse de café. J' . . . (avoir) . . . le temps d'écouter la radio.

*On his way to the police-station, he notices something suspicious about a car parked outside a bank.*

**M. Barbiche** Vraiment, monsieur! Vous . . . (devoir) . . . stationner ici? C'est interdit!

**Conducteur** *(gêné)* Euh . . . Je suis un peu malade . . . J' . . . (vouloir) . . . me reposer un petit instant . . .

**M. Barbiche** Mais vous . . . (lire) . . . la pancarte: **Interdit de stationner** Allez, circulez, monsieur, s'il vous plaît!

*(Un bruit incroyable vient de la banque.)*

Mais qu'est-ce qui se passe, alors?

*A third group of past participles ends in* **-t**
Il a fait un demi-tour.   *He did a 3-point turn.*
Vous avez dit beaucoup.   *You said a lot.*
Elles ont ouvert leurs cadeaux.   *They opened their presents.*

*Examples of these verbs are:*   **dire – dit      écrire – écrit      offrir – offert**
**faire – fait      ouvrir – ouvert      conduire – conduit**

**F**      *Later on, at the police station, M. Barbiche is telling his colleagues what happened inside the bank. Complete the story, using past participles, some of which end in* **-t** *and some in* **-u**.

**M. Barbiche** J' . . . (pouvoir) . . . entrer dans la banque et j' . . . (voir) . . . un hold-up. J' . . . (savoir) . . . que cette voiture stationnée devant la banque avait quelque chose de bizarre.

**M. Mouchon** Qu'est-ce que tu . . . (dire) . . . aux voleurs, Jules?

**M. Barbiche** Attends, j'. . . (écrire) . . . tout dans mon carnet. *(Il lit son carnet*

très exactement.)* J' . . . (dire) . . . «Police! Haut les mains!»

**M. Mouchon** Tiens! Qu'est-ce qu'ils . . . (faire) . . .?

**M. Barbiche** Ils . . . (ouvrir) . . . la bouche toute grande. Ils ont laissé tomber leurs revolvers, bien sûr.

**M. Mouchon** Mais qui . . . (conduire) . . . la voiture au commissariat?

**M. Barbiche** C'est moi! Vraiment, ce sont des idiots!

*One verb does not fit into any pattern! The past participle of* **être** *is* **été**.

J'ai été content de vous voir.   *I was pleased to see you.*
Ils ont été surpris par le résultat du match.   *They were surprised by the result of the match.*

**G**      *Complete these sentences, using the right part of* **avoir** *and the past participle* **été**.

1 Le professeur —— —— content.
2 Tu —— —— fatigué à la fin du match.
3 Nous —— —— malades ce soir-là.
4 Elles —— —— joyeuses à Noël.
5 J'—— —— furieux d'apprendre le score.
6 Vous —— —— en France, n'est-ce pas?

**H**      *Here is a story about Marie-Claude and Alain that leaves a nasty taste in the mouth. The past participles you have learnt in this Unit are printed in bold type. Read the story carefully and then complete the sentences below.*

C'est Marie-Claude qui raconte cette histoire:
   «Hier soir j'ai **fait** mon devoir dans ma chambre. À sept heures j'ai **eu** très soif; j'ai **voulu** boire quelque chose de bon. Hélas, j'ai **vu** papa dans la cuisine. Soudain il a **dû** sortir pour répondre au téléphone. J'ai **pu** entrer dans la cuisine et j'ai réussi à trouver une bouteille de coca-cola dans un placard sous l'évier. J'ai **dit** à Alain: «Aide-moi à ouvrir la bouteille.» Alain a **ouvert** la bouteille et nous avons **bu** le . . . C'est alors seulement que j'ai **lu** le mot «Vinaigre» sur l'étiquette. Nous avons **été** très malades. Papa a **dit**: «Pourquoi avez-vous **pris** cette bouteille-là?» Nous avons **dû** nous coucher. Maman a **été** furieuse. Elle a **dit** plus tard: «J'ai **écrit** «Vinaigre» sur l'étiquette et j'ai **mis** la bouteille sous l'évier. Les enfants sont vraiment idiots, quelquefois!»

1 Marie-Claude —— —— son devoir.
2 À sept heures elle —— —— soif.
3 Papa a expliqué plus tard: «J'—— —— sortir de la cuisine.»
4 Marie-Claude —— —— entrer dans la cuisine.
5 Maman a dit à Alain: «Pourquoi ——-tu —— la bouteille?»
6 Les enfants —— —— le coca-cola.
7 Après, ils —— —— le mot «Vinaigre».
8 Les enfants —— —— malades.
9 Papa a dit plus tard à maman: «Ils —— —— se coucher.»
10 Maman a téléphoné à grand'mère et elle —— ——: «J'—— —— furieuse ce soir-là.»

# Les panneaux de signalisation routière

**I**     *Look at the road signs above, and decide which of the following descriptions fits the appropriate sign.*

A  Interdiction de tourner à gauche
B  Interdiction de faire demi-tour
C  Sens interdit. Accès interdit à tout véhicule
D  Circulation à double sens
E  Passage pour piétons
F  Arrêt à l'intersection – cédez le passage
G  Annonce de signaux lumineux réglant la circulation

**J**     *For these road signs, what instructions would you give to drivers?*

*Use these phrases to help you:*

| | |
|---|---|
| Il est interdit de | enfants |
| Il est défendu de | entrer dans cette rue |
| Il ne faut pas | tourner à droite |
| Il faut | passage à niveau |
| Vous devez | céder le passage |
| Tous les automobilistes doivent | faire attention aux cyclistes |
| Il est obligatoire de | |
| Attention au/à la/aux | |

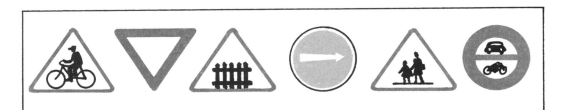

| | |
|---|---|
| l'**accès interdit** *no access* | **céder le passage** *to give way* |
| le **passage à niveau** *level crossing* | **régler** *to control* |
| le **sens** *direction* | |
| le **véhicule** *vehicle* | |

# Incident au garage

La semaine dernière M. et Mme Bertillon ont passé la soirée chez les Martin. Ils ont beaucoup de choses en commun: M. Martin est inspecteur de police, M. Bertillon est douanier; Mme Martin est dessinatrice de vêtements, Mme Bertillon est vendeuse (à temps partiel) dans une boutique de modes. Leurs fils, Philippe et Didier, sont dans la même classe au collège.

Pendant la soirée on a beaucoup bavardé; on a surtout parlé du permis de conduire que Gilles, le fils aîné des Martin, vient de réussir.

**M. Bertillon:** Tu as donc réussi ton permis, Gilles. Toutes mes félicitations.

**Gilles:** Merci. Je n'ai jamais conduit aussi mal. Je n'ai vraiment pas mérité le permis.

**Mme Bertillon:** Mais si! Tu n'as rien fait d'idiot. À propos, tes leçons de conduite ont coûté cher?

**Gilles:** Oui mais pour gagner un peu d'argent, j'ai travaillé comme pompiste au garage Mercier.

**M. Bertillon:** Chez Mercier? C'est là que je fais entretenir ma nouvelle Renault. Le mécanicien, Valbois, est excellent, je trouve.

**Gilles:** Ah oui, il connaît les automobiles Renault comme sa poche.

**Mme Bertillon:** Tu l'as aidé quelquefois dans l'atelier?

**Gilles:** Non, je n'ai travaillé là que comme pompiste. Moteurs, freins, carburateurs – je n'y ai jamais rien compris.

**M. Bertillon:** Je n'ai jamais vu Valbois incapable de dépanner un automobiliste.

**Gilles:** Il y a eu un incident en août qui lui a causé des difficultés.

**M. Bertillon:** Vraiment? Cela me surprend.

**Gilles:** Oui . . . un touriste anglais est arrivé; il n'a trouvé personne pour le servir. Il n'a pas voulu attendre. Il a donc saisi l'une des pompes et a fait le plein lui-même.

**M. Bertillon:** Et alors? Il n'a pas payé?

**Gilles:** Mais si! Ce n'est pas là le problème. Il a démarré, puis à quelques mètres du garage, il a calé. Nous avons tout essayé; même M. Valbois n'a pas pu mettre le moteur en marche. Soudain, j'ai eu une idée: j'ai parlé très lentement à l'Anglais: «Vous avez pris l'essence à quelle pompe, monsieur?» «Trois», a-t-il répondu. «Alors, c'est du diesel que vous avez pris!» ai-je dit.

**M. Bertillon:** Mon dieu! c'est une erreur qui lui a coûté cher.

**Gilles:** Je n'ai jamais vu quelqu'un d'aussi furieux.

**Mme Bertillon:** Mais c'est toi finalement qui as trouvé la solution. Tu es très doué, Gilles. Tu es sûr que tu ne veux pas être mécanicien?

**Gilles:** Oui, tout à fait sûr! Pompiste à temps partiel, ça me suffit largement!

# *Comprehension*

**A**  *Answer these questions in English:*

1  What are the similar interests of the Bertillon and Martin families?
2  What was the main topic of conversation when the Bertillons last went to the Martins?
3  Why did Gilles think he had not deserved to pass his driving test?
4  What does Gilles think of M. Valbois' qualities as a mechanic?
5  Why did the English tourist serve himself?
6  Why did the engine seize up?

**B**  *Which of the four statements given is the correct one?*

1  Les Bertillon aiment aller chez les Martin
  A  parce qu'ils bavardent beaucoup.
  B  parce qu'ils s'intéressent aux mêmes choses qu'eux.
  C  parce qu'ils vendent les vêtements.
  D  parce que leur fils aîné s'appelle Gilles.

2  A  Gilles va passer son examen du permis de conduire.
  B  Gilles n'a jamais conduit une voiture.
  C  Gilles a réussi dans son examen du permis.
  D  Gilles va réussir au collège.

3  Pour payer ses leçons de conduite,
  A  Gilles n'a rien fait.
  B  Gilles a travaillé comme mécanicien.
  C  Gilles a servi les clients au garage Mercier.
  D  Gilles a vendu la nouvelle Renault de son père.

4  Gilles ne travaille pas avec Valbois parce qu'
  A  il ne comprend rien aux moteurs.
  B  il n'a pas les poches assez grandes.
  C  il lui a causé des difficultés.
  D  il trouve que M. Valbois est incapable.

5  Le touriste anglais
  A  aime travailler comme pompiste.
  B  a saisi l'un des pompistes.
  C  n'a pas pu voir le pompiste.
  D  a voulu attendre longtemps.

6  Gilles ne veut pas être mécanicien
  A  parce qu'il trouve que son travail comme pompiste est suffisant.
  B  parce qu'il est doué pour trouver les solutions.
  C  parce qu'il n'a jamais vu quelqu'un d'aussi furieux.
  D  parce que son erreur lui a coûté cher.

**C**  *Answer these questions in French:*

1  Quel est le métier de M. Martin?
2  Pourquoi est-ce que M. Bertillon a félicité Gilles?
3  Que pense M. Bertillon du mécanicien qui travaille au garage Mercier?
4  Que fait Gilles au garage Mercier?
5  Qui a fait le plein pour le touriste anglais?
6  Pourquoi est-ce que l'Anglais a fait une erreur?

| | | | |
|---|---|---|---|
| l'**automobiliste** *driver* | la **dessinatrice** *designer* | **bavarder** *to chat* | **doué** *able, bright* |
| le **carburateur** *carburettor* | la **mode** *fashion* | **caler** *to stall* | **incapable** *unable* |
| le **diesel** *diesel fuel* | la **pompe** *pump* | **causer** *to cause* | **sûr** *sure* |
| le **frein** *brake* | la **soirée** *evening* | **connaître** *to know* | |
| l'**incident** *incident* | la **solution** *solution* | **dépanner qqn** *to get sbdy out of trouble* | **à propos** *by the way* |
| le **mécanicien** *mechanic* | | **entretenir** *to maintain, service* | **à temps partiel** *part-time* |
| le **moteur** *engine* | | **essayer** *to try* | **ça me suffit largement** *that's quite enough for me* |
| le **pompiste** *pump attendant* | | **faire le plein** *to fill up with petrol* | **comme sa poche** *like the back of his hand* |
| | | **mériter** *to deserve* | **en commun** *in common* |
| | | **mettre en marche** *to get going* | **tout à fait** *quite, absolutely* |
| | | **servir** *to serve* | |
| | | **surprendre** *to surprise* | |

# *Conversation:* At the service station

**1 Pompiste** Bonjour, monsieur. Vous désirez?

**Automobiliste** Pour cent francs de super, s'il vous plaît. Voulez-vous vérifier l'huile aussi?

**Pompiste** Oui, monsieur ... voilà, vous avez besoin d'un litre.

**2 Automobiliste** Où est-ce que je peux vérifier la pression des pneus?

**Pompiste** Voilà l'air et l'eau, monsieur, à gauche.

**Automobiliste** Merci. Voux vendez aussi des bonbons?

**Pompiste** Bien sûr. Nous avons des bonbons, des chips et du chocolat.

**D** *Act out these conversations, then change the details as follows:*
*a Ask for 50 francs worth of* ordinaire *and the water to be checked.*
*b Ask for 70 francs worth of* super *and the air to be checked.*
*c Ask for 100 francs of* super *and three packets of crisps.*
*d Ask for 80 francs of* ordinaire *and some chocolate.*

**3 Automobiliste** Faites le plein, s'il vous plaît.

**Pompiste** Oui, monsieur. Super ou ordinaire?

**Automobiliste** Super. C'est combien?

**Pompiste** Le super? 4 francs 20 le litre. J'ai mis 30 litres, ça fait 126 francs, monsieur.

**Automobiliste** Vous acceptez les cartes de crédit?

**Pompiste** Oui, monsieur. Allez à la caisse, là-bas.

**Caissière** 126 francs. Signez là, s'il vous plaît, monsieur.

**Automobiliste** Voilà. Merci, au revoir.

**Caissière** C'est moi qui vous remercie, monsieur. Au revoir, bonne route.

**4 Automobiliste** Vous faites les réparations?

**Garagiste** Oui, monsieur. Qu'est-ce qu'il y a?

**Automobiliste** J'ai un pneu crevé et je n'ai pas de roue de secours.

**Garagiste** Où se trouve votre voiture?

**Automobiliste** Sur la route nationale, à deux kilomètres d'ici.

**Garagiste** C'est quelle marque de voiture?

**Automobiliste** Une Renault 5.

**Garagiste** Alors, ce n'est pas grave. On va envoyer un mécanicien avec une roue de secours.

**E** *Act out these conversations, then change the details as follows:*
*a Ask for a full tank of* ordinaire *at 3 F 90 and pay by credit card.*
*b Ask for a new wheel for a Metro broken down 5 kilometres away.*
*c Ask for a new carburettor for a Peugeot 504 abandoned 2 kilometres away.*

| | | |
|---|---|---|
| la **carte de crédit** *credit card* | **avoir besoin de** *to need* | **crevé** *burst* |
| l'**huile** *oil* | | |
| la **marque** *make* | | **bonne route!** *safe journey!* |
| la **pression** *pressure* | | |
| la **réparation** *repair* | | |
| la **roue de secours** *spare wheel* | | |

# Negative expressions with the perfect tense

When using **ne . . . pas, ne . . . jamais, ne . . . plus,** and **ne . . . rien,** *follow this pattern:*
  Il n'a pas mangé la pomme.   *He has not eaten the apple.*
  Vous n'avez pas vu le film.   *You haven't seen the film.*
  Nous n'avons rien bu aujourd'hui.   *We have drunk nothing today.*
  Tu n'as jamais fumé.   *You have never smoked.*
  Elles n'ont plus joué au football.   *They didn't play football any more.*

**Ne** *comes before the auxiliary verb;* **pas, plus, jamais** *and* **rien** *come after it and before the past participle.*

**Ne . . . personne** *is slightly different:*
  Ils n'ont rencontré personne.   *They met nobody.*
**Personne** *comes after the past participle.*

**F**    *Here are pictures of activities that people sometimes do. However, yesterday they definitely did not do them. Example:* **Hier je n'ai pas regardé la télévision.**

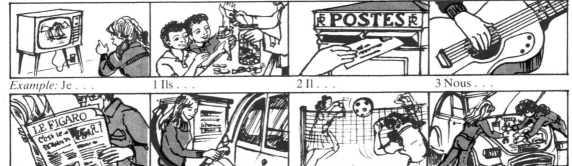

*Example:* Je . . .        1 Ils . . .        2 Il . . .        3 Nous . . .

4 Tu . . .        5 Vous . . .        6 Elle . . .        7 Elles . . .

**G**    *Answer these questions by saying that you have **never** done what they are asking you about.*

*Example:* As-tu joué au golf? **Je n'ai jamais joué au golf.**

1 As-tu bu de la vodka?
2 As-tu visité Marseille?
3 As-tu perdu tes gants?

4 As-tu voyagé en avion?
5 As-tu fumé?
6 As-tu fait la grasse matinée?

**H**    *People are asking you if you have eaten, drunk, bought anything etc. In all cases, reply that you have eaten, drunk etc.* **nothing.**

*Example:* Qu'est-ce que tu as mangé? **Je n'ai rien mangé.**

1 Qu'est-ce que tu as oublié?
2 Qu'est-ce que tu as bu?
3 Qu'est-ce que tu as acheté?

4 Qu'est-ce que tu as vu?
5 Qu'est-ce que tu as entendu?
6 Qu'est-ce que tu as perdu?

**I**    *Look at these pictures and say that these actions have not been carried out any more since the date given. Example:* **Depuis le trois mai je n'ai plus joué au football.**

*Example:* Je . . .        1 Vous . . .        2 Il . . .        3 Nous . . .        4 Ils . . .

# Ne . . . que

This is another way of saying **only**, an alternative to **seulement**.
  Je n'ai que quinze francs.  *I have only 15 francs.*

**Ne . . . que** *is not strictly a negative expression but it usually follows the same word-order pattern as the other expressions like* **ne . . . pas**.
  Vous ne travaillez que le mardi.  *You only work on Tuesdays.*
  Il n'a mangé que deux pommes.  *He ate only two apples.*

*The* **que** *is shortened to* **qu'** *in front of a vowel.*
  Je ne vois qu'une fleur.  *I can see only one flower.*

**J**  *Answer the questions by using* **ne . . . que (qu')**.
  Example: Pierre a sept ans? **Non, il n'a que six ans.**

1  Tu as 20 francs?

2  Marcel a six œufs?

3  Les cours durent deux heures?

4  Vous avez mangé six gâteaux?  5  Elle a lu cinq livres?

# Naming jobs and professions

Je suis facteur.  *I am a postman.*
Il a été pompiste.  *He was a pump attendant.*
Nous sommes professeurs.  *We are teachers.*

*Notice that the noun is* **not** *introduced by* **un** *or* **une** *when you are using* **être** *and the name of a job.*

**K**  *Identify the jobs these people have. Then:*  (a) *state their job.*
  (b) *give their answer to the question:*
    Quel est votre métier?
  (c) *Working with a partner, carry out a short interview along the lines of the example.*

Example:
(a) **Il est douanier.**
(b) **«Je suis douanier.»**
(c) «Où travaillez-vous?» «À Roissy.»
  «Combien d'heures par semaine?» «39.»
  «Quels sont vos jours de congé?»
  **«Le dimanche et quelquefois le mercredi.»**

L   *Here are some pictures taken in a French garage. Say what the people are doing and what they are wearing; describe any background details and see how much you can understand of the instructions about washing your car. The price of petrol is sure to have gone up since this book was printed!*

# 4 Promenade à la campagne

**1** M. Valbois, le mécanicien du garage Mercier, doit travailler dur pendant la semaine. Il est entouré tous les jours de voitures et de bruit. C'est pour cela que le dimanche est un jour important pour lui: il aime le repos et le calme.

**2** Un dimanche de printemps, il a proposé à sa famille de faire une promenade à la campagne. Les enfants – Yvette, Julien et Olivier – ont été très contents et leur mère aussi. Elle est tout de suite allée préparer un grand pique-nique.

**3** Ils sont montés dans leur voiture et ils sont partis de chez eux assez tôt le matin. M. Valbois a pris les petites routes pour éviter la circulation. Il a voulu profiter de son jour de congé; il n'a pas eu l'intention de rester dans un embouteillage sur l'autoroute, entouré de bruit et de pollution.

**4** À dix heures ils sont arrivés dans un petit village pittoresque dans la vallée de la Marne. Ils sont entrés dans la vieille église. «Que c'est calme! Pas de bruit, tout est tranquille», a dit M. Valbois. Julien a remarqué le tombeau d'un certain Gustave Valbois. «Regardez! Il est né en 1810 et il est mort en 1909, à l'âge de 99 ans. C'est quelqu'un de notre famille?» «Non, je ne pense pas», a répondu son père. La famille est restée dans l'église pendant une demi-heure, puis les cloches ont sonné et les gens sont arrivés pour assister à la messe du dimanche.

**5** Les Valbois sont retournés à leur voiture et ils sont repartis. Vers midi ils ont commencé à chercher un bon endroit pour le déjeuner. «Voilà un parking à côté de la route», a crié Olivier. «Mais non», a dit leur père. «Il nous faut un endroit plus calme.» Une demi-heure plus tard, ils sont descendus de voiture à côté d'un bois. Ils sont entrés dans un champ où ils ont installé leur table et les chaises. Les parents ont fait les préparatifs pour le repas.

**6** «Nous sommes enfin arrivés à l'endroit idéal pour un pique-nique», a dit M. Valbois. «L'air est pur, tout est tranquille, on peut déjeuner dans le calme.» Avant le repas les enfants sont allés jouer au football près d'un petit ruisseau. Yvette, qui adore le football comme ses frères, est tombée à l'eau. Elle est revenue tristement à ses parents, couverte d'une boue malodorante! «Nous avons été bêtes de les laisser jouer seuls», a dit Mme Valbois.

**7** À ce moment-là, un tracteur est arrivé. Le fermier a crié furieusement: «Vous n'avez pas le droit de pique-niquer ici. C'est un champ privé . . . et c'est dangereux.» Les Valbois ont vite compris pourquoi: ils ont entendu des haut-parleurs, des coups de fusil et des cris. Des morceaux d'argile sont tombés sur leurs têtes et sur le pique-nique aussi. «Ah zut!» a dit M. Valbois. «Le ball-trap a commencé à 13 heures dans le champ voisin. Quelle promenade calme et agréable!»

# Comprehension

**A**   *Answer these questions in English:*

1 Why does M. Valbois particularly like a restful Sunday?
2 Why did he take the minor roads?
3 Why did the bells start to ring at church?
4 Why did M. Valbois reject Olivier's suggestion for a picnic spot?
5 What mistake did M. and Mme Valbois make?
6 What convinced the Valbois that they had chosen a bad place for a picnic?

**B**   *Which of the four statements given is the correct one?*

1 M. Valbois aime le dimanche
  A parce qu'il travaille dur ce jour-là.
  B parce qu'il aime les voitures.
  C parce que c'est son jour de congé.
  D parce que c'est le printemps.

2 M. Valbois a pris les petites routes
  A parce qu'il aime les embouteillages.
  B parce qu'il veut profiter du bruit.
  C parce qu'il y a moins de voitures.
  D parce qu'il est parti tôt.

3 Julien Valbois s'intéresse au tombeau
  A parce que l'homme est mort en 1909.
  B parce qu'il est certain que c'est le tombeau de Gustave.
  C parce que c'est le tombeau de son grand-père.
  D parce que le tombeau porte son nom de famille.

4 Pour déjeuner, ils se sont installés
  A dans un endroit calme près d'un bois.
  B au bord de la route.
  C dans un bois.
  D dans leur voiture.

5 Yvette est revenue couverte de boue
  A parce qu'elle est malodorante.
  B parce qu'elle est tombée dans le ruisseau.
  C parce qu'elle adore ses frères.
  D parce qu'elle a joué seule.

6 Ils n'ont pas pu déjeuner dans le calme
  A parce qu'un tracteur est arrivé.
  B parce qu'un fermier a crié furieusement.
  C parce qu'ils sont dans un champ privé.
  D parce qu'il y a un ball-trap tout près.

**C**   *Answer these questions in French:*

1 Qu'est-ce que Mme Valbois a fait avant leur départ?
2 Quand sont-ils partis?
3 Qu'est-ce qu'ils ont fait dans le petit village?
4 Qu'est-ce qu'ils ont fait vers midi et demi?
5 Qu'est-ce que les enfants ont fait avant le repas?
6 Pourquoi est-ce que les Valbois n'ont pas été contents juste après une heure de l'après-midi?

| | | | |
|---|---|---|---|
| le **ball-trap** *clay-pigeon shooting* | l'**argile** *clay* | **assister à** *to be present at* | **malodorant** *smelly* |
| le **cri** *shout* | la **boue** *mud* | **éviter** *to avoid* | **pittoresque** *picturesque* |
| le **coup de fusil** *rifle-shot* | la **cloche** *bell* | **pique-niquer** *to picnic* | **privé** *private* |
| l'**embouteillage** *traffic jam* | l'**intention** *intention* | **repartir** *to set off again* | **pur** *pure* |
| les **préparatifs** *preparations* | la **messe** *Mass* | | **tranquille** *peaceful* |
| le **repos** *rest* | la **pollution** *pollution* | | **entouré de** *surrounded by* |
| le **ruisseau** (**-x**) *stream* | la **vallée** *valley* | | **furieusement** *furiously* |
| le **tombeau** (**-x**) *tomb* | | | **tôt** *early* |
| le **tracteur** *tractor* | | | |

# *Conversation:* Getting information in a country area

AU CENTRE D'INFORMATION DANS UN PARC NATUREL RÉGIONAL

1 *Asking about accommodation*

**Client** Avez-vous une liste des hôtels, s'il vous plaît?

**Employée** Oui, monsieur. En ville ou dans la région?

**Client** Je voudrais un hôtel calme à la campagne.

**Employée** Très bien. Voici une liste des petits hôtels de campagne. Vous êtes sûr d'un accueil chaleureux.

**Client** Merci beaucoup. Au revoir.

**D**  *Act this out with a partner, then practise asking for information about other forms of accommodation in the countryside:*

les terrains de camping *(camp-sites)*     les auberges de jeunesse *(youth hostels)*
les gîtes ruraux *(rented cottages)*     les chalets et les villas *(chalets and villas)*
les appartements *(flats)*     les pensions *(boarding houses)*

2 *Asking about what there is to see and visit*

**Client** Qu'est-ce qu'il y a à voir dans la région?

**Employée** Ah, monsieur, dans un parc régional, il y a beaucoup de choses à voir. Vous aimez la nature?

**Client** Oui.

**Employée** Bon, regardez ce dépliant qui vous montre les routes touristiques. Là vous avez la forêt et, un peu plus loin, la rivière et les gorges.

**Client** Merci, vous êtes très gentille.

**Employée** À votre service, monsieur. Bon séjour!

**E**  *Act out this conversation with a partner; then try asking for information about other interests:*

**Vous aimez l'histoire?**   le château *(castle)*, le palais *(palace)*, le musée *(museum)*
**Vous aimez les sites naturels?**   les gorges *(ravines)*, les grottes *(caves)*, les rochers *(rocks)*
**Vous aimez le paysage?**   le parc *(park)*, la vallée *(valley)*, la montagne *(mountain)*

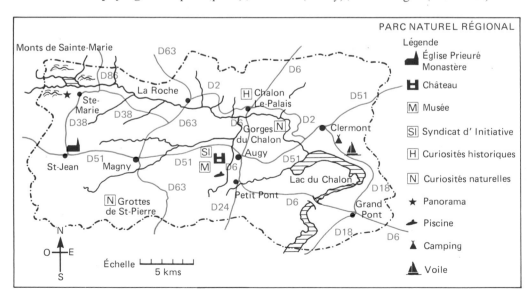

**F**  *Using this map as a basis for your conversation, work with a partner to ask where you can find various places of interest. The person playing the part of the guide can try to give directions, using the numbers of the roads and phrases like* **à gauche, à droite, tout droit** *etc.*

A Un pompier est monté par une échelle.
B Les enfants sont descendus.
C Ils ne sont pas restés longtemps.
D La pauvre dame est tombée.
E Les deux filles sont sorties.
F Le brigadier est entré dans le garage.

G Les pompiers sont arrivés.
H Les animaux sont partis.
I Les hommes sont allés vers la dame.
J L'ambulance est venue.
K Papa est rentré. Quelle mauvaise surprise!

## The perfect tense with être as auxiliary verb

A group of verbs uses **être** and not **avoir** as the auxiliary verb in the perfect tense. The drawing above shows the most common ones. Learn them in pairs, usually with opposite meanings.

| Infinitive | meaning | past participle | Infinitive | meaning | past participle |
|---|---|---|---|---|---|
| aller | to go | **allé** | venir | to come | **venu** |
| | | | (revenir | to come back | **revenu**) |
| | | | (devenir | to become | **devenu**) |
| arriver | to arrive | **arrivé** | partir | to leave | **parti** |
| monter | to go up | **monté** | descendre | to go down | **descendu** |
| entrer | to go in | **entré** | sortir | to go out | **sorti** |
| rentrer | to come back | **rentré** | retourner | to go back | **retourné** |
| tomber | to fall | **tombé** | rester | to stay | **resté** |

Two others not so frequently used are:

| naître | to be born | **né** | mourir | to die | **mort** |
|---|---|---|---|---|---|

*When you use these verbs in writing, notice the changes in the ending of the past participle. This does not usually affect the way you say them. The list below looks long but the system is simple.*

*The past participle of an **être** verb always agrees with the subject.*
*If the subject is feminine, add -e to the past participle.*
*If the subject is plural, add -s to the past participle.*
*But remember that this only applies to **être** verbs.*

| | | |
|---|---|---|
| je suis allé | je suis venu | *(man or boy writing)* |
| je suis allée | je suis venue | *(woman or girl writing)* |
| tu es allé | tu es venu | *(writing to man or boy)* |
| tu es allée | tu es venue | *(writing to woman or girl)* |
| il est allé | il est venu | |
| elle est allée | elle est venue | |
| nous sommes allés | nous sommes venus | *(writing as one of a mixed or male group)* |
| nous sommes allées | nous sommes venues | *(writing as one of a female group)* |
| vous êtes allé | vous êtes venu | *(writing to a man)* |
| vous êtes allée | vous êtes venue | *(writing to a woman)* |
| vous êtes allés | vous êtes venus | *(writing to a mixed or male group)* |
| vous êtes allées | vous êtes venues | *(writing to a female group)* |
| ils sont allés | ils sont venus | |
| elles sont allées | elles sont venues | |

**G**   *Complete these sentences by putting in the right part of the verb **être**.*

Example: Je ——— arrivé. **Je suis arrivé.**

1 Pierre ——— allé à Paris.
2 Marie-France ——— arrivée en retard.
3 Nous ——— restés trop longtemps.
4 Les élèves ——— rentrés au collège hier.
5 Vous ——— montés dans l'autobus.
6 Elles ——— descendues avant nous.
7 Tu ——— sorti enfin!
8 Je ——— né en Angleterre.
9 Les garçons ——— partis à toute vitesse.
10 Les filles ——— tombées sur la glace.

**H**   *Complete these sentences by using the verb given in brackets at the end of each sentence.*

*Example:* Yvette est ——— très tard. (rentrer) **Yvette est rentrée très tard.**

1 Julien est ——— de la maison. (sortir)
2 Nous sommes ——— dans la voiture. (monter)
3 Moi, Isabelle, je suis ——— en 1965. (naître)
4 De Gaulle est ——— en 1970. (mourir)
5 Ils sont ——— du train. (descendre)
6 Mes amis, vous êtes ——— enfin! (arriver)
7 Le train est déjà ——— (partir)
8 Elles sont ——— dans la salle. (entrer)
9 Tu es ——— trop tard, Marie! (revenir)
10 Pourquoi est-il ——— si longtemps? (rester)

**I**   *Here is a page from the Valbois family diary, written in the form of jottings. Imagine you are Yvette writing on February 26th about what happened last week.*

*Example:* **Lundi nous sommes rentrés à l'école.**

| FÉVRIER | | |
|---|---|---|
| LUNDI 19 | enfants rentrent à l'école. | JEUDI 22 — Oncle Jacques arrive 15ʰ, papa rentre tard 21ʰ |
| MARDI 20 | maman chez coiffeur 10ʰ, Yvette, chez Brigitte 17ʰ | VENDREDI 23 — Jacques retourne à Paris |
| MERCREDI 21 | enfants jour de congé, Olivier, hôpital 14ʰ | SAMEDI 24 — Yvette, maman Paris 14ʰ, Olivier, Julien football 15ʰ |
| | | DIMANCHE 25 — 9ʰ messe (tous), 12ʰ déjeuner chez grand'mère |

**J** *Here are four country scenes for you to talk about. Say where the people are, what they are doing, what they are perhaps thinking and saying; imagine where they have come from and what they might be going to do soon.*

# 5   Pas d'histoires!

**1** La semaine dernière, les élèves de la classe de 3ème A ont dû écrire une histoire au sujet d'une famille. Philippe, qui n'aime pas faire les rédactions, n'a pas pu penser à grand'chose. Il a écrit:

«Ce matin, je me suis réveillé à sept heures. Je me suis levé tout de suite et je me suis lavé dans la salle de bains. Ma sœur s'est levée à sept heures et demie et elle s'est lavée aussi. Mon frère s'est habillé dans . . .»

À ce moment-là, le professeur est arrivé à la table de Philippe.

«Mais qu'est-ce que tu as écrit, tête de mule?» a-t-il crié. «J'ai bien dit 'une famille' et non pas 'ta famille'. Ce que tu as écrit n'est pas une histoire, d'ailleurs.»

«Mais, monsieur, je ne trouve rien à écrire.»

«Bon, bon, je te propose donc un sujet . . . euh . . . disons, 'une sortie en famille'. Ça va?»

«Ah oui, monsieur, merci.»

Philippe a recommencé: «Hier la famille Bruneau s'est rendue au parc. Les parents se sont rendus au parc à pied, tandis que la fille, Évelyne, s'est rendue au parc en vélo. Le fils, Bertrand, qui aime les avions, s'est rendu au parc en avion . . .»

Le professeur est revenu pour relire le travail de Philippe. «Mais c'est encore pire. Je pense que tu t'es moqué de moi dans cette rédaction. Je te donne une retenue . . . et pas d'histoires, hein?»

**2** Le lendemain matin, en route pour le collège, Philippe et Didier ont assisté à un incident dans la rue. Ils se sont rencontrés devant le Café de la Poste, comme toujours. Soudain ils ont entendu une belle dispute. Une foule s'est vite groupée autour de deux voitures; les garçons n'ont rien pu voir, mais ils ont entendu les voix de deux conducteurs et d'un agent de police.

«Pourquoi ne vous êtes-vous pas arrêtés au carrefour?»

«Euh, moi . . . je me suis arrêté mais lui, il m'est rentré dedans.»

«Ah non, ce n'est pas vrai. Je me suis approché du carrefour et je ne me suis pas arrêté car je viens de droite et j'ai la priorité.»

«Mais vous êtes arrivé trop vite.»

«C'est à vous, la faute. Je pense que vous vous êtes endormi au volant. Vous n'avez même pas regardé à droite.»

**3** À cause de cette belle dispute, les deux garçons sont arrivés au collège avec un retard de dix minutes. Malheureusement c'est leur professeur de français qu'ils ont rencontré à l'entrée. Lui aussi est arrivé avec dix minutes de retard.

«Pourquoi arrivez-vous en retard?» a-t-il demandé, un peu agité.

«Nous avons vu un accident de la route, monsieur», a répondu Philippe. «Maintenant j'ai une très bonne idée pour ma rédaction.»

»Ah, vous avez vu un accident. Où ça?»

«Juste en face du Café de la Poste, monsieur. Je peux maintenant écrire une belle histoire au sujet d'un conducteur fou qui ne s'est pas arrêté à un carrefour. Dans une deuxième voiture, une famille . . .»

«Tais-toi, Bertillon, ça suffit! Vous êtes arrivés tous les deux au collège en retard. Je vous donne une retenue que vous allez faire ce samedi . . . et pas d'histoires, hein?»

Philippe et Didier sont entrés tristement dans le collège. Le professeur est allé garer sa voiture endommagée un peu plus loin.

«Fou!» a-t-il murmuré. «Un conducteur fou . . .!»

# Comprehension

**A**  *Answer these questions in English:*

1 What was wrong with Philippe's first attempt at an essay?
2 Why did the teacher get cross about the second attempt?
3 Why couldn't the boys see the people involved in the accident?
4 What accusation was levelled at the man whose car had been hit?
5 In what way had the accident been useful to Philippe?
6 Why was the teacher particularly upset by what the boys had said?

**B**  *Which of the four statements given is the correct one?*

1 Philippe n'est pas content quand il doit
   A penser à quelque chose.
   B travailler en histoire.
   C parler de sa famille.
   D faire une rédaction française.

2 Dans sa première rédaction, Philippe dit
   A qu'il s'est réveillé à 7 h 30.
   B que sa sœur s'est réveillée avant lui.
   C qu'il s'est levé juste après 7 h.
   D que sa sœur ne s'est pas lavée.

3 Dans sa deuxième rédaction, Philippe
   A écrit sur sa famille à lui.
   B écrit quelque chose sur la famille Bruneau.
   C n'écrit rien.
   D a copié sur son voisin.

4 Devant le Café de la Poste, Philippe et Didier
   A ont entendu trois personnes.
   B ont vu trois personnes.
   C ont aidé l'agent de police.
   D ont rencontré le facteur.

5 Quand les garçons sont arrivés au collège,
   A ils ont dû attendre leur professeur de français.
   B ils se sont disputés.
   C leur professeur est arrivé en même temps.
   D ils ont commencé à écrire leur rédaction.

6 Le professeur leur a donné une retenue
   A parce qu'ils se sont moqués de lui.
   B parce que l'histoire de l'incident n'est pas belle.
   C parce qu'il est fou.
   D parce qu'ils sont arrivés en retard.

**C**  *Answer these questions in French:*

1 Est-ce que Philippe a eu beaucoup d'idées pour sa rédaction?
2 Comment est-ce que le professeur a puni Philippe?
3 Vers quelle heure est-ce que Philippe et Didier ont assisté à l'incident dans la rue?
4 Qui a la priorité à un carrefour en France?
5 Pourquoi est-ce que Philippe pense que le conducteur est fou?
6 Qu'est-ce que le professeur a fait quand Philippe et Didier sont entrés dans le collège?

| | | | |
|---|---|---|---|
| le **moment** *moment* | la **dispute** *row, squabble* | **s'approcher de** *to approach* | **agité** *excited, disturbed* |
| le **sujet** *subject* | la **foule** *crowd* | **s'endormir** *to fall asleep* | **endommagé** *damaged* |
| le **volant** *steering wheel* | la **priorité** *right of way* | **se grouper** *to gather together* | **fou (fol, folle)** *mad* |
| | la **retenue** *detention* | **murmurer** *to mutter* | **pire** *worse* |
| | la **sortie** *outing* | **relire** *to read again* | **à cause de** *because of* |
| | | **se rencontrer** *to meet* | **au sujet de** *about* |
| | | **se rendre** *to go* | **d'ailleurs** *moreover* |
| | | **rentrer dans qqn** *to bang into s.o.* | **pas d'histoires!** *no nonsense!* |
| | | | **pas grand'chose** *not much* |
| | | | **tandis que** *whereas* |
| | | | **tête de mule** *'idiot!'* |

# Conversation: *Getting help after a road accident*

1 **Passant** Vous êtes blessée, madame?
  **Dame** Aïe! Oui, j'ai mal à la jambe.
  **Passant** Restez calme, madame. Je vais appeler un médecin. Pierre, va chercher un téléphone, là-bas, au café, et appelle la police. Tu composes le 17. Dépêche-toi!

2 **Agent de police** Allô? Police-secours.
  **Pierre** Il y a eu un accident de route dans la rue de la République.
  **Agent de police** Où exactement?
  **Pierre** Devant la librairie.
  **Agent de police** Il y a des blessés?
  **Pierre** Oui, une seule. Une dame s'est blessée à la jambe.
  **Agent de police** Bon, on va envoyer l'équipe de secours. Ne quittez pas . . . ils vont arriver dans un petit instant. Maintenant, comment vous appelez-vous, jeune homme? . . .

**D**  *When you have practised the above conversations, try dealing with the situations depicted in these drawings.*

| | | |
|---|---|---|
| **l'équipe** *team* | **appeler** *to call* <br> **se blesser** *to injure oneself* <br> **composer** *to dial* | **dans un petit instant** *very soon* |

# The perfect tense of reflexive verbs

*Three things to remember:*
*1 **All** reflexive verbs take **être** as the auxiliary verb.*
*2 The past participle agrees with the reflexive pronoun object (which is nearly always the same as agreeing with the subject, like other **être** verbs).*
*3 The pronunciation is hardly ever affected by the endings on the past participle but you have to be careful in writing them down.*

«Je **me** suis rend**u** au parc à midi», a dit Philippe.
«Je **me** suis dépêch**ée**», a dit Marie-Claude.
«Tu **t**'es réveill**é**, Alain?»
«Tu ne **t**'es pas lav**ée** dans cette eau froide, Marie-Claude?»
Il **s**'est habill**é** à huit heures.
Elle s'est lav**ée** dans la salle de bains.
«Nous **nous** sommes amus**ées** au parc», ont dit Marie-Claude et Françoise.
«Nous ne **nous** sommes pas couch**és** tôt hier soir», ont dit Alain et Jean.
«Vous **vous** êtes baign**és**, les garçons?»
«Vous **vous** êtes approch**é** trop vite, monsieur!»
«Vous **vous** êtes lev**ées** tard, les filles!»
«Vous **vous** êtes rend**ue** au mauvais guichet, madame!»
Ils **se** sont ennuy**és** pendant la classe de M. Fénelon.
Elles **se** sont disput**ées** pendant toute la matinée.

**E**   *Choose the correct form of the past participle from the alternatives given in the brackets.*

1 Il s'est (habillé/habillée/habillés/habillées) à neuf heures.
2 «Nous nous sommes (réveillé/réveillée/réveillés/réveillées) soudain», ont dit Pascale et Simone.
3 Le fermier s'est (rendu/rendue/rendus/rendues) au garage.
4 «Vous vous êtes (approché/approchée/approchés/approchées) de l'hôtel, monsieur.»
5 La dame s'est (trompé/trompée/trompés/trompées) de route.
6 Ils se sont (reposé/reposée/reposés/reposées) ce soir.
7 Jacqueline et Chantal se sont (rencontré/rencontrée/rencontrés/rencontrées) au centre de la ville.
8 Les chiens se sont (baigné/baignée/baignés/baignées) dans la mer.
9 L'accident s'est (passé/passée/passés/passées) à midi.
10 «Tu t'es (arrêté/arrêtée/arrêtés/arrêtées) de travailler, Michel?»

**F**   *Complete the gaps with the correct part of a reflexive verb in the perfect tense. The word missing may be the auxiliary or the past participle.*

1 «Je me ——— dépêché pour arriver au collège ce matin.
2 Juste devant la porte du collège, une voiture s'est ———».
3 «Pardon», a dit la femme du conducteur. «Mon mari s' ——— trompé de route.»
4 Nous nous ——— renseignés au syndicat d'initiative mais nous n'avons pas pu trouver le château.»
5 «Le château, madame?» ai-je répondu. «Vous vous en ——— approchés par la bonne route mais il faut aller un peu plus loin.»
6 «Oh, mais regarde tes mains sales, Jean. Tu ne t'es pas encore ———?»
7 «Excuse-moi, chérie. J'étais tellement fatigué, je me ——— couché trop tard hier soir.»
8 «Dépêche-toi! Les enfants ont mis leurs vêtements neufs. Alain s'est ——— tout seul.»
9 «Oh, regarde le mascara sur le visage de Marie-Claude. Elle s'est ——— comme une vedette de cinéma!»
10 «Ça suffit! Vous vous ——— disputés déjà trop longtemps. Nous allons manquer le début du film.»

# Appeler *(to call)*, s'appeler *(to be called)* **and** jeter *(to throw)*

*These verbs follow the basic pattern of regular* **-er** *verbs but in the present tense, the last consonant is doubled before a silent* **-e, -es** *or* **-ent**. *There is also a different pronunciation of the* **-e** *before the consonants. Your teacher will explain this to you.*

Je m'app**elle** Philippe.
Tu app**elles** la police en composant le 17.
Il s'app**elle** Alain.
Elle s'app**elle** Marie-Claude.
Nous appelons nos amis au téléphone.
Vous appelez le 13–24 et demandez
  Jeanne.
Ils app**ellent** les pompiers.
Elles s'app**ellent** Nathalie et Pascale.

Je j**ette** les cahiers par la fenêtre.
Tu ne j**ettes** rien par terre, j'espère.
Il j**ette** la balle pour le chien.
Elle j**ette** ses vêtements dans sa valise.
Nous ne jetons rien; nous gardons tout ce
  qui peut être utile.
Vous jetez les papiers dans la corbeille.
Ils j**ettent** de l'eau sur les flammes.
Elles j**ettent** tous les papiers en l'air.

*In the perfect tense, the past participle has the single consonant before the* **-é**.
J'ai appel**é** la police.

J'ai jet**é** mes affaires dans mon sac.

**G**   *Answer these questions, using one of the verbs explained in the above box.*

1 Comment t'appelles-tu?
2 Que fait ta mère quand tu es malade?
3 Où jettes-tu les morceaux de papier?
4 Que fait-on quand on voit une maison qui brûle?
5 Comment s'appelle ton professeur de français?
6 Que font les gens qui voient un voleur entrer dans une banque?

7 Comment s'appellent les frères de Marie-Claude?
8 Que fait un professeur pour savoir si tous les élèves sont présents?
9 Tes frères et toi, que faites-vous si vous trouvez votre maman malade dans le salon?
10 Tes camarades et toi, jetez-vous vos cahiers par la fenêtre à la fin de l'année scolaire?

**H**   *The French use reflexive verbs for a lot of everyday actions. Look at these drawings and say at what time the young people shown carried out the actions yesterday evening and early this morning. Then follow the same pattern to say what you did.*

*Example:* Le garçon s'est couché à 10 heures. **Moi, je me suis couché à 10 heures 30.**

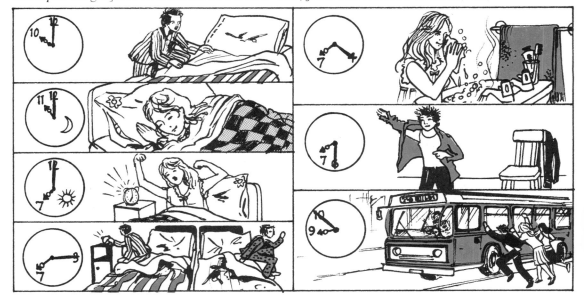

**I** *Here are some pictures of traffic incidents. Say what you think has happened; imagine what the people you can see are thinking and saying and what they might do next. Describe the scene as fully as you can.*

# 6 Nos amis, les animaux

**1** Deux nouvelles élèves sont arrivées récemment dans la classe de Marie-Claude. Elles s'appellent Pascale et Nathalie Moreau; ce sont des sœurs jumelles. Elles sont vite devenues les meilleures amies de Marie-Claude car comme elle, elles s'intéressent énormément aux animaux.

**2** Par un mercredi de libre, les trois jeunes filles ont décidé de visiter le zoo de Vincennes près de Paris. Elles sont allées en train jusqu'à la gare du Nord à Paris et puis elles ont pris le métro jusqu'à la station Porte Dorée près du zoo.

**3** «J'adore tous les animaux», a dit Pascale. «Moi aussi», a ajouté sa sœur. «Je veux être vétérinaire.» «Regardez cet éléphant! Il est énorme», a crié Marie-Claude. «Je vais lui donner à manger.» Elle a jeté un morceau de pain vers l'éléphant. «Ne fais pas cela, c'est interdit!» a dit Pascale.

**4** Elles ont regardé les ours blancs et les ours bruns. Ils ont l'air amicaux mais ils peuvent être très féroces. Ensuite elles sont allées voir les petits singes, les tigres féroces, une girafe au cou énorme et un hippopotame à la bouche très grande.

**5** «Regardez ce chameau! Il a l'air très fier, vous ne trouvez pas?» a demandé Pascale. «Et cet animal bizarre, qu'est-ce que c'est?» «Cela s'appelle un lama», a expliqué sa sœur qui est très douée. «Quel animal est le plus beau, à ton avis, Marie-Claude?» «C'est le lion, naturellement, le roi de la jungle», a dit Marie-Claude.

**6** Dans un bâtiment spécial elles ont pu voir les oiseaux exotiques. Elles ont essayé de faire parler un perroquet. «Ça va, Jacquot?» ont-elles demandé. Il n'a rien répondu. «Il ne s'appelle pas Jacquot, apparemment.»

**7** À la fin de leur visite, elles sont allées à la buvette près de la sortie. «Tu as soif, Marie-Claude?» a demandé Nathalie. «Oui, je veux bien boire un coca. Et vous deux?» «Nous préférons les jus de fruits», a dit Pascale. Dans le bureau à côté de la sortie on peut acheter des cartes postales et des posters. Marie-Claude, qui adore se moquer de ses frères, a acheté deux posters qu'elle va leur offrir en souvenir de sa visite. «Qu'est-ce que tu as choisi?» a demandé Nathalie. «Un hippopotame pour Philippe. Regardez, il a une grande bouche et un air paresseux.» «Et pour Alain?» «Un singe – petit, méchant et très bruyant!»

# *Comprehension*

**A**   *Answer these questions in English:*

1 Why did Nathalie and Pascale soon become Marie-Claude's best friends?
2 Why did Pascale restrain Marie-Claude near the elephant?
3 How is the bears' appearance deceptive?
4 Which of the girls appears to be the most knowledgeable?
5 How do they explain the parrot's refusal to answer?
6 What feelings guide Marie-Claude in her choice of posters for her brothers?

**B**   *Which of the four statements given is the correct one?*

1 Pour aller à Vincennes, les jeunes filles
   A ont pris l'avion.
   B sont allées à pied.
   C ont changé de métro à la gare du Nord.
   D ont pris le train et le métro.

2 Marie-Claude va donner à manger à l'éléphant
   A parce qu'elle a faim.
   B parce qu'il a soif.
   C parce qu'elle pense qu'il a faim.
   D parce que c'est interdit.

3 La girafe est un animal
   A qui a l'air amical mais qui est féroce.
   B qui est petit et méchant.
   D qui peut manger les feuilles sur les arbres.
   D qui a une bouche très grande.

4 Nathalie montre qu'elle est plus douée que sa sœur
   A parce qu'elle a l'air fière.
   B parce qu'elle sait le nom de tous les animaux.
   C parce qu'elle aime les animaux bizarres.
   D parce qu'elle sait que le lion est le roi de la jungle.

5 À la buvette, les jeunes filles ont acheté
   A une bière et deux vins rouges.
   B deux cocas et un jus de fruits.
   C des posters et des cartes postales.
   D un coca et deux jus de fruits.

6 Marie-Claude va offrir des posters à ses frères
   A parce qu'elle les aime beaucoup.
   B parce qu'elle aime se moquer d'eux.
   C parce qu'Alain adore les singes.
   D parce que Philippe collectionne les hippopotames.

**C**   *Answer these questions in French:*

1 Expliquez l'expression «des sœurs jumelles».
2 Pourquoi sont-elles allées au zoo un mercredi?
3 Qu'est-ce que Nathalie espère faire comme métier?
4 Pourquoi est-ce que le perroquet n'a rien dit?
5 Qu'est-ce que les jeunes filles ont fait à la fin de leur visite?
6 Où peut-on acheter des cartes postales dans le zoo?

| | | | |
|---|---|---|---|
| le **chameau (-x)** *camel* | la **bouche** *mouth* | **ajouter** *to add* | **amical (amicaux)** *friendly* |
| l'**éléphant** *elephant* | la **buvette** *drinks stall* | **avoir l'air** *to seem* | **bruyant** *noisy* |
| l'**hippopotame** | la **girafe** *giraffe* | **devenir** *to become* | **exotique** *exotic* |
|    *hippopotamus* | la **jungle** *jungle* | **donner à manger à** *to* | **fier (fière)** *proud* |
| le **lama** *llama* | la **station** *underground* |    *feed* | **jumeaux, jumelles** *twin* |
| le **lion** *lion* |    *railway station* | **jeter** *to throw* | **triste** *sad* |
| le **métro** *Underground* | | | |
| l'**oiseau (-x)** *bird* | | | **apparemment** |
| l'**ours** *bear* | | |    *apparently* |
| le **perroquet** *parrot* | | | **à ton avis** *in your* |
| le **poster** *poster* | | |    *opinion* |
| le **roi** *king* | | | **énormément** |
| le **singe** *monkey* | | |    *enormously,* |
| le **tigre** *tiger* | | |    *extremely* |
| le **vétérinaire** *vet.* | | | **en souvenir de** *as a* |
| le **zoo** *zoo* | | |    *souvenir of* |
| | | | **ensuite** *next* |
| | | | **récemment** *recently* |

# Conversation: *Describing people and things*

**D** *Practise the following conversation about clothes and then make up a similar one about the clothes drawn on the right.*

**Julie** Regarde cette robe! Elle est très vieille!
**Sabine** Oui, elle a l'air très démodée. Mais elle est jolie quand même.
**Julie** Oui, je l'aime bien. Elle me va à merveille.

**E** *Practise describing an item of lost property. Then see if you could describe the appearance and contents of these three things you have lost.*

**Employé** Comment est le portefeuille que vous avez perdu?
**Monsieur** Il est brun, en cuir. C'est un portefeuille à quatre pochettes. Dedans il y a mon permis de conduire, mes cartes de crédit . . .
**Employé** Il y a de l'argent aussi?
**Monsieur** Oui, des billets de banque français et belges.
**Employé** Bon, je vais voir . . .

**F** *This confused motorist thinks his car may have been stolen. When you have played the parts, practise describing the cars drawn below.*

**Automobiliste** Pardon, monsieur l'agent, je ne trouve plus ma voiture.
**Agent de police** Elle est comment, votre voiture?
**Automobiliste** C'est une Peugeot 504 blanche. Elle est assez neuve et en très bon état.
**Agent de police** Et vous êtes sûr que vous avez laissé votre voiture dans ce parking?
**Automobiliste** Je pense que oui mais je n'en suis pas certain.

**G** *Practise giving descriptions of people, using the following conversation as an example. Then describe the people drawn on the right.*

**Sylvie** Qui est Frédéric? Je ne le connais pas.
**Marcel** C'est un garçon aux cheveux courts et roux. Il a l'air un peu méchant mais pas trop. Il porte un blue-jeans et un anorak orange.

# Four different ways of giving descriptions

1 *USE ADJECTIVES.*
*(Make sure they agree with*
*the noun they describe.)*
Voici un ours **blanc**. Il a
deux **petites** oreilles.
Regardez son nez **noir**.

3 *USE* **AVOIR L'AIR** *and*
*an adjective.*
Il **a l'air féroce**.

2 *USE* **À, AU, À LA,** *or*
**AUX** *with nouns and*
*adjectives.*
C'est un animal **à quatre**
**pattes, aux poils blancs**
**et aux yeux noirs.**

4 *USE* **SEMBLER** *(to seem).*
Il **semble** avoir faim.

*Methods 1 and 2 tell us about facts (e.g. colours, size and physical features).*
*Methods 3 and 4 give us impressions (e.g. feelings, character, personality)*

*It is possible to use a combination of these:*

Voici une **vieille** femme **maigre, au visage blanc**.
Elle porte un chapeau **pointu** et elle s'habille de
vêtements **noirs**. Elle **a l'air cruelle** et elle
**semble** très **désagréable.** C'est une sorcière!

**H** *Give similar descriptions of the people and objects in these pictures. Try and use as much*
*variety as possible in the ways you describe them.*

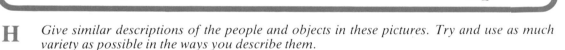

By using these additional words and phrases, you can describe people and things with greater
variety. The range is almost endless and allows you to compare things and people with each
other.

Bernard est **moins triste que** Frédéric.          Armand est **le moins triste**.
Eric est **plus triste que** Charles.          David n'est **pas aussi triste que** Georges.

**I**  Compare the people shown in the tables below. Make up ten sentences about them, along the
lines of the examples given. You will use words like **lourde** (heavy), **forte en maths** (good at
maths), **sportive** (sporty).

*Examples:*  Jeanne est la moins âgée et la plus grande.
          Marie est plus petite que Jeanne mais elle est plus grande que Sabine.

|  | Marie | Jeanne | | Sabine | |
|---|---|---|---|---|---|
| âge | 14 ans | 13 ans | | 14 ans | |
| taille | 1 m 50 | 1 m 52 | | 1 m 48 | |
| poids | 44 kilos | 45 kilos | | 47 kilos | |
| note de maths | 15/20 | 14/20 | | 17/20 | |
| sports préférés | tennis | tennis | volley | n'aime pas les | |
|  |  | handball | natation | sports | |

## Using the perfect tense to report speech in writing

If the verb that reports the speech comes after, or in the middle of, the words that were
actually spoken, the auxiliary comes before the subject.

«J'adore les animaux», **a dit** Nathalie.
«Moi aussi», **a ajouté** sa sœur.
«Regarde cet éléphant!» **a-t-elle crié**. «Il est énorme.»

**J**  Rewrite these sentences so that the verb in the perfect tense comes either at the end or in the
middle of the speech. Remember to invert the verb.

*Example:* J'ai dit: «Ouvre la fenêtre!» **«Ouvre la fenêtre!» ai-je dit.**

1  Nathalie a dit: «Tu aimes les animaux?»
2  Pascale a répondu: «Oui, bien sûr!»
3  Marie-Claude a demandé: «Où est le tigre?»
4  Pascale a répondu: «Le voilà dans sa cage.»
5  Elles ont crié: »Au secours! La cage est
  ouverte.»

**K**   *These pictures were all taken at the Vincennes Zoo. Working with a partner, describe the animals as fully as you can, without using the animal's name. See if your partner can recognise the animal from your description. Can you work out what advice is being given in the two posters shown?*

IL EST INTERDIT
De monter sur les rochers
et de se pencher
au-dessus de l'eau

SURVEILLEZ
VOS
ENFANTS

CET ACCIDENT
PEUT ARRIVER
Il s'est déjà produit

# Revision 1

**A** *Fill in the missing words to complete the perfect tense using* **être** *as the auxiliary verb. If a word needs altering, it is given in brackets.*

1 Jean ———— allé à Paris.
2 Il ———— arrivé à la gare du Nord.
3 Sa sœur est (venir) le rencontrer.
4 Ils ———— partis de la gare en taxi.
5 Ils sont (arriver) chez elle à neuf heures.
6 «Pourquoi es-tu (rentrer) de Calais?» lui a-t-elle demandé.
7 «Parce que j'y ———— resté trop longtemps», a-t-il répondu.
8 «Depuis que ma femme ———— (mourir), je ne suis plus heureux à Calais.»
9 «Après tout, je ———— (naître) à Paris; j'ai toujours voulu revenir.»
10 Quand ils sont (descendre) à l'immeuble où habite Simone, . . .
11 Jean ———— tombé dans l'escalier.
12 Ils ———— allés chez le médecin.
13 «Qu'est-ce qu'il y a?» a-t-il dit. «Pourquoi ————-vous (venir) à cette heure-ci, monsieur?»
14 «Voici ce qui ———— arrivé, monsieur», a répondu Jean. «Ma sœur et moi, nous ———— (descendre)
15 d'un taxi et nous ———— (entrer) dans son immeuble . . .
16 mais malheureusement, je ———— (tomber) et maintenant ma jambe me fait très mal.»

**B** *Contradict the following accusations or declarations, either on behalf of yourself or of the person(s) accused. In your answers, use* **ne . . . pas, ne . . . rien, ne . . . jamais, ne . . . plus, ne . . . personne** *or* **ne . . . que** *as seems most suitable.*

1 Vous avez volé mon sac!
2 Vous avez attaqué le garagiste!
3 Vous avez mangé tous les cinq gâteaux!
4 Vous avez tout bu!
5 Votre ami est arrivé en retard tous les jours!
6 Votre ami a parlé à ma femme!
7 Votre ami a vendu beaucoup de vieilles voitures!
8 Votre ami a oublié son parapluie!
9 Vos amis sont entrés sans payer!
10 Vos amis ont emprunté ma voiture!
11 Vos amis ont causé beaucoup d'accidents!
12 Vos amis ont souvent pique-niqué dans un champ privé.

**C** *Imagine you are retelling this story about your father's journey to work one day. Complete the gaps marked* . . . . . . . *by inventing suitable details and fill the gaps marked* ———— *by putting the correct form of the perfect tense or a negative expression.*

Mon père est . . . . . . . Il travaille à . . . . . . . Ce matin il ———— quitté la maison à . . . . . . . pour arriver au travail à . . . . . . . Il ———— pris . . . . . . . . . . . . . . . comme d'habitude. Il ———— arrivé au travail avec . . . . . . . minutes de retard car il y ———— ———— un accident devant . . . . . . . . . . . . . . . Heureusement ———— n'a ———— blessé mais l'accident ———— causé un grand embouteillage.

«Bonjour, monsieur», a ———— le concierge quand papa est arrivé, «————-vous ———— l'accident? À mon avis, les . . . . . . . sont fous aujourd'hui. Quand j'ai ———— mon permis de conduire, on a ———— passer une . . . . . . . difficile. Maintenant, c'est simple comme bonjour!»

«Non, non», ———— ———— mon père. Pour réussir à l'. . . . . . ., il faut savoir conduire bien. Mais je ne vous ai ———— vu au volant. Pourquoi?»

Le concierge est ———— tout rouge. «Ah, vous savez», ———— dit, «c'est la faute des gendarmes. Ils m'ont donné trop de contraventions!»

**D**   *Tell the story of this shopping expedition, using the perfect tense. Some of the verbs will need the **avoir** auxiliary and some will take **être** so think carefully!*

**E**   *Fill in the blank spaces with **qui**, **que** or **qu'**.*

1 C'est toujours le professeur ——— sait la meilleure réponse.

2 C'est le grand garçon ——— s'appelle Philippe.

3 C'est lui ——— je vois tous les jours.

4 Mon ami, ——— Marie-Claude aime beaucoup, s'appelle Paul.

5 Mon ami Paul, ——— est amateur de football, n'aime pas Marie-Claude.

6 Ce sont les vêtements modernes ——— nous préférons.

7 Mon voisin, ——— a une grosse voiture, travaille à une banque.

8 Le programme ——— il aime regarder, est très bruyant.

9 C'est un médecin ——— est très sympathique.

10 L'anglais est une langue ——— nous trouvons bien facile à parler.

**F**   *Use the correct part of **devoir**, **vouloir**, **pouvoir** or **savoir** in the present tense so that these sentences make sense.*

1 M. Grimaud n'aime pas les musées. Il ne ——— pas aller au musée du Louvre.

2 Je regrette, mais je ne ——— pas vous accompagner. Je n'ai pas le temps.

3 ———-vous prendre encore du gâteau?

4 Non, je ne ——— pas. Je dois surveiller mon régime.

5 Levez la main, si vous ——— nager!

6 «Messieurs-dames, le car va partir à 10 h 30. Vous ——— voir toute la ville dans les soixante minutes qui nous restent mais notez bien que vous ——— être de retour au parking à l'heure.»

7 Vite, ma petite, tu ——— te laver toi-même maintenant. Tu n'es plus un bébé!

8 Personne ne ——— toucher à cette machine.

**G**   *This is an account of the daily routine of a French boy. By changing the verbs from the present tense to the perfect, you can make this into the story of one particular day in the past.*

Je me **réveille** à sept heures moins le quart et je me **lève** tout de suite. Je **descends** pour prendre mon petit déjeuner vers sept heures. Je **bois** une tasse de chocolat, je **mange** une tartine et alors je **pars**. Le bus **passe** à sept heures et demie. Nous **arrivons** au collège quelques minutes avant huit heures, quand le premier cours **commence**. Nous **travaillons** dur pendant les cours car les professeurs **sont** très sévères. Mais pendant la récréation, il y **a** beaucoup de bruit. Je **rencontre** mes copains, nous **bavardons** et nous **jouons** au football.

À midi, je **déjeune** à la cantine. Je **rentre** à la fin des cours, à cinq heures. Je **dis** au revoir à mes copains avant de monter dans le bus. Le soir je **fais** mes devoirs tout de suite en arrivant chez moi, et puis j'**écoute** mes disques dans ma chambre. On **prend** le dîner à sept heures et demie et puis on **regarde** la télévision. Je me **couche** vers dix heures.

**H** *Read this letter to Annette Bertillon from one of her old friends, Josyane. Then answer the questions below in English.*

> Montpellier le 3 juin
>
> Chère Annette,
>
> Merci de m'avoir envoyé ces jolies roses quand je suis sortie de l'hôpital. Elles sont vraiment merveilleuses. Je vais beaucoup mieux maintenant. Albert m'a offert une petite excursion hier. Il a pris un jour de congé.
>
> Nous avons fait la grasse matinée (très rare chez nous, je t'assure) et puis on est sorti faire un pique-nique. C'est le patron qui nous a prêté sa voiture! Qu'il est gentil! et Albert a trouvé un joli endroit tout près de la grotte des Demoiselles et nous avons pris un déjeuner sur l'herbe, préparé par mon cher mari. Mais, plus tard, quel désastre! Nous avons eu un pneu crevé et Albert a découvert qu'il n'y avait pas de roue de secours dans le coffre. Il a dû faire trois kilomètres à pied avant de trouver un téléphone. Heureusement, le garagiste a pu nous dépanner très rapidement et nous ne sommes pas rentrés tard. Mais le pauvre Albert! Son patron n'a pas compris pourquoi il était si fatigué après son jour de congé. J'embrasse toute la famille! Nous espérons vous voir tous à la fin du mois.
>
> Josyane

*Answer in English:*

1 When did Annette send the roses?
2 How much time off was Albert given?
3 Whose car did they use?
4 In what two ways did Albert have to work on that day?
5 Where did they have lunch?
6 What difficulty occurred in the afternoon?
7 Why could the problem not be solved immediately?
8 When are they expecting to see the Bertillons?

**I** *Annette intends to write a reply to Josyane's letter but hasn't got time at the moment. She jots down some notes to remind her what to say. From these notes, imagine her full letter.*

Merci pour ta lettre —— contente de savoir que tu vas bien —— le pauvre Albert —— comment va-t-il? —— allons vous voir le 27 —— à quelle heure? —— Philippe a eu un accident —— tombé dans la rivière —— rester au lit deux jours —— Alain méchant mais Marie-Claude très sage en ce moment —— regarder la nouvelle émission de Pierre à la télé vendredi.

J   *Tell the story in French of the amazing adventures of this elephant, which escaped from the zoo but eventually performed an heroic feat in preventing a bank robbery!*

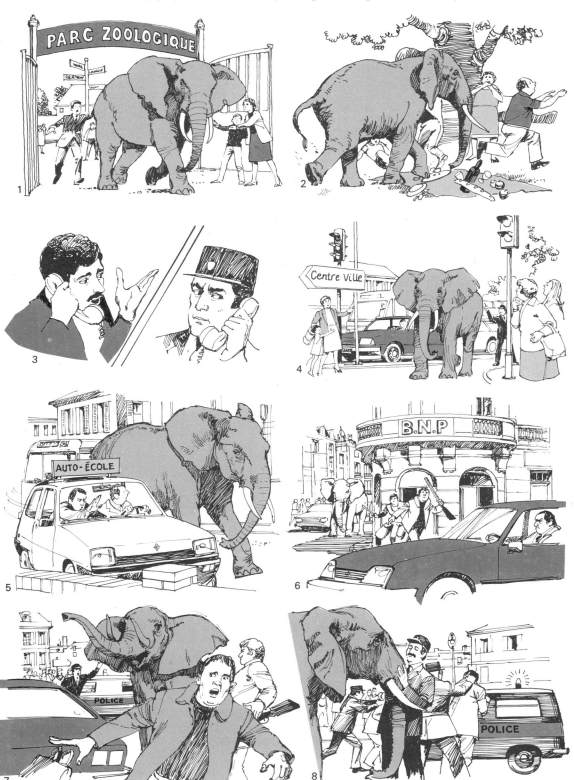

**K**   *This crossword is based on driving. All the answers are words that are found in Units 1 to 6, and are to do with cars or driving.*

## Horizontalement
1 Hélas! J'ai un pneu ———.
4 Il a peur parce qu'il ——— son examen aujourd'hui.
6 Monsieur Valbois est ———.
9 C'est une machine à quatre roues qui roule sur la route.
10 Il faut avoir 18 ans en France pour avoir son ———.
12 Là où deux routes se rencontrent.

## Verticalement
2 Où est la ——— de secours?
3 Liquide essentiel pour une voiture.
5 Attention! Le moteur va s'arrêter. Tu vas ———.
6 On met de l'huile dans le ———.
7 Très bien! Vous avez réussi à votre examen. Maintenant vous avez le droit de ——— une voiture.
8 Non, nous ne pouvons pas acheter une voiture neuve; nous devons acheter une voiture ———.
11 Allez choisir votre nouvelle voiture au Salon de l'———.
12 Un autobus qui roule entre les villes s'appelle un ———.
13 Faites attention quand vous traversez la ——— près d'une auto-école.
14 Il faut toujours s'arrêter au ——— rouge.

L   *Here are some pictures to help you revise the words and patterns you have been learning in the last few units. Describe the people you can see (their clothing, their mood and appearance); say where they are and what they are doing; imagine what they are saying and thinking; speculate on where they have come from and what they are going to do next.*

# 7 Le correspondant

1 Didier Martin et Philippe Bertillon sont en troisième au Collège de Villeneuve. Ils ont commencé à apprendre l'anglais quand ils sont entrés en sixième. Ils l'apprennent donc depuis quatre ans déjà. Philippe n'est pas très fort en anglais mais Didier, au contraire, aime beaucoup le parler. Son professeur a réussi à lui donner un goût pour la vie anglaise.

2 Un jour Didier a décidé de trouver un correspondant anglais. Quand on a un correspondant, on peut envoyer et recevoir des lettres et des cartes postales. À Noël et aux anniversaires, on peut s'offrir des cadeaux. Si les correspondants s'entendent bien et si les parents sont d'accord, on peut faire un échange pendant les vacances.

3 Didier a demandé à son professeur d'anglais de lui trouver un correspondant anglais. «Ce n'est pas difficile», a répondu M. Smith. «Il existe un service spécial pour cela. C'est le service de la correspondance scolaire internationale à Paris. J'ai quelques fiches dans la salle des professeurs. Je vais t'en chercher une à la fin du cours.»

4 Quand le professeur a donné une fiche à Didier, il lui a dit de la remplir très lisiblement en majuscules. Ce soir-là, Didier a rempli la fiche et le lendemain il l'a donnée à M. Smith. Le professeur a ajouté les détails de quelques autres élèves et puis il a envoyé toutes les fiches à Paris.

*Ne rien écrire au verso* **S.V.P.**

## SERVICE DE LA CORRESPONDANCE SCOLAIRE INTERNATIONALE
### 29 rue d'Ulm / 75 230 PARIS CEDEX 05

PAYS D'ORIGINE
FRANCE

Langue de correspondance
ANGLAIS

> Prière de donner ci-dessous les renseignements concernant les élèves désirant engager une correspondance. NE PAS INSCRIRE SUR LA MEME LISTE LES FILLES ET LES GARCONS. Écrire les noms et adresses en CARACTERES D'IMPRIMERIE ou si possible A LA MACHINE. Envoyer ces listes au Service.

Établissement: C.E.S. de VILLENEUVE
Adresse complète RUE BONAPARTE, VILLENEUVE

Classe: 3ᵉA
NOM DU PROFESSEUR (en capitales):
M. Mme Mlle (1) SMITH, J

| | 1 Nom de famille<br>2 Prénom de l'élève (en lettres d'imprimerie)<br>3 Occupation du père | Sexe | Age | Adresse complète de l'élève<br>(en lettres d'imprimerie) | Années d'étude de la langue étrangère (passe-temps) |
|---|---|---|---|---|---|
| 1 | 1 MARTIN<br>2 DIDIER<br>3 INSPECTEUR DE POLICE. | M | 14 | 15 AVENUE DU CHÂTEAU VILLENEUVE | 4 ANNÉES D'ANGLAIS<br>NATATION, LECTURE VOITURES, PÊCHE |
| 2 | DURAND<br>JEAN<br>PHARMACIEN | M | 14 | 33, RUE PASTEUR VILLENEUVE | 4 ANNÉES D'ANGLAIS<br>PHOTOGRAPHIE, ORDINATEURS, FOOTBALL. |
| 3 | LE GROS<br>ÉDOUARD<br>GARAGISTE | M | 15 | 75, RUE DE PARIS VILLENEUVE | 4 ANNÉES D'ANGLAIS<br>CINÉMA, GUITARE, DESSIN, PROMENADES. |
| | | | | | |

**5** Didier a dû attendre quelques semaines. Puis un jour, une enveloppe avec un timbre anglais est arrivée chez les Martin. Didier s'est dépêché de l'ouvrir. Le garçon anglais qui lui a écrit s'appelle David Young et il habite dans la banlieue de Londres. Voici sa lettre:

Edgware, le 3 mars

Cher Didier,

Je m'appelle David Young. Je suis ton nouveau correspondant anglais. J'ai 14 ans

J'habite Edgware, une ville de banlieue au nord-ouest de Londres.

J'ai un frère, Darren et une soeur, Tracey. mon frère a 16 ans et ma soeur a 11 ans.

Je suis élève dans un grand collège. J'aime le français mais je n'aime pas les math. Ils sont trop difficiles pour moi.

Où est Villeneuve? As-tu des frères et des soeurs? As-tu visité l'Angleterre? Est-ce que ta maison est grande?

Ecris-moi bientôt!

Cheerio for now,

David

P.S. I hope my French isn't too bad. What football team do you support?
Voici une photo de ma famille. Je suis à droite.

# Writing a letter in French

*1 Put the name of your town/village and the date in the top right-hand corner.*

*2 Leave a good margin on the left.*

*3 If you are writing to a pen-friend of about your age, begin your letter with:*
**Cher** Philippe *or* **Mon cher** Philippe *or, to a girl* **(Ma) chère** Marianne
*and put this in the middle of the page, not by the left-hand margin.*

*4 Use the* **tu** *form of the verb when addressing your pen-friend.*

*5 End your letter with one or more of the following expressions:*
**Meilleures pensées à toute ta famille.** *Best wishes to all your family.*
**Écris-moi, bientôt, s'il te plaît.** *Please write to me soon.*
**Amitiés** *or* **Bien à toi** *Best wishes*

*6 Write your name and address on the back of the envelope.*

**A**   *Look back to David's letter on page 51. His French was fairly good, but can you see any ways in which he could have improved the layout of his letter?*

# Writing about your hobbies and interests

*Here is a reminder of some expressions and vocabulary you will find useful when writing to a correspondent about your own interests and pastimes.*

**J'aime** . . . *(plus noun:* le sport)
   *or (plus verb:* danser)
**Je n'aime pas** . . .
**Je déteste** . . .

**Je collectionne les** . . . *(plus noun:* timbres)
**Je m'intéresse au/à la/ à l'/ aux** . . .
   *(plus noun:* vêtements)
**Je joue au/à la/á l'/ aux** . . . *(plus noun:* tennis)

jouer au football

regarder la télé

écouter des disques

acheter des vêtements

aller au cinéma

collectionner les cartes postales

lire des magazines

jouer de la guitare

nager

faire des promenades

**B**   *Write a reply to David's letter, imagining you are Didier Martin. You will find details of his family and his interests on the form he filled in on page 50.*

**C**   *Write a practice letter from yourself to a French correspondent, telling him/her about your family and where you live, about your interests and pastimes and about your school subjects.*

| | | | |
|---|---|---|---|
| **le correspondant** *correspondent, pen-friend* | **la banlieue** *suburbs* | **s'entendre bien** *to get on well* | **international (-aux)** *international* |
| **l'échange** *exchange* | **la correspondance** *correspondence* | **nager** *to swim* | **scolaire** *relating to schools* |
| **le goût** *taste* | **la fiche** *form* | **recevoir** *to receive* | |
| **le nord-ouest** *north-west* | | **remplir** *to fill in* | **au contraire** *on the contrary* |
| | | | **lisiblement** *legibly* |
| | | | **en majuscules** *in capitals* |

# Linking two verbs

When two verbs come next to each other in French, they can be linked in one of three ways:

*1 No extra word needed. The most common verbs follow this pattern:*

Je vais jouer au football. *I'm going to play football.*
Je peux entendre le chat. *I can hear the cat.*
Je dois partir. *I must set off.*
Il sait nager. *He knows how to swim.*
Nous voulons manger. *We want to eat.*
J'aime lire. *I like reading.*

*2 The two verbs are linked by* **à**:

Il apprend **à** parler anglais. *He is learning to speak English.*
Nous commençons **à** faire des progrès. *We are beginning to make progress.*
J'ai réussi **à** finir l'exercice. *I have succeeded in finishing the exercise.*

*3 The two verbs are linked by* **de (d')**:

Il a décidé **de** trouver un correspondant. *He decided to find a correspondent.*
Il s'est dépêché **d'**ouvrir la lettre. *He hurried to open the letter.*
Nous avons essayé **de** travailler dur. *We have tried to work hard.*
Elle a arrêté **de** fumer. *She has stopped smoking.*
Il lui a dit **d'**écrire lisiblement. *He told him to write legibly.*
J'ai demandé à mon professeur **de** me donner une fiche. *I asked my teacher to give me a form.*

*There is no magic way of knowing whether a verb is followed by* **à**, **de** *or nothing. The ideal solution is to learn the linking word with every new verb of this kind that you come across.*

**D**  *Practise linking verbs with* **à**, *following the examples given.*

*Example:* Depuis quand conduis-tu? **J'ai appris à conduire l'année dernière.**

1 Depuis quand joues-tu au tennis?
2 Depuis quand monte-t-elle à cheval?
3 Depuis quand font-ils du ski?
4 Depuis quand parles-tu français?

*Example:* Depuis quand joues-tu du piano? **J'ai commencé à jouer du piano à 9 ans.**

5 Depuis quand boit-il de la bière?
6 Depuis quand fume-t-elle?
7 Depuis quand lis-tu *Le Figaro*?
8 Depuis quand roulent-ils à vélo?

**E**  *Practise linking verbs with* **de (d')** *following the examples given.*

*Example:* Il vend sa voiture bientôt? **Il a décidé de la vendre demain.**

1 Il consulte le médecin bientôt?
2 Ils partent en vacances bientôt?
3 Elles font un pique-nique bientôt?
4 Il revoit sa petite amie bientôt?

*Example:* Il a dit à son fils «Fais la vaisselle!» **Il a dit à son fils de faire la vaisselle.**

5 Elle a dit à sa fille: «Va vite à la boulangerie!»
6 Le médecin a dit à Annette: «Restez au lit!»
7 La mère a demandé à son mari: «Mets le couvert!»

**F**  *Make as many sentences as you can by using an item from each column. Depending on the verb you have chosen to use from column 2, you may not need to use a word from column 3.*

| 1 | 2 | 3 | 4 |
|---|---|---|---|
| Je/J' | vais/va/allons/vont | | regarder la télévision. |
| Il | réussis/réussit/réussissons/réussissent | à | manger des pommes. |
| Elle | peux/peut/pouvons/peuvent | | aller à la piscine. |
| Nous | essaie/essayons/essaient | de | faire un pique-nique. |
| Ils | dois/doit/devons/doivent | | garer la voiture. |
| Elles | commence/commençons/commencent | | emprunter un vélo. |
| | veux/veut/voulons/veulent | | faire le plein. |
| | arrête/arrêtons/arrêtent | | servir un repas. |

# 8 Le dossier Duvivier

**1** Pierre Duvivier, l'oncle des enfants Bertillon, est reporter à la télévision. D'habitude il travaille pour les programmes d'actualité ou les magazines mais il y a quelques jours, la direction lui a offert la possibilité d'une série – Le dossier Duvivier – dans laquelle il allait pouvoir choisir lui-même ses sujets.

**2** Ce jour-là, pendant qu'il rentrait à son appartement dans le 16ᵉᵐᵉ arrondissement de Paris, il a rencontré sa sœur Annette dans la rue. Elle faisait une visite à une amie dans une clinique parisienne. «Ça va, Annette?» lui a-t-il demandé pendant qu'il l'embrassait sur les deux joues. «Oui, oui, tout va bien. Et toi, ça va toujours bien, la télé?»

**3** «Oh oui. Je viens d'apprendre une excellente nouvelle. Quand je suis arrivé au studio ce matin, le directeur m'a demandé d'aller le voir dans son bureau. J'étais un peu étonné, inquiet même, mais c'était pour m'offrir une série spéciale.»

«Félicitations! C'est à quel sujet?»

«N'importe lequel! C'est à moi de choisir. On m'a donné carte blanche. Et chez toi alors, tout le monde va bien?»

**4** «Oui, mais les enfants sont bien énervants en ce moment. Ils s'intéressent à tout, ils veulent sortir, jouer avec les amis, participer à tout. On ne sait jamais où ils sont! C'est tellement fatigant! Ah, les jeunes!»

«Ah, les jeunes . . . mais voilà une idée formidable pour la série. Je vais faire un reportage sur les jeunes, avec des sondages et des interviews. Tu es vraiment une source d'inspiration, Annette, comme toujours! Viens prendre quelque chose au café là-bas!» Mais Annette a dû partir pour aller voir son amie à l'hôpital et elle a donc dit au revoir à son frère.

**5** En route pour son appartement, Pierre a pensé à son nouveau projet. Il en était très content. Il fallait trouver un groupe de jeunes gens qu'il allait interviewer, pas trop loin de Paris et dans une ville typique. Soudain, une idée lui est venue à l'esprit. Il s'est arrêté devant son immeuble.

«Mais ça saute aux yeux!» s'est-il écrié. «Pourquoi pas Villeneuve?» Les passants l'ont regardé, cet homme bizarre qui se parlait dans la rue.

Il s'est précipité dans l'ascenseur. Quand il est entré dans son appartement au deuxième étage, le téléphone sonnait déjà. C'était son régisseur, Hervé. «Écoute, Hervé!» a-t-il dit. «J'ai une excellente idée pour la série . . .»

# *Comprehension*

**A** *Read these statements, based on the story on page 54, and say whether they are true or false.*

1 Pierre Duvivier est le frère d'Annette.
2 Il ne s'occupe d'habitude que des programmes télévisés pour les jeunes.
3 Annette rentrait chez elle après une visite dans un hôpital de Paris.
4 Pierre a dû aller voir le directeur au studio.
5 La direction lui a donné carte blanche pour sa nouvelle série.
6 Mme Bertillon a dit que ses enfants étaient très fatigués.
7 Annette a refusé d'aller boire quelque chose au café.
8 Pierre habite une grande maison à Villeneuve.
9 Pierre voulait faire sa série de programmes dans une ville près de Paris.
10 Quand Pierre est entré dans son appartement, il a téléphoné à son régisseur.

**B** *Answer these questions in French:*

1 Quel est le métier de Pierre Duvivier?
2 Qui allait choisir les sujets pour la nouvelle série de programmes?
3 Où allait Pierre quand il a rencontré Annette?
4 Comment était Pierre quand il est entré dans le bureau du directeur?
5 Qu'est-ce que les enfants Bertillon aiment faire en ce moment, selon leur mère?
6 Qu'est-ce que Pierre a invité Annette à faire?
7 Où était l'amie d'Annette?
8 Est-ce que Pierre voulait interviewer les vieilles personnes?
9 Où se trouvait l'appartement de Pierre?
10 Qui est Hervé?

**C** *Answer these questions in French. You will need to use longer answers and may have to use your imagination for some of the questions:*

1 Quelle est la différence entre le travail habituel de Pierre à la télévision et sa nouvelle série?
2 Pourquoi est-ce qu'Annette était à Paris ce jour-là?
3 Comment est-ce que les Français se saluent quelquefois?
4 Pourquoi est-ce qu'Annette a félicité son frère?
5 Pourquoi est-ce qu'Annette trouve ses enfants énervants?
6 Pourquoi et comment est-ce que Pierre voulait remercier sa sœur?
7 Pourquoi est-ce qu'Annette a dû refuser son invitation?
8 Pourquoi est-ce que Pierre voulait trouver un groupe de jeunes gens près de Paris?
9 Pourquoi est-ce que les passants ont trouvé Pierre bizarre?
10 Pourquoi s'est-il précipité dans l'ascenseur?

| | | | |
|---|---|---|---|
| l'**arrondissement** *district (in Paris)* | la **clinique** *clinic* | s'**écrier** *to exclaim* | **énervant** *exhausting* |
| l'**ascenseur** *lift* | la **direction** *management* | **embrasser** *to kiss* | **étonné** *surprised* |
| le **directeur** *director* | l'**interview** *interview* | **interviewer** *to interview* | **inquiet (-ète)** *anxious* |
| le **dossier** *file* | la **nouvelle** *piece of news* | se **précipiter** *to rush* | **parisien (-enne)** *Parisian* |
| le **groupe** *group* | la **série** *series* | **sauter aux yeux** *to be obvious* | **typique** *typical* |
| l'**immeuble** *block of flats* | la **source d'inspiration** *source of inspiration* | **venir à l'esprit de qqn** *to occur to somebody* | **carte blanche** *a free hand* |
| le **projet** *project* | | | **il y a . . . . . .** *ago* |
| le **régisseur** *producer* | | | **lui-même** *himself* |
| le **sondage** *opinion poll* | | | **n'importe lequel** *it does not matter which* |
| | | | **tellement** *so* |

# Conversation: *Talking about how you are feeling*

**1 WHEN EVERYTHING IS FINE**

**Marie** Bonjour, Jean. Ça va?
**Jean** Oui, oui, tout va bien. Et toi, Marie, ça va bien?
**Marie** Oui, ça va très bien, merci.

**2 WHEN THINGS ARE NOT QUITE SO GOOD**

**Giselle** Bonjour, Yves. Ça va?
**Yves** Bof! Ça va, ça va. Pas trop mal. Et toi, Giselle, comment vas-tu?
**Giselle** Oui, ça va assez bien, merci.

**3 WHEN SOMETHING IS WRONG**

**M. Dubois** Bonjour, madame. Comment allez-vous?
**Mme Leblanc** Ah, monsieur, ça ne va pas du tout!
**M. Dubois** Ah, vraiment? Qu'est-ce qui ne va pas, alors?
**Mme Leblanc** J'ai mal au ventre. Je ne me sens pas bien.
**M. Dubois** Vous devez aller voir le médecin, madame.

**D** *When you have practised these conversations, play the parts suggested by the drawings below. Then go on to make up your own situations and symptoms!*

**4 A LONGER CONVERSATION ON HEALTH**
*Annette went to visit her friend Martine in hospital:*

**Annette** Comment vas-tu, Martine?
**Martine** Ça va beaucoup mieux, merci.
**Annette** Tu ne t'es pas encore complètement remise?
**Martine** Non, pas tout à fait. J'ai toujours la fièvre de temps en temps et j'ai quelques douleurs dans le ventre, mais tout doucement je reprends mes forces.
**Annette** Le docteur dit que tu dois rester au lit?
**Martine** Oui, pour deux ou trois jours seulement et je peux me lever de temps en temps, si je veux. Je dois toujours prendre un médicament toutes les quatre heures.
**Annette** Tu as besoin de quelque chose?
**Martine** Non, merci, on s'occupe très bien de moi.

| | | | |
|---|---|---|---|
| le **dentiste** *dentist* | la **douleur** *pain* | se **remettre** *to get better* | **doucement** *gently, gradually* |
| le **ventre** *stomach, belly* | | **reprendre ses forces** *to get stronger* | **toutes les quatre heures** *every four hours* |
| | | se **sentir** *to feel* | |

# The imperfect tense

### WHEN TO USE THE IMPERFECT TENSE
*This is another past tense. It is used to say that something was occurring, or used to occur repeatedly.*

### HOW TO FORM THE IMPERFECT TENSE
*This is one of the easiest tenses to learn, as the endings are always regular, following this pattern:*

je . . . **ais**, tu . . . **ais**, il . . . **ait**, elle . . . **ait**, nous . . . **ions**, vous . . . **iez**, ils . . . **aient**, elles . . . **aient**

1 *Take the* **nous** *form of the present tense* . . . . . . . . . . . . . **nous** parl**ons**
2 *Take off the* **-ons** *ending* . . . . . . . . . . . . . . . . . . . . . . . . . . . parl-
3 *Add the appropriate imperfect ending* . . . . . . . . . . . . . . . **je** parl**ais**

| | |
|---|---|
| Je **parlais** avec mes amis. | *I was talking to my friends/I used to talk to my friends.* |
| Tu **écoutais** la conversation. | *You were listening to the conversation./You used to listen to the conversation.* |
| Il **finissait** son devoir. | *He was finishing his homework./He used to finish his homework.* |
| Elle **rentrait** chez elle. | *She was going back home./She used to go back home.* |
| Nous **perdions** beaucoup. | *We were losing a lot./We used to lose a lot.* |
| Vous **alliez** à Roissy. | *You were going to Roissy./You used to go to Roissy.* |
| Ils **prenaient** le train. | *They were taking the train./They used to take the train.* |
| Elles **mangeaient** peu. | *They were eating little./They used to eat little.* |

*The only verb that does not follow this pattern is* **être**, *and even then the endings are the same as the above. The imperfect tense of* **être** *always starts with* **ét-.**

| | |
|---|---|
| J'**étais** jeune. *I was young.* | Il **était** content. *He was pleased.* |

**E**    *Philippe and Alain are looking at some old photos from the family album. Their comments on what they used to do are in the imperfect tense.*

*Example:* **Maman portait un énorme chapeau et une robe très longue.**

**F**    *Marie-Claude is talking to Grand-mère Bertillon about some of her hobbies and activities. Grand-mère comments by saying that she did (or did not) do the same things herself when she was Marie-Claude's age.*

*Example:* «Je monte à cheval, mémé.» «**Moi aussi, quand j'avais ton âge, je montais à cheval.**»

1 «Je lis beaucoup, mémé.»
2 «Je joue au tennis, mémé.»

3 «J'apprends le piano, mémé.»
4 «J'aime danser, mémé.»

*Example:* «Je regarde la télé, mémé.» «**Moi, non, je ne regardais pas la télé quand j'avais ton âge.**»

5 «Je vais dans les discothèques, mémé.»
6 «J'écoute les disques, mémé.»

7 «Je joue de la guitare, mémé.»
8 «Je sors avec mon petit ami, mémé!»

**G**  *M. Barbiche is trying to establish how a robbery took place at the Mercier garage. He asks the staff what they were doing at the time the raid took place. Fill in the gaps with a verb in the imperfect tense, choosing the verb from the list of infinitives given below.*

1 «Que ————-vous quand les voleurs sont arrivés?» a demandé M. Barbiche.
2 «Moi, j'———— une lettre», a dit M. Mercier.
3 «Ma secrétaire ———— une tasse de café.
4 La caissière ———— à un client.

5 Le pompiste ———— la pression des pneus pour un client.
6 Le mécanicien ———— dans l'atelier.
7 Nous ———— tous très occupés.
8 Les voleurs ———— dans le magasin.»

**être, attendre, vérifier, boire, travailler, parler, faire, écrire**

# Describing how things were in the past

*Another use of the imperfect tense is to describe the way things were in the past. This is often, but not always, done by using the imperfect of* **être**.

| | |
|---|---|
| La table **était** cassée. | *The table was broken. (appearance)* |
| Les enfants **avaient** faim. | *The children were hungry. (feeling)* |
| Ils **voulaient** manger. | *They wanted to eat. (feeling)* |
| Ils **étaient** fatigués. | *They were tired. (feeling)* |
| Nous nous **trouvions** à Paris. | *We were in Paris. (background setting)* |

*Sentences like these set the scene for events, but are not events in themselves (these would be expressed in the perfect tense):*

Nous nous trouvions à Paris quand nous avons rencontré Jean pour la première fois.
*We were in Paris (background setting) when we met Jean for the first time. (event)*

**H**  *Look at this picture and imagine that it was a scene on a French farm last week. Describe in French what it was like, using the imperfect tense.*

I *Caught in the act! What were these people doing at the moment the photographer took the photo? Say where they were, what they were doing and what they were saying. In your answers you will mostly be using the imperfect tense.*

# 9 Reportage sur les jeunes

**1** Pierre et Hervé ont discuté du projet pour la série «Le dossier Duvivier». Ils ont décidé de faire un sondage parmi les jeunes gens de Villeneuve. Ils voulaient faire une enquête pour trouver ce qui intéressait les jeunes Français typiques et pour savoir ce qu'ils faisaient pendant leurs temps libre. Villeneuve n'était pas loin de Paris, ce qui était très pratique pour les membres de l'équipe, qui habitaient tous dans la capitale. Ils pouvaient donc rentrer chez eux chaque soir sans trop d'inconvénients.

**2** Pierre est d'abord allé chez les Bertillon pour leur expliquer ses projets et pour découvrir ce qu'ils en pensaient. Il était content, lui, de pouvoir rendre visite aux Bertillon et eux étaient contents d'accueillir chez eux cet oncle tellement célèbre. Toujours célibataire, beau et charmant, il avait l'air d'un homme qui savait ce qu'il voulait dans la vie. Malgré ses 34 ans, c'était l'oncle préféré de Marie-Claude.

**3** «Écoutez, les enfants», a-t-il dit à Philippe et à Marie-Claude après le dîner, «il faut me dire franchement si, oui ou non, vous êtes d'accord pour le projet.» «Mais oui, bien sûr», ont-ils répondu tous les deux. «C'est une excellente idée.» «Bon, vous allez donc inviter vos amis à participer au sondage d'abord. Je vais leur donner une fiche à remplir au sujet de leurs loisirs. Quelques-uns d'entre eux vont avoir la possibilité d'en parler dans le programme télévisé, s'ils le veulent. Il faut demander la permission à leurs parents, bien sûr.»

**4** Le lendemain, Philippe et Marie-Claude ont demandé à leurs amis au collège s'ils voulaient parler de leurs loisirs à la télévision. «Chouette! . . . C'est génial! . . . Super! . . . Formidable!» Tout le monde était d'accord. Philippe leur a donc donné la fiche qu'ils devaient remplir ce soir-là à la maison. Ce qui était bien, c'est que tous leurs amis voulaient participer.

| | | | |
|---|---|---|---|
| l'**inconvénient** *inconvenience* | la **case** *box (on form)* | **accueillir** *to welcome* | **aimable** *kind* |
| le **loisir** *leisure* | la **danse** *dancing* | **discuter de** *to discuss* | **célibataire** *unmarried* |
| le **membre** *member* | l'**enquête** *enquiry* | **rendre visite à qqn** *to visit somebody* | **charmant** *charming* |
| le **modélisme** *modelling* | la **lecture** *reading* | **préciser** *to specify* | **chouette!** *great!* |
| le **musicien** *musician* | la **permission** *permission* | | **ci-dessous** *below* |
| le **scoutisme** *scouting* | la **randonnée** *walking* | | **en moyenne** *on average* |
| | | | **franchement** *frankly* |
| | | | **malgré** *in spite of* |
| | | | **tous les deux** *both* |

# LE DOSSIER DUVIVIER – REPORTAGE SUR LES JEUNES
*(Fiche à remplir lisiblement en majuscules)*

Nom de famille .................................................   Age.................................................

Prénom.................................................   Garçon/Fille.................................................

Rue .................................................   N°.................................................

Ville.................................................   Code postal .................................................

Téléphone.................................................

Quand tu as du temps libre, que fais-tu? (cocher une ou plusieurs cases)

Je sors avec mes copains ☐

Je regarde la télé ☐

Je sors avec mon petit ami/ma petite amie ☐

Je m'occupe de mon passe-temps ☐
  (préciser ci-dessous)

Je m'intéresse surtout . . .

| | | | | | |
|---|---|---|---|---|---|
| au sport ☐ | au cinéma ☐ | à la danse ☐ |
| aux motos ☐ | au théâtre ☐ | aux voyages ☐ |
| aux voitures ☐ | aux animaux ☐ | au modélisme ☐ |
| aux vêtements ☐ | au camping ☐ | à d'autres loisirs ☐ |
| aux timbres ☐ | au scoutisme ☐ | (préciser ci-dessous) |
| à la musique pop ☐ | à la randonnée ☐ | ................................... |
| à la musique classique ☐ | à la lecture ☐ | ................................... |

...................................

Mes musiciens préférés sont.................................................

Ma voiture préférée est.................................................

Mes sports préférés sont .................................................

Combien de temps passes-tu en moyenne par semaine à regarder la télévision? ...................

Quelle est ton émission préférée?.................................................

As-tu un emploi à temps partiel?................................... (si tu as répondu «oui», pendant
                                         combien d'heures travailles-tu?) ...................

*Merci de ton aimable participation à ce sondage. Si ta réponse est choisie, je vais te demander de participer à l'émission.*

*Pierre Duvivier*

**5** Après quelques jours, Pierre a pu faire une première sélection des réponses. Il voulait reporter à plus tard la question du sport et y consacrer une émission entière; il a donc décidé d'interviewer d'abord un groupe de jeunes gens qui s'intéressaient à la musique, aux motos, au cinéma et à la lecture.

**Pierre:** Dossier Duvivier: Reportage sur les jeunes. Interview 1. Sylvie Laffite. Je commence dans cinq secondes. 5 . . . 4 . . . 3 . . . 2 . . . 1 . . . Bonjour, mademoiselle!

**Sylvie:** Bonjour!

**Pierre:** Comment t'appelles-tu?

**Sylvie:** Sylvie Laffite. J'ai 14 ans. J'habite Villeneuve avec mes parents et mon frère.

**Pierre:** Et que fais-tu pendant ton temps libre?

**Sylvie:** C'est surtout la musique qui m'intéresse. J'écoute donc la radio et la hi-fi.

**Pierre:** Et quelle musique préfères-tu? Les compositeurs classiques?

**Sylvie:** Ah, non! Enfin, un peu, mais je trouve la musique pop sensationnelle.

**Pierre:** Et tu as un groupe ou un chanteur préféré?

**Sylvie:** Oui. Il y a un certain temps, j'aimais bien Johnny, mais maintenant c'est Police que j'aime. J'ai plusieurs de leurs posters dans ma chambre et tous leurs disques. Je les adore!

**Pierre:** Ah oui, je vois, et tu joues d'un instrument toi-même?

**Sylvie:** Non.

**Pierre:** Tu as d'autres intérêts?

**Sylvie:** Oui, Plastic Bertrand, je le trouve mignon . . .

**Pierre:** Mais je voulais dire à part la musique?

**Sylvie:** Ah bon! Oui, je lis beaucoup.

**Pierre:** Et quels livres? Qui est ton auteur préféré?

**Sylvie:** Je ne lis pas de livres. Non, plutôt des magazines, comme *OK, Salut* etc.

**Pierre:** Mais ce sont des magazines de musique pop. C'est tout ce qui t'intéresse?

**Sylvie:** Oui!

Ce n'était pas un début formidable. En effet, c'était affreux. Pierre cherchait des jeunes qui pouvaient faire preuve d'un intérêt actif dans leurs loisirs tandis que Sylvie, elle, tout ce qu'elle faisait, c'était d'écouter.

**6 Pierre:** Dossier Duvivier: Reportage sur les jeunes. Interview 2. Marcel Raymond. Je commence dans cinq secondes . . . 5 . . . 4 . . . 3 . . . 2 . . . 1 . . . Bonjour, jeune homme!

**Marcel:** Bonjour, monsieur!

**Pierre:** Comment t'appelles-tu?

**Marcel:** Marcel Raymond.

**Pierre:** Évidemment tu es motocycliste. Mais ce n'est pas ton métier?

**Marcel:** Non, je suis lycéen, mais je suis un fana de la moto.

**Pierre:** Comment s'appelle la moto que tu as actuellement?

**Marcel:** C'est une Honda blanche, une machine japonaise.

**Pierre:** Dis-moi, Marcel, pourquoi est-ce que tu portes des vêtements noirs?

**Marcel:** C'est un peu l'uniforme des motocyclistes. En effet, il fait froid quand on conduit et on a besoin de vêtements chauds. Ces vêtements-ci sont très pratiques et on ne les trouve qu'en noir. Alors, on porte forcément

des vêtements noirs. Mais vous voyez, mon casque est rouge!

**Pierre:** Ah oui. Et tu as quel âge?

**Marcel:** J'ai 17 ans. Avant cet âge-là, on n'a pas le droit de rouler en moto.

**Pierre:** Et vous restez toujours en groupe?

**Marcel:** Non, non, mais avec les copains, c'est plus amusant car on bavarde, on rigole. C'est marrant, quoi? Quelquefois je sors seul mais pas souvent.

**Pierre:** Où allez-vous, toi et tes copains?

**Marcel:** Nous allons à la campagne, dans les bois, dans la ville, un peu partout.

**Pierre:** Même sur l'autoroute?

**Marcel:** Ah non, il y a trop d'embouteillages vers Paris et vers le nord, il y a le péage. Donc, c'est trop cher.

**Pierre:** Est-ce que tu as d'autres intérêts?

**Marcel:** Oui, j'aime bien aller dans les discothèques et le cinéma m'intéresse beaucoup.

**Pierre:** Merci, Marcel. Bonne route!

**A**    *Pierre's third interview was with Lucien Dumont. Can you provide the questions that Pierre asked in order to get the following replies from Lucien?*

**Pierre**

**Lucien**  Bonjour.  Je  m'appelle  Lucien
   •    Dumont.

**Pierre**

**Lucien**  À Villeneuve, 24 rue des Rosiers.

**Pierre**

**Lucien**  J'ai deux sœurs et un frère.

**Pierre**

**Lucien**  J'aime le cinéma.

**Pierre**

**Lucien**  Il y en a un seulement à Villeneuve, mais il y en a beaucoup à Paris. Ce n'est pas trop loin d'ici.

**Pierre**

**Lucien**  Mon metteur en scène préféré est François Truffaut.

**Pierre**

**Lucien**  Je viens de voir *L'enfant sauvage.*

**Pierre**

**Lucien**  Oui, on voit beaucoup de films américains, en version française ou en version originale.

**Pierre**

**Lucien**  Le plus amusant? Je pense que c'est Louis de Funès.

**Pierre**

**Lucien**  La plus jolie? Eh bien, il y en a plusieurs . . . disons, Isabelle Adjani.

**B**    *These charts give an idea of the ways in which young people of different ages like to spend their free time. Make up some statements about them, along the lines of the examples given.*

*Examples:* À l'âge de 13 ans, on préfère s'occuper de son passe-temps.

Les jeunes de 15 ans aiment sortir avec leurs copains.

Les jeunes de 13 ans s'intéressent plus à la télévision que les jeunes de 15 ans.

**LES PASSE-TEMPS PRÉFÉRÉS**

à 13 ans...      à 15 ans...        à 17 ans...

Les jeunes de 13 ans aiment . . .    Les jeunes de 15 ans aiment . . .    Les jeunes de 17 ans aiment . . .

**C**    *These charts show the most popular interests of the young people who took part in Pierre Duvivier's enquiry. Following the pattern of the interviews on pages 62 and 63, work with a partner to act out interviews between a reporter and various young people. Take it in turns to play the different rôles.*

1 une jeune fille de 15 ans.         3 un jeune homme de 17 ans.
2 un garçon de 13 ans.             4 une jeune fille de 17 ans.

| l'auteur *author* | l'actrice *actress* | consacrer *to devote* | affreux (-se) *awful* |
|---|---|---|---|
| le compositeur *composer* | la sélection *selection* | faire preuve de *to show,* | américain *American* |
| le début *beginning* | la version *version* |   *give evidence of* | entier (-ière) *entire* |
| l'instrument *instrument* | | reporter à plus tard *to* | japonais *Japanese* |
| l'intérêt *interest* | |   *postpone* | mignon (-onne) *sweet,* |
| le lycéen *schoolboy* | | rigoler *to enjoy oneself* |   *nice* |
| le metteur en scène *film* | | | original *original* |
|   *director* | | | actuellement *currently,* |
| le péage *toll* | | |   *at the moment* |
| | | | à part *besides* |
| | | | c'est marrant *it's fun* |
| | | | forcément *inevitably* |
| | | | il y a un certain temps *a* |
| | | |   *little while ago* |
| | | | un peu partout *more or* |
| | | |   *less everywhere* |

# Ce qui, ce que (qu') – *which, that, what*

*These phrases are used to link clauses together, in a similar way to* **qui** *and* **que (qu').**

**Ce qui** *is always the subject of the following verb.*
**Ce que (qu')** *is always the object of the following verb.*

*They are linked, not just with one noun (as* **qui** *and* **que** *are), but with*
　a) *a phrase containing a verb:*
　　　Villeneuve n'était pas loin de Paris, **ce qui** était très pratique.
　　　　*Villeneuve was not far from Paris,* **which** *was very convenient.*
　　　La France a beaucoup de musiciens doués, **ce que** tu ne savais peut-être pas.
　　　　*France has many talented musicians,* **which** *you did not know perhaps.*

　b) *something that has not yet been specifically identified:*
　　　Ils voulaient faire une enquête pour trouver **ce qui** intéressait les jeunes Français
　　　typiques . . .
　　　　*They wanted to carry out an enquiry to find out* **what** *interested typical young*
　　　　　*French people . . .*
　　　et pour savoir **ce qu'**ils faisaient pendant leur temps libre.
　　　　*and to know* **what** *they did in their free time.*

　c) *the word* **tout** *(all)*
　　　C'est tout **ce qui** t'intéresse?　*Is that all that interests you?*
　　　Tout **ce qu'**elle faisait, c'était d'écouter.　*All she did was to listen.*
　　　Tout **ce qui** brille n'est pas or.　*All that glitters is not gold.*

**D**　　*Complete these sentences by putting in the words* **ce qui,** *or* **ce que (qu').**

*(type a)*
1 ——— ——— était fatigant, c'est que les élèves chahutaient tout le temps.
2 Le bus était en retard, ——— ——— était terrible par ce temps-là.
3 Tu as fermé la radio, ——— ——— je t'ai interdit.
4 On a fini de travailler, ——— ——— est agréable.
5 Les banques ferment le lundi, ——— ——— tu as oublié, je pense.

*(type b)*
6 Tu as trouvé ——— ——— tu cherchais?
7 Je ne sais pas ——— ——— l'a rendu si fatigué.

8 Le Père Noël m'a donné ——— ——— je voulais depuis longtemps.
9 Le médecin m'a dit ——— ——— il me fallait prendre comme médicament.
10 Tu comprends bien ——— ——— tu as fait pour ton devoir?

*(type c)*
11 Tu as mangé tout ——— ——— était sur la table?
12 Tu as oublié tout ——— ——— je t'ai dit?
13 Tu as trouvé tout ——— ——— tu as perdu?
14 Tu as lavé tout ——— ——— était dans l'évier?
15 Tout ——— ——— on peut dire, c'est que tu es fantastique!

**E**　　*The pattern* **Ce qui est . . ., c'est que . . .** *is used to give emphasis to a statement. Following the example, make these statements very emphatic!*

　　　Il peut maintenant jouer au football. (bien)
　　　**Ce qui est bien, c'est qu'il peut maintenant jouer au football.**

1 Il traverse la rue sans regarder. (dangereux)
2 Elle a perdu tout son argent. (terrible)
3 Il a oublié son anniversaire. (amusant)
4 Tu vas venir nous voir. (sûr)
5 Elle s'est cassé la jambe. (pire)
6 On ne doit pas oublier son passeport. (important)
7 Il a réussi à l'examen. (incroyable)
8 Vous avez perdu la clé de la maison. (désastreux)
9 Il raconte toujours les mêmes histoires. (ennuyeux)
10 Nous allons jouer pour la France. (fantastique)

**F** *Here are some photographs of young people engaged in various kinds of leisure activities. Say as much as you can about each photo: how many people there are, where they are, what they are wearing, what they are doing. Try to imagine the conversation that might be taking place.*

# 10  Le sport pour tous

Aimez-vous le sport? La plupart des jeunes Français disent qu'ils aiment participer à un sport, ou même à plusieurs. Ce qu'ils aiment surtout, c'est de regarder leurs héros à la télévision ou bien dans les stades.

Il y a en France un journal consacré entièrement au sport: «L'Équipe». C'est dans ce journal, et dans les autres grands quotidiens, que les jeunes Français peuvent lire les reportages de tous les sports, dont voici quelques extraits:

**René Arnoux Grand Prix du Brésil**

Après une démonstration magnifique de supériorité des Renault-Elf-Turbo – meilleur tour aux essais et en course – René Arnoux a remporté le Grand Prix du Brésil. L'équipe Renault-Elf a aussi remporté un brillant succès. Il faisait beau, le temps était chaud et devant un public de 70 000 spectateurs venus de tous les coins du monde, vingt-quatre conducteurs sont partis faire les 40 tours, dont quinze seulement sont arrivés à la fin. Arnoux a battu le record de Jacques Laffite qui a marqué un tour à 192,6 km/h dans une Ligier l'année dernière. René est monté en deuxième position dans le classement au championnat du monde.

## Tennis

### ENNEMIS OU AMIS?

On disait qu'ils étaient ennemis, rivaux sur le court et en dehors. Malgré cela, Jimmy Connors et John McEnroe avaient rendez-vous hier au Queen's Club de Londres, où ils se sont entraînés ensemble pendant plusieurs heures.

Le champion de Wimbledon portait un pantalon de survêtement blanc et un tee-shirt bleu marine. Face à lui, «Jimbo» portait un short blanc, une chemisette jaune et un polo sans manches bleu et blanc.

Une caméra de télévision se trouvait près du court pour filmer les deux champions. Était-ce un pur hasard?

À la fin de l'entraînement, John avait toujours mal à la cheville. Cela doit l'inquiéter à quelques jours d'un tournoi dans lequel il est classé numéro un.

## Cyclisme

### TOUR D'ESPAGNE

Juan Fernandez a obtenu hier sa première victoire de la saison en remportant la troisième étape du Tour d'Espagne, longue de 176 km, et dans laquelle il y a l'ascension du col d'Oliera.

# Cette Semaine dans "l'Èquipe"

● **FOOTBALL – Mercredi**: Coupe de l'UEFA (finale aller) Goeteborg – Hambourg. **Vendredi**: dernière journée du Championnat de France, Division 1.

● **CYCLISME – Toute la semaine**: suite du Tour d'Espagne.

● **BOXE – Mardi**, à Wembley: Sibson–Chinon, Championnat d'Europe des poids moyens. A Munich, débuts des Championnats du monde amateurs.

● **RUGBY – Samedi**, à Dax: Bayonne–Tarbes (quart de finale du Championnat de France, les autres rencontres auront lieu dimanche).

● **AUTO – Jeudi à samedi**: Tour de Corse. **Vendredi**, à Zolder: premiers essais du Grand Prix de Belgique de Formule 1, qui aura lieu dimanche.

● **BASKET – Samedi**: demi-finales de la Coupe (match aller) Reims–Limoges et Avignon–Villeurbanne.

● **TENNIS – Toute la semaine**, à Dusseldorf: Coupe des Nations.

● **Squash – Toute la semaine**, à Paris: Open de France.

● **GOLF – Jeudi**, à Saint-Nom-la-Bretèche: première journée de l'Open de France.

● **KARATE – Vendredi**, à Goeteborg: première journée des Championnats d'Europe.

● **VOLLEY – Samedi**, à Cannes: Tournoi international.

● **ATHLÉTISME – Samedi**, Journées nationales.

## Boxe

Le Britannique John Conteh, ancien champion du monde des mi-lourds, a annoncé qu'il abandonnait la boxe. Agé de vingt-neuf ans, Conteh a décidé de ne pas attendre plus longtemps son huitième championnat du monde.

## Athlétisme

### RENCONTRE SANS VEDETTES

Plusieurs vedettes de l'athlétisme britannique étaient absentes lors du match triangulaire entre la Grande-Bretagne, la RDA et la Belgique.

Les absents, parmi lesquels on a surtout remarqué les trois champions olympiques Coe, Wells et Ovett, ont réduit de beaucoup l'intérêt de cette rencontre.

## Hockey

Le club de Lille a reçu le Stade Français à Villeneuve d'Ascq. Sous la pluie on est arrivé à la mi-temps sans aucun but, mais heureusement pour Lille, pendant la deuxième période leurs joueurs ont marqué deux buts, dont un penalty.

---

**A** *Answer these questions in English. All the information you need can be found in the extracts from the sports newspaper printed above.*

1 What was the weather like during the match between Lille and Stade Français?
2 Which stage of what race did Juan Fernandez win?
3 How many drivers failed to complete the course?
4 How old was the boxer who decided to retire?
5 Which tennis-player wore the bottom half of his track-suit?
6 When will the last set of football matches take place in France this season?
7 In which sport will the Cup semi-final first leg matches take place and when?
8 What surprised the writer reporting on events at the Queen's Club?
9 How many countries were taking part in the athletics match and why was it not as interesting as it might have been?
0 Why was John McEnroe worried at the end of his training session?

# Aimez-vous le sport?

Pierre Duvivier a consacré une émission entière de la série aux activités sportives des jeunes. Voici quelques-unes des interviews qu'il a enregistrées.

### Véronique Adam
### 15 ans
### Sports préférés: gymnastique, natation

**Pierre:** Est-ce que tu es très sportive?
**Véronique:** Oui, je crois qu'on peut dire ça. J'aime bien la gymnastique et toutes les semaines je fais de l'entraînement au club dans notre ville.
**Pierre:** Tu participes quelquefois à des concours?
**Véronique:** Oui, comme membre de l'équipe des juniors. On ne gagne pas très souvent mais on s'amuse bien et notre entraîneur dit que nous faisons des progrès.
**Pierre:** Et comme autres sports, qu'est-ce que tu fais?
**Véronique:** Ah, j'adore la natation.
**Pierre:** Y a-t-il une piscine près de chez toi?
**Véronique:** Oui, nous avons une grande piscine chauffée à deux kilomètres d'ici. J'ai le droit d'y aller le mercredi quand nous avons congé, le week-end et pendant les vacances.

**Pierre:** Tu nages bien, je suppose.
**Véronique:** J'ai pas mal de certificats et l'année dernière j'ai gagné la deuxième place dans un concours municipal.
**Pierre:** Bravo! Tu as d'autres intérêts sportifs?
**Véronique:** Oui, à la maison des jeunes, je joue au ping-pong avec mes copains. Ce qui me plaît surtout, c'est quand je gagne contre un garçon!
**Pierre:** Ah, la guerre des sexes, n'en parlons pas!
**Véronique:** Et puis il y a le sport à la télé. Je suis supporter de la France dans tous les concours internationaux. Allez les Bleus!

### Jean-Claude Ferré
### 14 ans
### Sports préférés: cyclisme, sports d'hiver

**Pierre:** Je vois que tu es amateur de cyclisme. Tu as un très bon vélo, sans doute?
**Jean-Claude:** Oui, mes parents m'ont offert un vélo de course cette année mais je ne suis pas encore formidable!
**Pierre:** Où est-ce que tu pratiques ton sport?
**Jean-Claude:** Je suis membre du Racing Club de Villeneuve qui organise des courses et des soirées d'entraînement. J'aime bien regarder les courses cyclistes, surtout le Tour de France.
**Pierre:** Tu dois aller loin pour voir le Tour de France?
**Jean-Claude:** Non, non. Puisque la route du Tour traverse toutes les régions de la France, je peux toujours aller voir au moins une des étapes, même si je suis en vacances.
**Pierre:** Et tu rêves de porter le maillot jaune toi-même, un de ces jours?
**Jean-Claude:** Ah non, pour gagner le Tour de France, il faut être vraiment exceptionnel, mais on peut toujours rêver!

**Pierre:** Et les sports d'hiver?
**Jean-Claude:** Eh bien, je fais du patinage toute l'année mais pour le ski, je profite des classes de neige proposées par le collège. Nous partons dans les Alpes pendant une quinzaine. C'est au mois de février, d'habitude.
**Pierre:** Et qu'est-ce que tu fais par là?
**Jean-Claude:** Il y a quelques cours ordinaires, comme au collège. Le reste du temps, on fait du ski. J'adore ça! Si j'étais assez fort, je voudrais être moniteur de ski.
**Pierre:** Bonne chance, alors!

**B**  In pairs or in groups, according to your teacher's instructions, interview members of the class about their favourite sports. Base your conversations on those Pierre Duvivier had with Véronique and Jean-Claude. If you can record your conversations on cassette, you can play them back later to the rest of the class.

Some questions that could form the basis of your conversation:
1 Comment t'appelles-tu?
2 Quel âge as-tu?
3 Quels sont tes sports préférés?
4 Où pratiques-tu le sport?
5 Quand pratiques-tu le sport?
6 Tu joues bien/mal?
7 Tu gagnes quelquefois?
8 Est-ce qu'il y a un(e) . . . près de chez toi?
9 Vas-tu regarder les matches quelquefois?
10 Quelle est ton équipe préférée?
11 Qui est ton joueur préféré?

 athlétisme  aviron  basket-ball  boxe

 cyclisme  escrime  football  gymnastique

 handball  hockey sur gazon  natation  rugby

 équitation  tennis  golf  badminton

 ski  tir à l'arc  volley-ball  patinage

Some expressions of time that you might use in the answers:
samedi *on Saturday*
le samedi *on Saturdays*
tous les samedis *every Saturday*
tous les jours/matins/soirs *every day/morning/evening*
toutes les semaines *every week*
le soir *in the evenings*
souvent/quelquefois/rarement *often/sometimes/rarely*
de temps en temps *from time to time*

 le stade  la piscine  la piste  le court  le terrain

le **but** *goal*
le **championnat** *championship*
le **classement** *classification, ranking*
le **concours** *competition*
l'**ennemi** *enemy*
l'**entraînement** *training*
l'**entraîneur** *trainer*
l'**essai** *trial*
l'**extrait** *extract*
le **hasard** *chance*
le **joueur** *player*
le **maillot** *jersey*
le **moniteur** *instructor*
le **patinage** *skating*
le **public** *crowd*
le **quotidien** *daily (paper)*
le **rendez-vous** *meeting, appointment*
le **rival (-aux)** *rival*
le **survêtement** *track-suit*
le **tour** *lap, tour*
le **tournoi** *tournament*

la **cheville** *ankle*
la **course** *race*
l'**étape** *stage (of race)*
la **mi-temps** *half-time*
la **natation** *swimming*
la **quinzaine** *fortnight*
la **rencontre** *(sports) meeting*
la **suite** *continuation*
la **vedette** *star (male or female)*

**avoir lieu** *to take place*
**battre** *to beat*
s'**entraîner** *to train*
**enregistrer** *to record*
**marquer** *to score*
**obtenir** *to obtain*
**pratiquer** *to practise*
**remporter** *to win*
**rêver** *to dream*

**chauffé** *heated*
**classé** *ranked*
**dont** *of which, including*
**entièrement** *entirely*
**lors de** *on the occasion of*
**match aller** *first leg of match*
**match retour** *second leg*
**sans manches** *sleeveless*

## LE FOOTBALL . . . SPORT-ROI

Certains sports sont plus populaires en France que dans les pays anglo-saxons: le cyclisme, le ski et la pêche, par exemple. Au contraire, on joue peu au golf en France; le cricket et le baseball sont inconnus; le tennis devient de plus en plus répandu. Dans le sud-ouest de la France on joue beaucoup au rugby mais, comme dans la plupart des pays européens, c'est le football qui est le sport-roi.

Il y a 20 clubs dans la Division 1 et 36 dans la Division 2, dont 18 jouent dans le groupe A (Sud) et 18 dans le groupe B (Nord). Les équipes les moins bonnes jouent dans les Divisions 3 et 4. Les matches ont lieu le dimanche, et quelquefois le samedi, et certains grands matches se jouent pendant la semaine «en nocturne».

L'emblème de la Fédération Française de Football.

Le stade principal en France s'appelle le Parc des Princes et se trouve dans le 16<sup>ème</sup> arrondissement de Paris. Il y a des places assises pour tous les 47 000 spectateurs qui viennent assister à la finale de la Coupe de France et aux autres grands matches.

## UN CLUB PAS COMME LES AUTRES

# SAINT-ETIENNE (Association Sportive de)

DATE DE FONDATION DU CLUB: 1920
CLUB: uniquement football.
COULEURS: maillot vert, culotte blanche, bas verts.
NOMBRE D'EQUIPES DE FOOTBALL: 16 (216 licenciés)
ADRESSE DU SIEGE: Stade G. Guichard, 32 rue de la Tour, 42000 Saint-Etienne.
TELEPHONE: (77) 74.63.55
LE STADE: Geoffroy-Guichard. 40.000 places, dont 11.000 assises. Record de spectateurs: 41.286 contre l'O.M., en 1978.
PRIX DES PLACES: entre 16 et 60 F.

LE PALMARES
– Champion de France (1957, 1964, 1967, 1968, 1969, 1970, 1974, 1975, 1976, 1981).
– Vainqueur de la Coupe de France (1962, 1968, 1970, 1974, 1975, 1977).
– Finaliste de la Coupe d'Europe des clubs champions (1976).
– Champion de Division II (1963).

| NOM | PRENOM | POSTE | DATE DE NAIS. | TAILLE | POIDS | AU CLUB DEPUIS |
|---|---|---|---|---|---|---|
| CASTANEDA | Jean | Gardien | 20/03/57 | 1,88 m | 79 kg | 1976 |
| SOLIGNAC | Eric | Gardien | 01/09/60 | 1,83 m | 69 kg | |
| BATTISTON | Patrick | Défenseur | 12/03/57 | 1,82 m | 78 kg | 1980 |
| GARDON | Bernard | Défenseur | 02/12/51 | 1,80 m | 82 kg | 1980 |
| JANVION | Gérard | Défenseur | 21/08/53 | 1,74 m | 68 kg | 1972 |
| LESTAGE | Patrice | Défenseur | 07/10/61 | 1,74 m | 65 kg | 1977 |
| LOPEZ | Christian | Défenseur | 15/03/53 | 1,77 m | 73 kg | 1969 |
| OLEKSIAK | Thierry | Défenseur | 11/09/61 | 1,79 m | 73 kg | |
| MILLOT | Philippe | Défenseur | 18/03/62 | 1,83 m | 78 kg | 1981 |
| WOLFF | Thierry | Défenseur | 26/12/61 | 1,73 m | 63 kg | 1977 |
| COLLEU | Yves | Milieu | 20/01/61 | 1,79 m | 65 kg | 1977 |
| LARIOS | Jean-François | Milieu | 27/08/56 | 1,87 m | 81 kg | 1978 |
| PLATINI | Michel | Milieu | 21/06/55 | 1,79 m | 73 kg | 1979 |
| ZANON | Jean-Louis | Milieu | 30/11/60 | 1,80 m | 70 kg | 1977 |
| NOGUES | Raoul | Attaquant | 26/02/52 | 1,75 m | 71 kg | 1981 |
| BELLUS | Eric | Attaquant | 26/11/60 | 1,72 m | 61 kg | 1977 |
| NIELSEN | Benny | Attaquant | 17/03/51 | 1,75 m | 73 kg | 1981 |
| PAGANELLI | Laurent | Attaquant | 20/10/62 | 1,66 m | 63 kg | 1978 |
| REP | Johnny | Attaquant | 25/11/51 | 1,80 m | 74 kg | 1979 |
| ROUSSEY | Laurent | Attaquant | 27/12/61 | 1,79 m | 72 kg | 1977 |

## PETITE HISTOIRE DE LA COUPE DU MONDE

C'est un Français, Henri Delaunay, qui a eu l'idée d'organiser la première Coupe du Monde en 1930. Ce tournoi a eu lieu en Uruguay et 14 pays (dont 4 pays européens seulement) ont pu participer. La finale, entre les deux grands rivaux – Uruguay et Argentine – a eu lieu dans le stade de Montevidéo le 30 juillet devant 90 000 spectateurs dont plusieurs milliers d'Argentins qui pensaient qu'ils allaient gagner quand l'Argentine menait à la mi-temps par deux buts à un. Mais finalement, c'est l'Uruguay qui est devenu le premier vainqueur de la Coupe du Monde par 4 à 2.

Depuis cette date-là la Coupe du Monde a eu lieu tous les quatre ans, sauf pendant la guerre. C'est en 1958 que le vrai roi du football mondial, le Brésilien Pelé, a joué pour la première fois. C'est surtout grâce à ce joueur merveilleux que le Brésil allait gagner trois fois entre 1958 et 1970.

C'est l'Angleterre qui a interrompu cette série de victoires. En 1966, le 30 juillet encore une fois, la finale la plus passionnante de toutes a eu lieu à Wembley. L'Angleterre menait par 2 à 1; à quelques secondes de la fin du match, l'Allemagne a égalisé; il fallait jouer les prolongations au cours desquelles Hurst a marqué deux fois pour donner aux Anglais leur premier championnat du monde.

## PALMARES DE LA COUPE DU MONDE

**1930 à Montevidéo en Uruguay**
**Uruguay** bat Argentine 4–2.
**1934 à Rome en Italie**
**Italie** bat Tchécoslovaquie 2–1 après prolongation.
**1938 à Paris en France**
**Italie** bat Hongrie 4–2.
**1950 à Rio au Brésil**
**Uruguay** bat Brésil 2–1.
**1954 à Berne en Suisse**
**Allemagne** bat Hongrie 3–2.
**1958 à Stockholm en Suède**
**Brésil** bat Suède 5–2.
**1962 à Santiago au Chili**
**Brésil** bat Tchécoslovaquie 3–1.
**1966 à Londres en Angleterre**
**Angleterre** bat Allemagne 4–2 (après prolongation)
**1970 à Mexico au Mexique**
**Brésil** bat Italie 4–1.
**1974 à Munich en Allemagne Fédérale**
**Allemagne de l'Ouest** bat Hollande 2–1.
**1978 à Buenos Aires en Argentine**
**Argentine** bat Hollande 3–1.
**1982 à Madrid en Espagne**
**Italie** bat Allemagne de l'Ouest 3–1.

### LES MEILLEURS BUTEURS
1958: **Fontaine** (France) 13 buts.
1954: **Kocsis** (Hongrie) 11 buts.
1970: **Muller** (Allemagne) 10 buts.
1966: **Eusebio** (Portugal) 9 buts.

Jour de gloire pour Bobby Moore, capitaine des champions du monde anglais 1966 sous l'œil de la Reine Elisabeth.

Roi français du football, Platini, ici en pleine action, dans la Coupe du Monde en 1982, à Madrid.

# Lequel, laquelle, lesquels, lesquelles

*These words are used as linking words in sentences like these:*

J'ai regardé le match dans **lequel** il a joué.   *I watched the match in which he played.*
Où as-tu mis la brosse avec **laquelle** tu as nettoyé le plancher?
  *Where have you put the brush with which you cleaned the floor?*
Voilà les arbres derrière **lesquels** se trouve la maison.
  *There are the trees behind which is the house.*
Où sont les feuilles sous **lesquelles** il a caché la balle?
  *Where are the leaves beneath which he has hidden the ball?*

*These words are simpler than they look! They are just a combination of* **le**, **la** *and* **les** *with the correct part of* **quel**, **quelle**, **quels** *or* **quelles**.

*To which, at which is* **à laquelle, auquel, auxquels** *or* **auxquelles**.

*Of which, from which is* **de laquelle, duquel, desquels** *or* **desquelles**. *This is most often used in longer expressions like* **au bout duquel** *(at the end of which), or* **au milieu desquels** *(in the middle of which).*

*More examples:*
Voilà le parking au milieu **duquel** se trouve notre voiture.
  *There is the car-park in the middle of which is our car.*
Où est le journal dans **lequel** tu as trouvé cette photo?
  *Where is the newspaper in which you found this photograph?*
Il y a une grande place, autour **de laquelle** se trouvent les grands magasins.
  *There is a big square, around which are large shops.*
C'est bien ici le bureau **auquel** il faut s'adresser?
  *Is this the office at which we must enquire?*

**C**    *Choose one of the words given in the brackets to complete the sentence correctly.*

1  Voilà le banc sur (lequel, laquelle, lesquels, lesquelles) elle s'est assise hier.
2  Voilà la porte par (lequel, laquelle, lesquels, lesquelles) le roi va entrer.
3  C'est une question (auquel, à laquelle, auxquels, auxquelles) je ne sais pas répondre.
4  Voilà l'immeuble à côté (duquel, de laquelle, desquels, desquelles) on va construire un garage.
5  L'équipe dans (lequel, laquelle, lesquels, lesquelles) il joue, est très forte.
6  Les animaux (auquel, à laquelle, auxquels, auxquelles) j'ai donné à manger, sont contents.
7  Le zoo près (duquel, de laquelle, desquels, desquelles) j'habite, a beaucoup de visiteurs.
8  La banlieue dans (lequel, laquelle, lesquels, lesquelles) ils habitent, est très jolie.
9  La foule au milieu (duquel, de laquelle, desquels, desquelles) il se trouvait, était énorme.
10  Voilà le magasin en face (duquel, de laquelle, desquels, desquelles) il a eu son accident.

**D**    *You are thinking about something you are intending to do and asking where the object is which will enable you to carry out your intended action. Form sentences along the lines of the example given.*

*Example:*Je vais écrire avec un stylo. **Où est le stylo avec lequel je vais écrire?**

1  Je vais jouer avec un ballon.
2  Je vais corriger mon travail avec une gomme.
3  Je vais prendre une photo avec un appareil.
4  Je vais faire un gâteau avec des œufs.
5  Je vais acheter un disque avec de l'argent.
6  Je vais faire mes devoirs avec une calculatrice.
7  Je vais me maquiller avec du mascara.
8  Je vais regarder la télévision avec des lunettes.
9  Je vais me laver avec du savon parfumé.
10  Je vais payer mes achats avec un chèque.

# Two past tenses

The **perfect tense** (*le* **passé composé**) *is used to say what happened. It normally refers to events that can be clearly identified, perhaps in a story or relating an incident.*
*The perfect tense is a* **narrative** *tense:*

Ils **ont demandé** à papa de les accompagner.   *They asked Dad to go with them.*
Ils **ont pris** le train.   *They took the train.*

The **imperfect tense** (*l'***imparfait**) *tells us how things were and sets the scene, or says what used to happen.*
*The imperfect tense is a* **descriptive** *tense:*

Il **faisait** froid.   *It was cold.*
Les garçons **devenaient** de plus en plus agités.
   *The boys were becoming more and more excited.*

*By using the two tenses together, one can give a full account of what happened in the past.*

Un dimanche en hiver, quand il **faisait** froid, Philippe et Alain **ont décidé** d'aller à Paris regarder un match de football. Paris **allait** jouer contre Nice. Ils **ont demandé** à papa de les accompagner. Ils **ont pris** le train à la gare de Villeneuve. Pendant que les garçons **devenaient** de plus en plus agités, papa **a acheté** les billets. Ils **sont arrivés** au stade 15 minutes avant le début du match, mais personne n'**était** là! Les portes **étaient** fermées et les Bertillon **ont pu** lire une affiche qui **disait**: «Paris–Nice: match annulé». Papa **est devenu** rouge de colère; les garçons, eux, n'**étaient** pas contents non plus!

**E**   *Complete this story by using the correct tense (perfect or imperfect). In the first paragraph, choose from the alternatives given; in the other paragraphs, change the infinitives given in brackets into the correct tense.*

Hier il faisait/il a fait beau. Je décidais/J'ai décidé d'aller au parc avec mes amis. Nous avons voulu/Nous voulions jouer au football. Nous avons demandé/Nous demandions la permission à nos parents. Ils ont dit/Ils disaient «oui» et nous partions/sommes partis.

Nous (prendre) le ballon de Jean-Paul. Pendant que nous (traverser) la rue, nous (pouvoir) voir par la grille que le parc (être) plein de gens. Il y (avoir) plusieurs groupes de jeunes qui (jouer) déjà au football et qui (prendre) toute la place.

Nous (devoir) rentrer chez nous. Quand nous (arriver), je (trouver) mon vidéo-jeu et nous (faire) plusieurs matches de football. Ça, c'est moins fatigant!

**F**   *Tell the story of the girl who went on a skiing holiday. For each picture, use a perfect tense to say what happened and an imperfect tense to set the scene.*

*Example:* Il neigeait beaucoup quand Hélène est arrivée à l'hôtel.

# 11 L'argent de poche

Pour le dernier programme de la série, Pierre a choisi la question délicate de l'argent de poche. Il a interrogé des jeunes gens à ce sujet. Combien est-ce qu'ils recevaient? Est-ce que c'était suffisant? Comment est-ce qu'ils le dépensaient? Est-ce qu'ils essayaient de faire des économies? Qu'est-ce qu'ils achetaient?

Après avoir posé ces questions à plusieurs jeunes gens, Pierre a compris qu'il y a une énorme variété d'opinions et que la situation de chaque individu est, différente. Il a décidé que son interview avec Isabelle Perrier, âgée de 14 ans, était assez typique:

**Pierre:** Combien d'argent de poche est-ce que tu reçois par semaine?
**Isabelle:** Mes parents me donnent vingt francs.
**Pierre:** C'est suffisant, à ton avis?
**Isabelle:** Non, pas vraiment . . . c'est-à-dire que la plupart de mes amis reçoivent plus que ça.
**Pierre:** Et tu dépenses tout ce que tu reçois?
**Isabelle:** Oui, presque. J'achète d'abord des magazines.
**Pierre:** C'est combien, ça?
**Isabelle:** Six francs toutes les semaines, trois francs chacun.
**Pierre:** Et après?

**Isabelle:** Après avoir acheté ces magazines, je mets de côté cinq francs pour les vacances.
**Pierre:** Tu arrives quand même à faire des économies?
**Isabelle:** Ah oui, un peu. Avec les neuf francs qui me restent, j'achète de temps en temps du maquillage, ou un poster ou un disque, mais pas grand'chose.
**Pierre:** Donc, ce n'est pas toi qui achètes tes vêtements?
**Isabelle:** Vous plaisantez? Ce sont mes parents qui paient mes vêtements mais le plus souvent, c'est moi qui les choisis.
**Pierre:** Et le cinéma ou la discothèque? Tu n'y vas jamais?
**Isabelle:** Si, quelquefois, mais seulement si c'est un très bon film ou si je veux sortir avec quelqu'un de spécial. Normalement, je n'ai pas le temps car on nous donne beaucoup de devoirs. Quelquefois, pendant les vacances . . .
**Pierre:** Et quand tu veux acheter quelque chose de spécial ou offrir un cadeau?
**Isabelle:** Alors, je travaille quelques heures dans le café d'une de nos voisines. Elle a toujours besoin d'un coup de main et comme ça je gagne un petit supplément.

---

Isabelle a parlé de «magazines»; ce sont des magazines d'âge tendre et ils contiennent des histoires d'amour, des feuilletons, des horoscopes, des lettres et des articles sur les champions de sport et les chanteurs des derniers tubes. À la page 75 il y a un extrait typique d'un de ces magazines.

# Passeport pour le Bonheur...

## LE NOUVEAU ROI DU TENNIS?

Un jeune Suédois, âgé de 17 ans seulement, a remporté la finale des Internationaux de France au stade Roland-Garros. Qui est-il vraiment?

Mats Wilander est né le 22 août 1964 en Suède. Ce superbe athlète mesure 1 m 80 pour 70 kg, blond, les yeux clairs. Déjà à 17 ans il est classé 12e joueur mondial.

Mais Mats vit aussi comme tous les jeunes de son âge. À Paris, il est venu avec Annette, sa fiancée. Ils se sont connus il y a un an alors qu'ils étaient au lycée. Mats et Annette sont très amoureux l'un de l'autre mais, à cause de sa vie de tennis-man, ils doivent se séparer très souvent. Heureusement, le téléphone les rapproche tous les jours. Si Annette rêve de mariage, Mats pense qu'ils sont trop jeunes.

Mats est également passionné de musique. Grâce à son Walkman, il peut s'isoler pour écouter ses préférés: Bruce Springsteen, Bob Dylan.

Mats possède les mêmes qualités de tennisman que cet autre roi du tennis, suédois aussi, un certain Björn Borg. Qui sait si, un de ces jours, . . .

Stéphanie ne dormait pas bien cette nuit-là. Le lendemain elle devait avoir les résultats du bac qu'elle venait de passer deux semaines auparavant. Si elle n'était pas reçue, . . . adieu les vacances en Afrique du Nord auxquelles elle rêvait depuis si longtemps. Ah les maths, elle détestait ça!

La sonnerie du réveil a terminé son cauchemar. Le jour J commençait . . .

Vers 11 heures, Barbara, sa meilleure amie, est venue la chercher pour aller lire avec elle les résultats sur la porte du lycée.

Après être arrivée devant les listes, Stéphanie s'est trouvée incapable de lire. Les noms dansaient devant ses yeux.

Soudain, Barbara a hurlé de joie: «Ça y est, on l'a!»

«Comment ça, on l'a? Qui? Toi?»

«Mais non, imbécile, toutes les deux. Nous sommes reçues toutes les deux. Regarde, nos deux noms sont là!»

«Mais ce n'est pas possible!»

«Comment pas possible? Tu veux des lunettes?»

Après avoir vérifié qu'elles étaient effectivement reçues, les deux amies se sont embrassées et puis elles sont parties dire la bonne nouvelle à leurs parents.

Ce voyage en Tunisie, elle allait pouvoir le faire après tout. Ce qu'elle ne savait pas, c'est qu'elle allait y rencontrer quelqu'un de très spécial qui devait jouer un rôle important dans sa vie . . .

## JE VAIS CRAQUER . . .

Cher Copains-Magazine,

Il y a cinq jours, j'ai eu le coup de foudre pour X., un garçon super séduisant dans la classe de 5e B. J'ai appris par un camarade Y. que X. n'était pas libre. Chaque fois que je croise X., il me regarde et son visage semble illuminé d'amour. Je me demande si Y. me mène en bateau quand il dit que X. a déjà une petite amie. C'est peut-être par jalousie car il veut sortir avec moi.

Je suis en pleine déprime, j'ai déjà fait quatre crises de nerfs; répondez-moi vite, sinon je vais craquer . . .

*Jeune amoureuse, Tours*

Chère jeune amoureuse,

Calme-toi! Quatre crises de nerfs en cinq jours, c'est un peu trop! Tu n'as pas de raison sérieuse pour craquer. Tu n'as pas encore parlé à X. N'oublie pas que le premier pas n'est pas réservé aux garçons; tu peux très bien lui dire bonjour. Courage et bonne chance!

**A**   *Answer these questions in French. They refer to the interview on page 74.*

1 Est-ce qu'Isabelle dépense tout son argent de poche?
2 Que fait la famille Perrier pour acheter les vêtements d'Isabelle?
3 Quand va-t-elle au cinéma ou à la discothèque?
4 Que fait-elle pour gagner de l'argent?
5 Pourquoi est-ce que l'argent de poche est un sujet «délicat»?

**B**   *These questions can be answered by looking at the articles on page 75. Answer in French.*

1 Quel âge avait Mats Wilander quand il a gagné la finale des Internationaux de France?
2 Quel âge a-t-il aujourd'hui?
3 Pourquoi est-ce que Mats ne veut pas épouser Annette tout de suite?
4 À part le tennis, quel est le passe-temps favori de Mats et que fait-il exactement?
5 Essayez de terminer la dernière phrase de l'article sur Mats Wilander.

**C**   *Answer in French these questions about the serial on page 75.*

1 Pourquoi est-ce que Stéphanie ne pouvait pas dormir cette nuit-là?
2 Où espérait-elle passer ses vacances?
3 Avec qui est-elle allée au lycée?
4 Pourquoi est-ce que les filles ont été contentes quand elles ont regardé les résultats?
5 Qu'est-ce qu'elles ont fait, après avoir vérifié les résultats?
6 Écrivez le premier paragraphe du deuxième épisode de ce feuilleton.

**D**   *The person who writes the answers to the letters received by «Copains-Magazine» is away on holiday this week. What answers would you give to the following problems (in French, if possible)?*

Je suis très timide; j'ai 23 ans et je ne suis jamais sortie seule avec un garçon. Dans le bureau où je travaille, il y a un certain jeune homme; je le trouve sympathique mais lui aussi, il est très timide et il ne m'a jamais parlé. Que faire?                                                    Timide, Orléans

En vacances au bord de la mer cet été, j'ai connu une jeune fille très charmante qui habite loin de chez moi. Après être rentré chez moi, je lui ai écrit trois fois mais elle ne m'a pas répondu. Que faire pour la revoir?
                                                    Jeune amoureux, Biarritz

| | | | |
|---|---|---|---|
| l'amour *love* | l'amoureuse *girl in love* | avoir le coup de | amoureux (-se) *in love* |
| l'argent de poche | la crise de nerfs *fit of* | foudre pour *to fall* | délicat *delicate, touchy* |
| *pocket-money* | *nerves* | *suddenly in love* | illuminé *lit up* |
| le bac(calauréat) | la jalousie *jealousy* | *with* | mondial *in the world* |
| *baccalauréat (18+* | la situation *situation* | se calmer *to calm down* | passionné de *keen on* |
| *exam)* | la sonnerie *ringing* | comprendre *to realise* | séduisant *charming,* |
| le cauchemar *nightmare* | | se connaître *to get to* | *seductive* |
| le coup de main | | *know each other* | suffisant *sufficient* |
| *(helping) hand* | | contenir *to contain* | suédois *Swedish* |
| le feuilleton *serial* | | craquer *to burst,* | |
| l'individu *individual* | | *collapse* | auparavant *earlier* |
| le Jour J *D-Day* | | croiser qqn *to pass* | également *equally* |
| le pas *step* | | *sbdy* | en pleine déprime |
| le réveil *alarm-clock* | | dépenser *to spend* | *thoroughly depressed* |
| le rôle *part* | | *(money)* | sinon *otherwise* |
| le Suédois *Swede* | | hurler *to bellow* | |
| le supplément *extra* | | s'isoler *to isolate o.s.* | |
| *(income)* | | mener qqn en bateau | |
| le tube *'hit'* | | *to fool sbdy* | |
| | | mettre de côté *to put to* | |
| | | *one side* | |
| | | plaisanter *to joke* | |
| | | rapprocher *to bring* | |
| | | *together* | |
| | | se séparer *to be apart* | |
| | | vivre *to live* | |

# *After doing something . . .*

> *Two actions, carried out by the same person, can be neatly linked by using the following expressions:*
>
> **Après avoir** *plus past participle (for verbs which have* **avoir** *as the auxiliary verb in the perfect tense)*
> **Après être** *plus past participle (for verbs which have* **être** *as the perfect tense auxiliary)*
>
>   Après avoir fini son repas, il est sorti.   *After finishing his meal, he went out.*
>   Après être sorti, il est revenu tout de suite.   *After going out, he came back at once.*
>
> *Note that the same rules of agreement you met in Unit 4 with* **être** *verbs apply to* **après être** *constructions.*
>   Après être arrivée devant les listes, Stéphanie . . .
>     *Having arrived in front of the lists, Stéphanie . . .*
>   Après être parties de la maison, elles ont pris l'autobus.
>     *After having set off from the house, they caught the bus.*
>   Après être descendus du train, nous sommes sortis de la gare.
>     *Having got off the train, we went out of the station.*

**E**   *Make these pairs of sentences into a single sentence by using* **après avoir**.

1 Elle a fait les lits. Elle est descendue dans la cuisine.
2 Elle a fait la vaisselle. Elle est sortie de la cuisine.
3 Nous avons ouvert la portière. Nous sommes descendus de la voiture.
4 Tu as posté la lettre. Tu es rentrée à toute vitesse.
5 Ils ont appris à conduire. Ils ont causé plusieurs accidents.

**F**   *Join these pairs of sentences by using* **après être**, *remembering to make the past participle agree.*

1 Ils sont allés au supermarché. Ils ont joué au rugby.
2 Nous sommes arrivés à Paris. Nous avons cherché un hôtel.
3 Elle est sortie de sa chambre. Elle est entrée dans la salle de bains.
4 Vous êtes montés dans le train. Vous avez cherché des places vides.
5 Elles sont allées en vacances. Elles ont rencontré des garçons charmants.

**G**   *Inspector Barbiche is recounting an incident that occurred in Villeneuve at the time Pierre Duvivier was carrying out his interviews. Try to cut down the number of sentences he uses by connecting each pair by* **après avoir** *or* **après être** *and the appropriate past participle.*

*Example:* Pierre Duvivier est arrivé avec l'équipe. Il a commencé à interviewer Isabelle.
        **Après être arrivé avec l'équipe, Pierre Duvivier a commencé à interviewer Isabelle.**

1 Pierre a vu un accident. Pierre a téléphoné à la police.
2 Nous avons reçu le coup de téléphone. Nous y sommes allés tout de suite.
3 J'ai découvert que l'accident était grave. J'ai appelé une ambulance.
4 Nous avons mis les victimes dans l'ambulance. Nous avons posé des questions aux passants.
5 J'ai lu les rapports des agents. Je me suis rendu compte qu'une des victimes était un gangster célèbre.
6 Nous sommes arrivés à l'hôpital. Nous avons arrêté le gangster.
7 Pierre Duvivier a fait une interview pour la télé. Il m'a félicité.
8 Je suis rentré à la maison. J'ai pu me reposer.
9 Ma femme a regardé le reportage à la télé. Elle m'a embrassé.
10 Nous avons ouvert une bouteille de champagne. Nous avons bu à mon succès.

# Recevoir – *to receive*

| | |
|---|---|
| *Present tense* | Je **reçois** beaucoup de jolies cartes quand c'est mon anniversaire. |
| | *I receive lots of nice cards on my birthday.* |
| | Tu **reçois** un coup de téléphone de ta mère tous les dimanches. |
| | *You get a telephone call from your mother every Sunday.* |
| | Monsieur le Directeur **reçoit** tous les lundis. |
| | *The Headmaster receives (visitors) every Monday.* |
| | Elle **reçoit** le cadeau qu'elle mérite.  *She receives the present she deserves.* |
| | Nous **recevons** toujours des bonnes notes.  *We always get good marks.* |
| | Vous ne **recevez** jamais les amis à dîner? |
| | *Do you never have friends to dinner?* |
| | Mes fils **reçoivent** leur argent de poche le vendredi soir. |
| | *My sons get their pocket-money on Friday evenings.* |
| | Les vedettes **reçoivent** beaucoup de lettres.  *Stars receive a lot of letters.* |
| *Perfect tense* | **J'ai reçu**, tu **as reçu**, il **a reçu**, nous **avons reçu** *etc* |
| *Imperfect tense* | Je **recevais**, tu **recevais**, il **recevait**, nous **recevions**, vous **receviez**, ils **recevaient** |
| *NB* | **être reçu** à un examen  *to be successful in an exam* |
| | Elle **a été reçue** au baccalauréat.  *She has passed her baccalauréat.* |

**H**  *Complete the sentences using **recevoir** in either the present or the perfect tense. For questions 6, 7 and 8, use the imperfect tense to say that these things always used to happen (or, if you wish, never used to happen).*

*Example:* Ce matin, j'. . .
**Ce matin, j'ai reçu 1 000 francs.**

1 Hier, nous . . .

2 Tous les jours, M. le Directeur . . .

3 Tu . . .

4 La dame . . .

5 La semaine dernière, mes parents . . .

6 Quand j'étais jeune, je . . .

7 Quand il était célèbre, le pop-star . . .

8 Tous les samedis, vous . . .

**I**   *Look at these photographs of items French teenagers might want to spend their pocket-money on. Identify the items, give the price and act out the conversations that might take place as they purchase the various items.*

# Revision 2

**A**  *This is the beginning of a horror story, but the writer has forgotten to use the right tense to describe what was happening in the past. Change the verbs in the present tense (in heavy type) into the imperfect; it will help to give a more spooky effect!*

### Le Château des Vampires

Il **fait** déjà nuit quand le jeune Purblanc est descendu du train. Les porteurs à la gare le **regardent** d'un air terrifiés. Après, ils ont dit à leurs enfants: «Il y **a** ce monsieur élégant qui **cherche** le château. Il **a** l'air si innocent!» Personne ne **veut** porter ses bagages. Après être monté dans la voiture qui l'**attend**, il **peut** essayer de regarder le paysage, mais il ne **voit** presque rien. Mais il **entend** toutes sortes de bruits – des oiseaux bizarres et invisibles **crient** et de temps en temps un hurlement horrible se **fait** entendre. Le chauffeur ne **parle** pas. Même à l'entrée du château il **garde** le silence. Purblanc **pense** à la réputation cruelle du comte du Faitnoir. Après avoir poussé la porte entr'ouverte, il **passe** dans le vestibule quand soudain . . .

**B**  *Join up these pairs of sentences by using one of the **lequel** expressions that you learned in Unit 10.*

*Example:* Où est le stylo? Je vais écrire cette lettre avec un stylo.
      **Où est le stylo avec lequel je vais écrire cette lettre.**

1 Voici le garage. Il faut aller au garage.
2 As-tu vu la foule? Il se trouvait derrière la foule.
3 Où est la farine? Je vais faire du pain avec la farine.
4 Tu as trouvé mes lunettes? Je vais regarder la télévision avec mes lunettes.
5 Il y a un carrefour. À gauche du carrefour tu vois la poste.
6 Voilà le magazine. Il y a sa photo dans le magazine.
7 Nous avons visité le château. Il y a un fantôme dans le château.
8 Où est sa table? Il y a beaucoup de papiers sur sa table.
9 Prends la rue Balzac! Dans la rue Balzac se trouve le syndicat d'initiative.
10 C'est un joli village. On joue à la pétanque au milieu du village.

**C**  *Link up these incidents by using **après avoir** or **après être** with the correct verbs. Remember that the same person must be involved in both incidents.*

*Example:* **Après avoir quitté la maison, il a rencontré ses amis.**
   *or*    **Après être sorti, il a rencontré ses amis.**
*NB There may be several possible answers for each pair of drawings.*

**D** *Using this map of a* **Tour de France** *cycle race, interview your partner who was taking part in the race. Ask questions like:* **Où étais-tu le 13 juillet? Comment as-tu voyagé de Lille à Cancale?** *You may then be able to go on to write an account of part or the whole of the* **Tour,** *using sentences like:* **Pendant la soirée du 12 juillet, ils ont voyagé de Nantes à Saintes en train.**

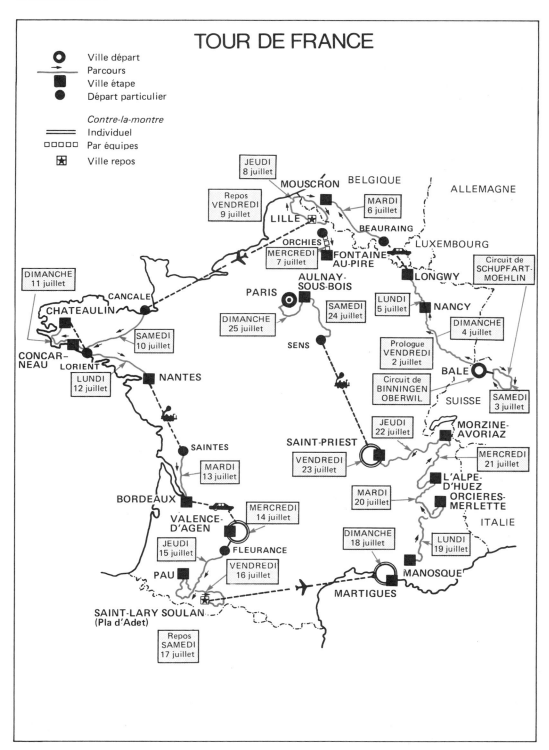

**E**     1 *Following your teacher's instructions, imagine you are a doctor, conducting an interview with your patient using the cues suggested by the drawings. Afterwards, you may write a report on the case.*

|                   *Case 1*                   |                   *Case 2*                   |

2 *Now you are a patient. Make sure the doctor knows all your symptoms.*
   *Case 3  You ache all over, and have an unsettled tummy. You feel very hot.*
   *Case 4  You feel much better but are not entirely fit. Sometimes you have a headache, but generally you are feeling stronger. You want to know how much longer you may have to stay in bed.*

**F**     *Make up sentences by using one item from each column.*

| Hier | je | recevait | 89 francs. |
|------|------|----------|-----------|
| Toutes les semaines | tu | reçois | 575 francs. |
| En hiver | il | as reçu | mon salaire. |
| À la fin du mois | M. Barbiche | ont reçu | deux grands billets. |
| Quand il était jeune, | vous | a reçu | des grands cadeaux. |
| Aujourd'hui | les jeunes | recevez | 999 francs. |

**G** *Interview a partner to find out which of these items he/she spends his/her pocket-money on. Ask what is bought and how much is spent.*

*Example:* «Tu achètes des disques?» «Oui, quelquefois, une fois par mois, par exemple.»
«Combien dépenses-tu pour tes disques?» «15 francs par mois, à peu près.»

**H** *The sports page of the newspaper has got torn up by mistake. Can you (a) sort out these words into articles on 6 different sports and then (b) fill them out to make a complete sentence in each case.*

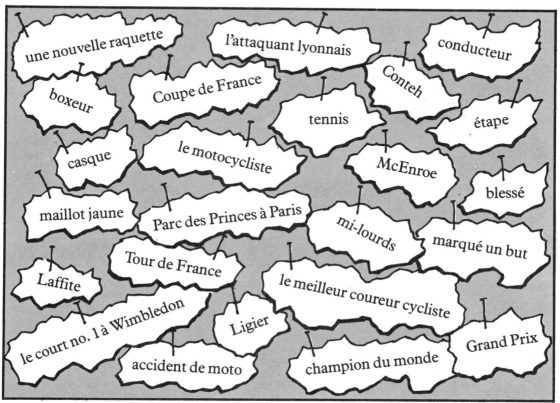

I    *Use these pictures to tell the story of a T.V. report that went all wrong.*

**J**    *Describe this picture of a doctor's waiting-room, saying what is happening and what you think is wrong with the various patients. Then look at the second drawing of the same scene and say in French what the 10 differences are.*

# 12  À bientôt en France!

Quelques semaines après l'arrivée de la première lettre de David Young, la famille de Didier Martin a décidé de l'inviter à Villeneuve pendant les grandes vacances.

«Nous aurons de la place pour lui», a dit Mme Martin, «car cette année Gilles ne sera pas à la maison pendant les vacances. Il partira en Languedoc à la fin de l'année scolaire.»

«Je pense que David sera très content d'être chez nous», a dit Didier. «Je lui écrirai tout de suite. Nous visiterons Paris, nous passerons quelques jours chez ma grand-mère en Bretagne et nous sortirons faire des promenades avec mes amis.»

Didier a donc écrit à son ami anglais. La réponse de David est arrivée très vite. La voici:

Edgware, le 17 mai

Cher Didier,

Merci pour ta dernière lettre et surtout pour ton invitation. Oui, une telle visite sera formidable!

Mon père a déjà demandé des renseignements à l'agence de voyages. Je n'arriverai pas à Roissy car malheureusement l'avion coûte trop cher. Je prendrai plutôt le train et le ferry.

Je quitterai la gare de Victoria à 9h30, je descendrai à Folkestone et je m'embarquerai sur le bateau pour arriver à Boulogne à 13h20. Le train arrivera à la gare du Nord à Paris à 16h15.

Est-ce que tu seras là pour me rencontrer? Est-ce que le 10 juillet sera convenable? Nous ne finirons pas nos cours au collège avant le 9 juillet, en fin d'après-midi.

Si tes parents sont d'accord, je rentrerai chez moi le 10 août.

A bientôt en France!
Amitiés,
David

**A**  *Answer these questions in French. They refer to the introductory paragraphs on page 86.*

1 Quels sont les mois des «grandes vacances» en France, pensez-vous?
2 Pourquoi est-ce que la famille Martin aura de la place pour David cet été?
3 Où habite la grand-mère de Didier?
4 Quelles seront les activités de David pendant son séjour chez les Martin?
5 À votre avis, pourquoi est-ce que David a répondu très vite?

**B**  *Answer in French these questions which refer to the letter that David wrote (page 86).*

1 Où est-ce que le père de David est allé chercher des renseignements?
2 Pourquoi est-ce que David n'arrivera pas à Roissy?
3 D'où partira-t-il exactement à Londres?
4 Quel moyen de traverser la Manche choisira-t-il?
5 À votre avis, pourquoi est-ce que David espère que Didier le rencontrera à la Gare du Nord?
6 Quelle est la date de la fin de l'année scolaire dans votre collège cette année?

**C**  *Write a reply to David Young's letter, as if you were Didier's father. The letter is to David's parents and has been begun for you. You must continue it to give the following details:*
a *confirm that July 10th will be convenient and that David will return to England on August 10th.*
b *say who will be at the station to meet David.*
c *say what they will wear (to help him recognise them).*
d *give further details of the things David will do and see during his stay* (nager et jouer au tennis en Bretagne, visiter les grands monuments de Paris, apprendre à bien parler français *etc*).

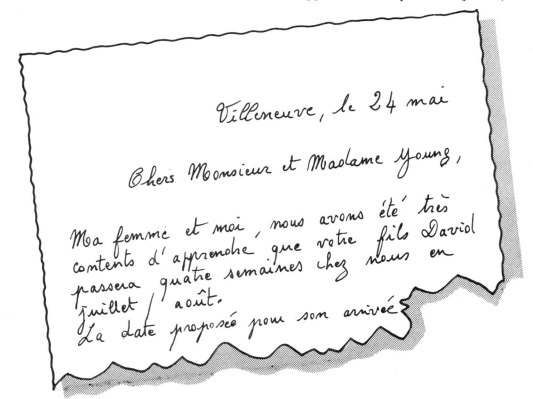

Villeneuve, le 24 mai

Chers Monsieur et Madame Young,

Ma femme et moi, nous avons été très contents d'apprendre que votre fils David passera quatre semaines chez nous en juillet / août.
La date proposée pour son arrivée

| | | | |
|---|---|---|---|
| le **ferry** *ferry-boat* | l'**activité** *activity* | **convenir** *to suit* | **un tel (une telle)** *such a . . .* |
| le **monument** *monument* | | **s'embarquer** *to embark* | |
| | | | **en fin d'après-midi** *towards the end of the afternoon* |

# *Conversation:* Making arrangements to meet people

## 1 MEETING SOMEBODY ARRIVING FROM A DISTANCE

**Jean** Bonjour, c'est Jean à l'appareil.
**Pierre** Bonjour, Jean, ça va?
**Jean** Très bien merci. Je viens passer quelques jours à Paris bientôt.
**Pierre** Tu arrives quand?
**Jean** Mardi, à 17 heures.
**Pierre** Où ça?
**Jean** À Roissy.
**Pierre** Très bien. Je viendrai te chercher en voiture.
**Jean** Tu es très gentil. À mardi, donc. Au revoir!

A

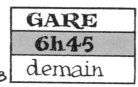
B

C

D

## 2 MEETING SOMEBODY WITHIN THE TOWN

**Marc** On va se retrouver devant le cinéma?
**Marie** Oui, certainement. À quelle heure?
**Marc** Disons, à huit heures et demie.
**Marie** Très bien. Demain, donc, à 20 h 30, devant le cinéma. C'est entendu. À demain.

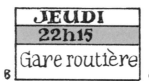

A

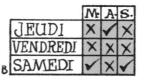
B

C

D

## 3 FAILING TO MEET SOMEBODY!

**Jean-Paul** Tu es libre demain, Dominique?
**Dominique** Non, je regrette, demain je suis occupée. Mais après-demain, je serai libre pendant la matinée.
**Jean-Paul** La matinée seulement? Zut! Je ne serai pas libre, moi. Que fais-tu en fin d'après-midi?
**Dominique** J'ai un rendez-vous à 17 heures.
**Jean-Paul** Quel dommage! Ce sera pour une autre fois.
**Dominique** Oui, d'accord. Au revoir!

|  | M. | A. | S. |
|---|---|---|---|
| AUJOURD'HUI | ✗ | ✗ | ✗ |
| DEMAIN | ✗ | ✗ | ✗ |
| APRÈS-DEMAIN | ✓ | ✗ | ✗ |

|  | M. | A. | S. |
|---|---|---|---|
| AUJOURD'HUI | ✗ | ✗ | ✓ |
| DEMAIN | ✗ | ✓ | ✗ |
| APRÈS-DEMAIN | ✓ | ✗ | ✗ |
A

|  | M. | A. | S. |
|---|---|---|---|
| JEUDI | ✗ | ✓ | ✗ |
| VENDREDI | ✗ | ✗ | ✗ |
| SAMEDI | ✓ | ✗ | ✓ |
B

|  | M. | A. | S. |
|---|---|---|---|
| 15 MAI | ✓ | ✗ | ✗ |
| 16 MAI | ✗ | ✓ | ✗ |
| 17 MAI | ✗ | ✗ | ✓ |
C

|  | M. | A. | S. |
|---|---|---|---|
| AUJOURD'HUI | ✗ | ✗ | ✗ |
| DEMAIN | ✗ | ✗ | ✓ |
| APRÈS-DEMAIN | ✗ | ✓ | ✗ |
D

**D** *Practise the above dialogues, working in pairs. When you are thoroughly familiar with them, try adapting them to the other situations suggested by the drawings. Then make up your own.*

---

**je viendrai** *I will come*

**après-demain** *the day after tomorrow*
**occupé** *busy*

**à l'appareil** *on the phone, 'speaking'*
**ce sera pour une autre fois** *some other time*
**c'est entendu** *that's agreed*

# The future tense

This tense is used to say what **will** happen.

To form the future tense of French verbs, use these endings:

| | |
|---|---|
| je . . . **ai** | nous . . . **ons** |
| tu . . . **as** | vous . . . **ez** |
| il . . . **a** | ils . . . **ont** |
| elle . . . **a** | elles . . . **ont** |

These endings are used for **every** verb, without exception.

The endings are added to the future stem. With regular verbs (like **porter**, **finir**, **vendre**), and with many irregular verbs as well, the future stem is simply the infinitive form of the verb. Verbs ending in **-re** drop the final **-e**, e.g. the future of **vendre** is je **vendrai**, tu **vendras** etc.

### -er verbs
Je travaille**rai** bien l'année prochaine.
Tu arrive**ras** avant moi.
Il joue**ra** au tennis en été.
Elle nage**ra** dans la piscine.
Nous ne regarde**rons** pas la télé en vacances.
Vous me téléphone**rez**, n'est-ce pas?
Ils mange**ront** tout ce qu'on leur donne**ra**.
Elles se couche**ront** de bonne heure.

### -ir verbs
Je fini**rai** mes devoirs avant 21 heures.
Tu choisi**ras** ton cadeau toi-même.
Il puni**ra** les élèves paresseux.  *etc*

### -re verbs
J'attend**rai** au coin de la rue.
Tu ne vend**ras** pas ton vélo.
Elle descend**ra** plus tard.  *etc*

**E**  The Bertillons are making plans and resolutions for next year. Work out what they would say, following the example given:

Example:(manger moins de bonbons) Maman . . . **Maman mangera moins de bonbons.**

1 (fumer moins sa pipe) Papa . . .
2 (travailler mieux) Philippe dit: «Je . . .
3 (regarder moins la télé) Nous . . .
4 (se coucher plus tôt) Les enfants . . .
5 (aider papa) Maman dit: «Alain, tu . . .
6 (finir les devoirs avant le dîner) Marie-Claude . . .
7 (ranger bien les chambres) Papa dit: «Les enfants, vous . . .
8 (passer les vacances en Italie) Les Bertillon . . .
9 (réussir aux examens) Maman dit: «Philippe, tu . . .
10 (vendre la voiture) Nous . . .

The following verbs, which all have an irregular present tense, are perfectly regular in the way they form the future tense. Wherever the infinitive ends in **-e**, this letter is dropped from the future stem.

**boire, dire, écrire, lire, mettre, prendre, offrir, ouvrir, vivre, connaître, partir, sortir, dormir**

Make sure you know what they all mean!

**F**  The people carrying out these activities are intending to do the same tomorrow. Follow the example given:

Example:Aujourd'hui il dort après le déjeuner. **Demain aussi, il dormira après le déjeuner.**

1 Aujourd'hui elle écrit à son ami.
2 Aujourd'hui nous buvons du vin.
3 Aujourd'hui je dis bonjour aux professeurs.
4 Aujourd'hui tu lis «Le Figaro».
5 Aujourd'hui elle met ses livres dans son sac.
6 Aujourd'hui vous prenez le bus.
7 Aujourd'hui maman ouvre les fenêtres.
8 Aujourd'hui il apprend à conduire.

The verb **être** *(to be) has an irregular future stem . . .* **ser** *. . . to which are added the usual future tense endings:*

Je **serai** content de me coucher ce soir.
Tu **seras** fatigué demain.
Il **sera** furieux contre moi.
Elle **sera** très heureuse de te voir.

Nous **serons** les premiers à finir les exercices.
Vous ne **serez** jamais aussi fort que moi!
Ils **seront** footballeurs, s'ils en ont l'occasion.
Elles **seront** vedettes de cinéma.

**G**   *All the young people you have met so far in this book have dreams about what they will be. Complete the sentences by using the right part of* **être** *in the future tense and by giving the name of the job they hope to have. (Hint: look back to page 24 before doing this exercise.)*

1 Philippe . . .

2 Marie-Claude dit: «Je . . .

3 Gilles Martin . . .

4 Nathalie et Pascale . . .

5 Marie-Claude dit: «Alain, tu . . .

6 Julien et Olivier disent: «Nous . . .

7 «Didier, tu . . .

8 David Young . . .

*The future stem of* **avoir** *(to have) is . . .* **aur** *. . . and as usual, the endings follow the regular pattern you have already learned.*

J'**aurai** bientôt 15 ans.
Tu **auras** froid si tu portes cette robe-là.
Il **aura** mal aux dents car il mange trop de bonbons.
La finale du championnat **aura** lieu dimanche prochain.

Nous **aurons** bientôt une grande maison.
Vous **aurez** besoin de mes conseils l'année prochaine.
Ils **auront** faim s'ils ne mangent rien avant ce soir.
Elles **auront** soif à la fin de la course de 5 000 mètres.

**H**   *Work out what these people's ages will be when their next birthday comes round.*

1 Il est né en mai 1970. En mai prochain, il . . .
2 «Je suis né en avril 1965. En avril prochain, j' . . .
3 «Tu es né en septembre 1975? Bientôt tu . . .
4 Les jumelles sont nées en juillet 1970. En juillet prochain elles . . .
5 Elle est née le 25 janvier 1967. L'année prochaine elle . . .
6 Mon professeur est né en mars 1935. Bientôt il . . .

**I**   *Imagine you are dreaming about your ideal house. The pictures suggest some things you might have; continue the description of «La maison de mes rêves», adding as much detail as you can.*

Dans la maison de mes rêves j'aurai . . .

**J**  *These photographs and drawings show different ways of crossing the Channel now and perhaps in the future. Describe journeys you might undertake, using phrases like:*

Je traverserai la Manche en . . . Je prendrai le . . . Je partirai de . . . J'arriverai à . . .

*Imagine you are discussing travelling arrangements with a friend. Ask him or her about the expected times of the journey.*

# 13  À la recherche du sac perdu

**1** Le 10 juillet est enfin arrivé – le jour où le correspondant de Didier Martin devait arriver.

«Comment pourrons-nous reconnaître David?» a demandé Mme Martin.

«Ce sera facile», a répondu Didier. «Il viendra à la sortie du quai; il aura une valise brune et un sac rouge avec le mot «Arsenal» dessus; il portera un blue-jeans et un tee-shirt rouge. Nous savons déjà qu'il a les cheveux châtains assez courts et qu'il n'est pas très grand.»

**2** Les Martin attendaient depuis dix minutes dans le café de la Gare du Nord. «Quelle heure est-il, maman?» a demandé Didier qui s'inquiétait parce qu'il ne voulait pas rater le train de David.

«Ne t'en fais pas, Didier. Ce n'est pas encore l'heure. Nous irons au quai 27 quand nous entendrons le haut-parleur. Finis ton coca!»

Juste au moment où ils sortaient du café, ils ont entendu . . .

«On annonce l'arrivée du train 328 en provenance de Boulogne-sur-Mer, au quai 27.»

«Allons-y! Qui le verra le premier?» a dit M. Martin.

**3** À la sortie du quai 27, quel monde! Jeunes, vieux, hommes d'affaires, touristes, Français, étrangers, des gens en complet, d'autres en blue-jeans . . . mais pas de jeune Anglais au sac rouge d'Arsenal. Bientôt il n'y avait plus personne sur le quai.

Didier, très déçu et inquiet à la fois, se posait toutes sortes de questions. «C'est bien le 10 aujourd'hui? Est-ce que David s'est trompé de train à Boulogne? Est-il peut-être toujours dans le train, endormi?»

**4** Les Martin ont décidé de passer sur le quai et de chercher un peu dans le train. Après être passés devant quatre voitures, ils ont découvert un jeune Anglais qui avait l'air triste et dépaysé.

«Tu t'appelles David Young?» a demandé Mme Martin.

«Oui, madame», a-t-il répondu.

«Qu'est-ce qui se passe?» a dit Didier.

David cherchait partout – sous les banquettes, dans le filet, dans le couloir.

«J'ai perdu mon sac.»

«Quelqu'un a dû se tromper. Allons voir le chef de train», a proposé M. Martin.

Le chef de train leur a conseillé d'aller tout de suite au bureau des objets trouvés.

**5** David a dû répondre à plusieurs questions et Didier l'a aidé. L'employé du bureau des objets trouvés était très rassurant.

«Ne vous inquiétez pas, jeune homme. Quelqu'un trouvera votre sac et nous le rapportera. Nous passerons un coup de fil à la famille chez qui vous logez. Puis vous reviendrez récupérer votre sac. C'est bien simple, mais la prochaine fois, vous devrez faire plus attention.»

**6** Après être sortis du bureau, Didier et David ont pu se présenter enfin et David a serré la main à Monsieur et à Madame Martin.

Dans la voiture en route pour Villeneuve, Didier a rassuré David. «Tu pourras m'emprunter les choses que tu avais dans ton sac. Je peux même te prêter un sac, si tu veux. Mais attention! il est vert. C'est un sac de St-Étienne. Tu deviendras donc supporter d'une bonne équipe . . . et leurs sacs s'égarent moins facilement!»

**A**  *Match up these half-sentences so that the complete sentence makes sense.*

1 Le jour de son arrivée, David portait
2 Les Martin sont allés boire quelque chose
3 Didier était impatient de quitter le café
4 Le train en provenance de Boulogne est arrivé à l'heure,
5 De nombreux voyageurs
6 Les Martin sont montés dans le train
7 David cherchait partout le sac
8 Au bureau des objets trouvés,
9 L'employé a conseillé à David
10 Quand David aura un sac vert français,

a de faire plus attention à ses affaires.
b qu'il avait perdu.
c sont descendus du train.
d parce qu'il voulait être sûr de rencontrer David.
e un blue-jeans et un tee-shirt rouge.
f dans le café de la Gare du Nord.
g comme toujours en France!
h il deviendra supporter d'une meilleure équipe qu'Arsenal.
i David a dû répondre à des questions.
j parce qu'ils ont vu un jeune Anglais pas très grand.

**B**  *Complete these sentences in French.*

1 David Young devait arriver à Paris . . .
2 Comme bagages, David devait porter . . .
3 Ils ont entendu le haut-parleur quand . . .
4 Quand il n'a pas pu trouver David, Didier . . .
5 David Young était triste et dépaysé parce . . .
6 Ils sont allés d'abord voir le chef de train; ensuite, . . .
7 Après avoir retrouvé le sac de David, l'employé . . .
8 David et Didier se sont présentés enfin quand . . .

**C**  *Answer these questions in French.*

1 Pourquoi est-ce que David a un sac avec le mot «Arsenal» dessus?
2 À quel quai arrivera le train de David?
3 Est-ce que le train était presque vide ce jour-là?
4 Dans quelle voiture du train est-ce que les Martin ont trouvé David?
5 Est-ce que l'employé téléphonera à David en Angleterre?
6 Pourquoi David a-t-il serré la main aux parents de Didier?
7 Quand l'employé aura retrouvé le sac de David, il . . .
8 À votre avis, est-ce que David sera content d'avoir un sac vert de St-Étienne?

| | | | |
|---|---|---|---|
| le **chef de train** *guard* | la **banquette** *seat* | **conseiller** *to advise* | **châtain** *brown (chestnut)* |
| le **complet** *suit* | | s'**égarer** *to get lost* | **court** *short* |
| le **couloir** *corridor* | | **faire attention** *to pay* | **déçu** *disappointed* |
| le **coup de fil** *telephone* | | *attention* | **dépaysé** *bewildered* |
| *call* | | **loger** *to lodge* | **endormi** *asleep* |
| l'**étranger** *foreigner* | | **prêter** *to lend* | **rassurant** *reassuring* |
| le **filet** *luggage-rack* | | **rassurer** *to reassure* | **simple** *simple* |
| l'**homme d'affaires** | | **rater** *to miss* | |
| *business-man* | | **reconnaître** *to* | **à la fois** *at the same time* |
| les **objets trouvés** *lost* | | *recognise* | **à la recherche de** *in* |
| *property* | | **récupérer** *to recover,* | *search of* |
| | | *retrieve* | **dessus** *on it* |
| | | | **en provenance de** |
| | | | *coming from* |
| | | | **facilement** *easily* |

# Conversation: Dealing with lost property

### 1 GIVING THE CIRCUMSTANCES OF THE LOSS

**David** J'ai perdu un sac.
**Employé** Où l'avez-vous perdu?
**David** Dans le train de Boulogne à Paris.
**Employé** Le train qui est arrivé à quelle heure?
**David** À 15 h 45.
**Employé** Et vous étiez dans quelle voiture?
**David** La voiture 5, deuxième classe, non-fumeurs.

### 2 DESCRIBING THE LOST ITEMS

**Employé** De quelle couleur est votre sac?
**David** Rouge, avec le mot «Arsenal» en blanc.
**Employé** Comment est-il votre sac? Grand, petit, neuf, usé?
**David** Pas très grand, comme ça, à peu près et tout à fait neuf.
**Employé** Qu'est-ce qu'il contenait?
**David** Mon panier-repas, un appareil-photo, des magazines et un cadeau pour Mme Martin.

### 3 GIVING PERSONAL DETAILS

**Employé** Je vais prendre vos coordonnées. Quel est votre nom?
**David** Young.
**Employé** Young? Comment épelez-vous cela?
**Didier** Y–O–U–N–G.
**Employé** Et votre prénom?
**David** David.
**Employé** Vous êtes anglais mais quelle est votre adresse en France?
**Didier** Chez la famille Martin, 15 avenue du Château, Villeneuve.
**Employé** Votre numéro de téléphone, s'il vous plaît?
**Didier** 373.42.65.

NOM : YOUNG
PRÉNOM : David
Adresse : Chez Martin
15 Rue du Château
VILLENEUVE
Tél. 373. 42. 65

**D** *When you have practised the above conversations, work with a partner, taking it in turns to be the clerk at the lost property office, to see if you could deal satisfactorily with the lost property incidents suggested by these drawings.*

1
NOM : SMITH
PRÉNOM : PATRICK
ADRESSE : CHEZ LEMOINE
113 BVD MONTPARNASSE
PARIS Tél : 633.91.51

2
NOM : JONES
PRÉNOM : HELEN
ADRESSE : CHEZ TAILLEFER
RUE DU PRÉ, MONTPELLIER
Tél : (67) 43. 46. 12

3
Musée du Louvre
NOM : WALTERS
PRÉNOM : JAMES
ADRESSE : HÔTEL De NICE
155 BVD MONTPARNASSE
PARIS Tél : 326.60.24

4
MÉTRO GEORGE V
NOM : THOMSON
PRÉNOM : ANNETTE
ADRESSE : CHEZ DUPONT
7. RUE COLBERT
CLERMONT-FERRAND
Tél : (73) 93. 70.61

| | | | |
|---|---|---|---|
| le **panier-repas** *lunch-basket* | les **coordonnées** *personal particulars* | **épeler** *to spell* | **usé** *worn* |

# The future tense of irregular verbs

> *Some verbs form their future stem in an 'irregular' way, i.e. different from that explained in Unit 12. These have to be learned and practised. Remember that the endings added to the stem* **always** *follow the regular pattern:*
>
> **je . . . ai, tu . . . as, il . . . a, elle . . . a, nous . . . ons, vous . . . ez, ils . . . ont, elles . . . ont**
>
> | *Infinitive* | *Future stem* | *Example* |
> |---|---|---|
> | aller | **ir-** | L'année prochaine, j'**irai** en France. |
> | faire | **fer-** | Quand **feras**-tu ton devoir? |
> | envoyer | **enverr-** | Il **enverra** un cadeau à Noël. |
> | voir | **verr-** | Elle te **verra** demain. |
> | pouvoir | **pourr-** | Nous **pourrons** venir après tout. |
> | recevoir | **recevr-** | Vous **recevrez** notre carte d'invitation bientôt. |
> | savoir | **saur-** | Si je continue mon entraînement, je **saurai** bientôt nager. |
> | devoir | **devr-** | Pour acheter cette voiture-là, ils **devront** économiser. |
> | pleuvoir | **il pleuvra** | La météo dit qu'il **pleuvra** demain en Bretagne. |

**E**  *These drawings will give you a clue to countries to which various people will be going next year. Use the future of the verb* **aller** *and follow the example given.*

*Example:*
L'année prochaine, tu . . .
**Tu iras en Espagne.**

1 L'année prochaine, j'. . .

2 L'année prochaine, ils . . .

3 L'année prochaine, nous . . .

5 L'année prochaine, il . . .

7 L'année prochaine, elle . . .

4 L'année prochaine, vous . . .

6 L'année prochaine, elles . . .

**F**  *Make up your own response to the situations suggested, using the future of the verb* **devoir** *and an infinitive that makes sense.*

*Example:* S'il pleut demain, je . . .   **S'il pleut demain, je devrai porter mon imperméable.**

1 Si l'avion coûte trop cher, nous . . .
2 Si je veux une bonne note en maths, je . . .
3 Si vous avez soif, vous . . .
4 S'ils veulent parler français, ils . . .
5 Si je veux acheter ce nouveau disque, je . . .

6 Si tu veux apprendre à nager, tu . . .
7 Si elle veut devenir vétérinaire, elle . . .
8 Si elles veulent devenir championnes de tennis, elles . . .

**G**  *Using the future of* **faire**, *work out the question that must have been asked to produce the answer given.*

*Example:* Il jouera au tennis demain soir.
   **Que fera-t-il demain soir?**

1 Ils iront en Allemagne la semaine prochaine.
2 Elle lira un livre ce soir.
3 Nous regarderons le match samedi prochain.
4 Elles partiront en vacances le 15 juillet.
5 Vous viendrez dîner à la maison demain.
6 L'année prochaine tu habiteras chez moi.

**H**  *Using the future tense, say as much as you can about the weather tomorrow:*

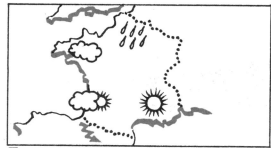

Here are some more verbs that have an irregular stem. These particular ones add a **-d-** before the **-r-** which is the usual indicator of the future tense. As before, the verb endings are absolutely regular.

| Infinitive | Future stem | Example |
|---|---|---|
| venir | **viendr-** | Elle **viendra** certainement au rendez-vous ce soir. |
| devenir | **deviendr-** | Tu ne **deviendras** pas jaloux, j'espère. |
| revenir | **reviendr-** | Nous **reviendrons** vous voir très souvent. |
| tenir | **tiendr-** | C'est une auto qui **tiendra** bien la route. |
| contenir | **contiendr-** | Cette bouteille **contiendra** combien de litres, penses-tu? |
| vouloir | **voudr-** | C'est un film que vous **voudrez** voir, j'en suis sûr. |
| falloir | **il faudra** | Il **faudra** faire tout ce que le professeur vous dira. |

**I**    Give the times and dates when people are going to see one of your friends. Follow the example, using the future of **venir**.

*Example:* Il . . .
**Il viendra te voir le 15 mai**  1 Nous . . .    2 Elle . . .    3 Vous . . .    4 Je . . .    5 Ils . . .
**à 19 h 30.**

**J**    Complete these sentences in your own words, using the future form of **il faut** with an infinitive and any other words necessary to make a sensible solution to the problem given.

*Example:* Pour gagner ce match, . . . **Pour gagner ce match, il faudra jouer bien.**

1 Pour arriver demain au collège à l'heure, . . .
2 Pour voyager plus vite entre Londres et Paris, . . .
3 Pour attraper le prochain autobus, . . .
4 Pour comprendre tout ce que dira le directeur, . . .

5 Pour porter tous ces paniers lourds, . . .
6 Pour perdre des kilos, . . .
7 Pour bien jouer du piano, . . .
8 Pour trouver le sac perdu, . . .

**K**    Each of these pictures suggests something that you will, or will not do. Drawing on many verbs you know in the future tense, make up your own sentence. A verb you may like to use has been suggested beneath each drawing but you are free to make up your own sentences, provided they contain a future tense.

**INTERDIT D'ENTRER**

*Example:* Je . . . (pouvoir)
**Je ne pourrai pas entrer dans cette salle.**  1 Tu . . . (envoyer)

2 Nous . . . (devoir)

3 Il . . . (pouvoir)          4 Vous . . . (voir)          5 Je . . . (devoir)

6 Elles . . . (pouvoir)      7 Nous . . . (tenir)      8 Elle . . . (vouloir)

**L**  *During David's stay with the Martin family, they receive a letter from Gilles who is on a camping holiday on the Languedoc coast in the south of France. When you have read it, pretend you are Didier who is explaining the letter to David, in French, but in your own words.*

*La Grande-Motte, le 16 juillet*

*Chers maman et papa,*

*Tout va très bien ici. Nous nous amusons bien. Hier nous avons passé toute la journée sur la plage. Ce matin, nous sommes tous très bronzés.*

*Le camping est formidable. Jean-Luc, Serge et moi, nous avons pu dresser notre tente très facilement et on a très bien mangé. Le soir, on a dansé, car il y a une disco réservée aux campeurs. Nous avons rencontré deux jolies filles anglaises!*

*Comment va David? J'espère qu'il s'entend bien avec Didier.*

*Demain nous irons dans le centre commercial de la Grande-Motte. C'est tout nouveau mais les bâtiments sont très bizarres. Nous ferons nos achats et alors nous verrons s'il y a des excursions bon marché qu'on pourra faire, peut-être en bateau. Je vous écrirai encore dans quelques jours.*
*Je vous embrasse*

*Gilles*

**M**  *Write a similar letter in French to a French pen-friend about your camping holiday. Tell him/her about your journey, the weather, the camp-site, the food you have eaten, the new friends you have made and the things you have been doing (playing table-tennis, swimming etc). Go on to say what you will be doing tomorrow (going for a walk, shopping, buying presents for the family).*

# 14 Bus et Métro à Paris

**1** Deux jours après l'arrivée de David, les Martin ont reçu un coup de téléphone.

**Mme Martin:** Allô? Oui, c'est Mme Martin à l'appareil . . . Ah, vous l'avez trouvé . . . C'est très bien. Oui, d'accord, il ferait mieux d'aller le chercher tout de suite. Au revoir, monsieur, et merci beaucoup.

**2** David et Didier sont partis quelques minutes plus tard. Didier allait profiter de ce voyage pour expliquer à David les transports parisiens.

**Didier:** Nous voici à l'arrêt d'autobus. Nous regardons le plan et nous voyons que nous passons par 5 sections pour arriver au Fort d'Aubervilliers. Pour cinq sections, il te faudra deux tickets. Les voici.

**David:** Mais l'autobus n'est pas encore arrivé. Tu as déjà les tickets?

**Didier:** Oui, bien sûr. Maman a acheté un carnet hier. C'est moins cher si on achète un carnet de dix tickets.

**David:** Mais ce sont des tickets de métro. Elle a dû se tromper.

**Didier:** Pas du tout! Les tickets de bus et métro sont les mêmes. Ah, voilà le bus qui arrive. Mets tes tickets dans le composteur. Voilà, ils sont validés pour ce trajet.

**David:** Et toi, tu n'as pas de tickets?

**Didier:** Non, moi, j'ai une carte orange. C'est encore moins cher si on fait beaucoup de voyages et c'est valable sur tout le réseau.

**David:** Si tu n'étais pas avec moi, je ne saurais pas à quel arrêt il faudrait descendre.

**Didier:** Mais si. Regarde le schéma de la ligne, là, au-dessus de ta tête. Nous allons descendre là, au terminus.

**David:** Ah, oui, je vois. C'est très pratique. On serait idiot si on s'égarait à Paris.

**3** Les deux amis sont descendus du bus et se sont dirigés vers la station de métro.

**Didier:** À partir d'ici, nous ferions mieux de prendre le métro. Regardons d'abord le plan. Voici la ligne 7, Fort d'Aubervilliers–Mairie d'Ivry. Nous prenons la direction Mairie d'Ivry et à Stalingrad nous faisons la correspondance, c'est-à-dire, nous changeons de train. Nous prenons la direction Place d'Italie et nous descendons à la Gare du Nord.

**David:** Il me faudra donc deux tickets.

**Didier:** Non, un seul ticket suffit pour tout le réseau du métro. Tu pourrais passer toute la journée dans le métro pour le prix d'un seul ticket!

**4** À la Gare du Nord David a récupéré son sac et heureusement rien ne manquait.

**David:** Mon appareil est toujours là. Je vais prendre des photos pour fêter cela.

**Didier:** Bonne idée! Si nous montions au sommet de la Tour Montparnasse, tu pourrais prendre de très jolies vues sur Paris.

**David:** Très bien. On y va en métro et laisse-moi faire le guide. Voyons . . . nous voilà, Gare du Nord. Nous allons direction Porte d'Orléans et la ligne passe directement par Montparnasse. Il n'y a pas de correspondance à faire.

**Didier:** Bravo, David! Tu apprends très vite. Tu connaîtras bientôt Paris comme ta poche!

**A**   *Write down, in English, any differences you can spot between the Parisian way of organising their buses and underground services and those in any town you know in your own country.*

**B**   *Answer these questions in French.*

1  Qu'est-ce que Didier avait l'intention de faire pendant le voyage à la Gare du Nord?
2  Quel est l'avantage d'acheter un carnet?
3  Qu'est-ce que David a fait tout de suite après être monté dans l'autobus?
4  Qu'est-ce qu'il y a dans l'autobus pour aider les passagers à savoir où ils sont?
5  Pourquoi n'est-il pas facile de s'égarer en autobus à Paris?
6  Qu'est-ce que les deux garçons allaient faire à la station Stalingrad?
7  Pourquoi est-ce que David pensait qu'il lui faudrait deux tickets pour le trajet en métro?
8  Qu'est-ce que David a découvert quand il a examiné son sac au bureau des objets trouvés?
9  Pourquoi est-ce que Didier a proposé d'aller à la Tour Montparnasse?
10  Qu'est-ce qu'il faut faire pour aller de la Gare du Nord à Montparnasse en métro?

**C**   *Working with a partner, invent and act out the dialogue that might have taken place at two moments in the story on page 98.*
1  *the full telephone conversation between Mme Martin and the clerk at the Lost Property Office.*
2  *the conversation at the Lost Property Office when David went to retrieve his lost bag.*

**D**   *Here are some notices that you might see in the métro in Paris. Work out what they mean and be ready to explain them in English, as if to somebody who does not know his way round Paris by underground.*

| | | | |
|---|---|---|---|
| le **carnet** *book (of tickets)* | la **correspondance** *connection* | **changer** *to change* | **valable** *valid* |
| le **composteur** *ticket-cancelling machine* | la **direction** *direction* | se **diriger vers** *to go towards* | **au-dessus de** *above* |
| le **guide** *guide* | la **ligne** *line* | **fêter** *to celebrate* | **directement** *directly* |
| le **réseau** *network* | la **section** *stage (on bus route)* | **manquer** *to be missing* | |
| le **schéma** *diagram* | la **tour** *tower* | il **suffit** *it is sufficient* | |
| le **terminus** *terminus* | | **valider** *to validate* | |
| le **trajet** *journey* | | | |
| le **transport** *transport* | | | |

# Conversation: *Travelling on the métro*

## 1  *BUYING A TICKET*

**Premier client**  Un ticket, s'il vous plaît.
**Employé**  Première ou deuxième classe?
**Premier client**  Deuxième. C'est combien?
**Employé**  3 francs 40.

**Deuxième client**  Un carnet, s'il vous plaît.
**Employé**  Oui, monsieur. 22 francs.
**Deuxième client**  Je n'ai pas de monnaie. J'ai seulement un billet de 500 francs.
**Employé**  Ça ne fait rien. Voilà votre carnet de dix tickets, et votre monnaie.

**Troisième client**  Un billet de tourisme, s'il vous plaît.
**Employé**  Pour 2, 4 ou 7 jours?
**Troisième client**  4 jours. C'est combien?
**Employé**  17 francs 50.

## 2  *FINDING THE WAY*
*You are standing in front of the métro map in the Gare de Lyon and asking for help from a Parisian.*

**1er touriste**  Pardon, monsieur. Pour aller à Étoile, s'il vous plaît?
**Parisien**  C'est direct. Vous prenez la direction Pont de Neuilly et vous descendez à Charles-de-Gaulle–Étoile.
**2e touriste**  Pardon, madame. Pour aller aux Invalides, s'il vous plaît?
**Parisienne**  Vous prenez la direction Pont de Neuilly. Vous changez à Concorde et vous prenez la direction Balard. Invalides est la première station.

**E**  *Using the map printed below, see if you can find you way round Paris. Work with a partner who chooses two stations and you then have to explain how to get from the one to the other.*

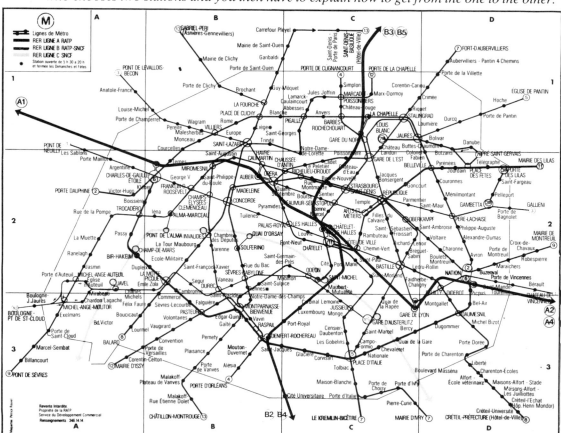

# The conditional tense

*The conditional tense expresses the idea: I **would do** something, if . . .*

Si j'étais riche, j'**achèterais** un yacht.   *If I were rich, I **would buy** a yacht.*
S'ils mangeaient ces tomates, ils **seraient** malades.
  *If they ate those tomatoes, they **would be** ill.*
S'il faisait beau, on **pourrait** faire une promenade.
  *If the weather was good, we **could go** for a walk.*

*The conditional tense is easy to form: you use the same stem as the future tense (see Units 12 and 13) and the endings of the imperfect tense (Unit 8). There are **no** exceptions at all in the formation of the conditional tense.*

| Future | Conditional | Future | Conditional |
|---|---|---|---|
| Je **porter**ai | Je **porterais** | Nous **fer**ons | Nous **ferions** |
| Tu **finir**as | Tu **finirais** | Vous **devr**ez | Vous **devriez** |
| Il **ir**a | Il **irait** | Ils **verr**ont | Ils **verraient** |

*You will notice that the conditional is often used when another part of the sentence contains **si** and the imperfect tense:*

S'il n'était pas malade, il **pourrait** jouer.   *If he wasn't ill, he **would be able** to play.*
Si elle avait 18 ans, elle **voudrait** se marier.   *If she were 18, she **would like** to get married.*

**F**   *Say what means of transport these people would use if they were going to the places suggested by the drawings. Follow the example:*

**Example:** Si j'allais à . . ., je prendrais . . .
**Si j'allais à New-York, je prendrais l'avion.**

1 Si j' . . ., je . . .

2 Si Jean . . ., il . . .

3 Si nous . . ., nous . . .

4 Si vous . . ., vous . . .

5 Si nos amis . . ., ils . . .

**G**   *Complete these sentences in your own words to say what you would do or what would happen. Remember to use a verb in the conditional tense.*

*Example:* Si je voyais un accident dans la rue, je . . . **Je téléphonerais à la police.**

1 Si j'avais 250 francs, je . . .
2 Si Didier était malade, il . . .
3 Si je perdais mon sac, je . . .
4 Si je trouvais un billet de 500 francs, je . .
5 Si ma mère se cassait la jambe, elle . . .
6 Si je voulais avoir un correspondant, je . . .
7 Si nous voulions une nouvelle voiture, nous . . .
8 Si vous aviez un pneu crevé, vous . . .

> *The conditional tense is also used to report what people said or thought.*
>
> Il a dit qu'il **viendrait** plus tard.   *He said he **would come** later.*
> J'ai pensé qu'il ne **ferait** pas cela.   *I thought he **would** not **do** that.*

**H**   *These sentences contain the actual words spoken by a person. Rephrase them so that you are reporting what was said. Follow the example.*

*Example:* J'ai dit «J'achèterai cette robe.»   **J'ai dit que j'achèterais cette robe.**

*Think more carefully about these!*

1 Tu as dit: «Le professeur sera furieux.»
2 Elle a dit: «Elles pourront nous aider.»
3 Nous avons dit: «Nous irons en vacances mardi.»
4 J'ai ajouté: «Je viendrai aussi.»
5 Vous avez pensé: «Il nous enverra un cadeau.»

6 Tu as dit: «Je saurai bientôt nager.»
7 Il a dit: «Je verrai mon ami au collège.»
8 Vous avez pensé: «Je recevrai un coup de téléphone.»
9 Ils ont répondu: «Nous ne pourrons pas venir.»
10 Didier m'a expliqué: «Tu descendras à Stalingrad.»

> *The conditional of* **devoir** *is used to express the idea:* **I ought to**
>
> Je **devrais** travailler mieux.   *I **ought to** work better.*
> Tu **devrais** comprendre maintenant.   *You **ought to** understand now.*
> Vous **devriez** vous lever.   *You **ought to** get up.*
> Ils **devraient** rentrer avant 10 heures.   *They **ought to** be home before 10 o'clock.*

**I**   *Can you tell these people what they ought to do? Make up your own answer, using the conditional of* **devoir** *and an infinitive. Note that you are sometimes talking to one person, sometimes to more than one.*

*Example:* «J'ai perdu mes gants dans le train.»   **«Tu devrais aller au bureau des objets trouvés.»**

1 «Je suis très fatigué.»
2 «Je ne trouve pas mes chaussures.»
3 «Je voudrais trouver un correspondant anglais.»
4 «Nous voudrions acheter des gâteaux.»
5 «Je suis très malade aujourd'hui.»

6 «Nous voulons savoir l'heure du départ de notre train.»
7 «Je n'ai plus de tickets de métro.»
8 «Nous avons très soif.»
9 «Nous cherchons un hôtel pour la nuit.»
10 «J'ai toujours une mauvaise note en français.»

> *For a long time you have known the conditional of* **vouloir**. *The phrase . . .* **Je voudrais** *. . . (I would like) is the one used when you go shopping.*
>
> Je **voudrais** quatre croissants, s'il vous plaît.   *I **would like** four croissants, please.*
>
> *It is also used with an infinitive to say: I would like to . . .*
>
> Je **voudrais** partir à 15 heures.   *I **would like to** set off at 3 p.m.*

**J**   *If you were in these shops or speaking to these people, what would you say? Make up your own statements, using* **Je voudrais**.

1 Que diriez-vous au marchand de glaces?
2 Que diriez-vous dans la charcuterie?
3 Que diriez-vous au pharmacien?
4 Que diriez-vous au bureau de renseignements dans une gare?
5 Que diriez-vous dans un restaurant?

6 Que diriez-vous dans la Poste?
7 Que diriez-vous quand vous achetez un billet de train?
8 Que diriez-vous quand vous achetez quelque chose à boire?

**K** *Here are some photographs of transport in Paris. Say as much as you can about each picture, describing the vehicles, the people and the background. Imagine what the people shown might be thinking or saying.*

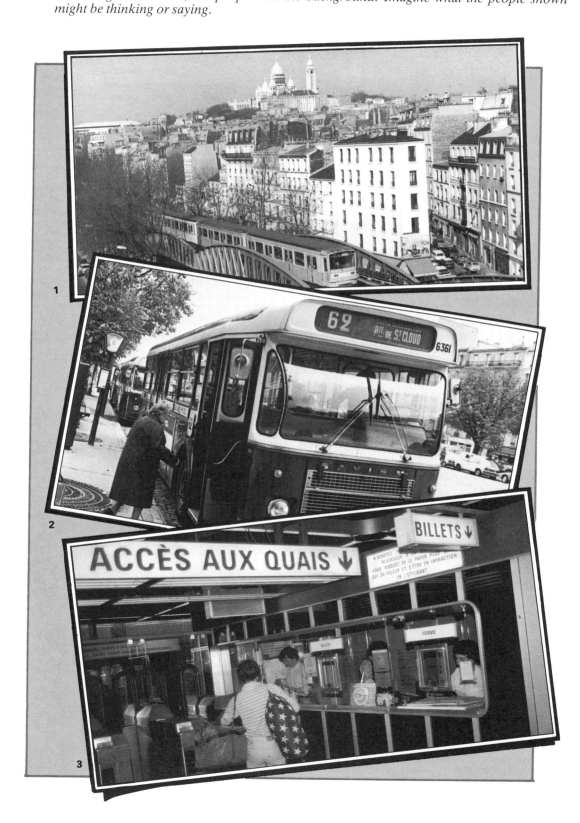

# 15 Paris – ville historique

**1** Un soir, David Young expliquait aux parents de Didier ce qu'il allait faire au collège en septembre.

**David:** Je dois faire l'anglais et les maths, et en plus, j'ai choisi six autres matières.

**Mme Martin:** Lesquelles?

**David:** La physique, la chimie, la géographie, l'histoire, le dessin . . . et le français, bien entendu.

**Mme Martin:** Puisque tu as choisi l'histoire, tu devrais aller voir quelques-uns des monuments historiques de Paris.

**David:** C'est une très bonne idée. Allons-y demain!

**2** Le lendemain Didier et David sont partis de bonne heure.

**Didier:** Où voudrais-tu aller d'abord?

**David:** Je voudrais monter au sommet de la Tour Eiffel.

**Didier:** Je m'en doutais. C'est le monument le plus célèbre de Paris. Tous les touristes y vont.

**3** Ils sont sortis du métro à la station Bir-Hakeim. Quand David a vu la Tour Eiffel de près, il a été très surpris: d'abord, par sa couleur (elle est brune) et ensuite par sa grandeur (elle mesure plus de 300 mètres de haut). Pendant qu'ils faisaient la queue pour prendre l'ascenseur, Didier l'a renseigné sur l'histoire de cet édifice bizarre.

**Didier:** Le nom de la Tour vient de l'architecte, Gustave Eiffel.

**David:** Mais pourquoi a-t-on construit une tour pareille? Je ne la trouve pas très jolie.

**Didier:** C'était pour l'exposition universelle de 1889. À l'époque, c'était le plus grand bâtiment du monde. Ce qui est encore plus remarquable, c'est que 60 ouvriers ont construit la Tour en deux ans seulement.

**David:** Mais après l'exposition, il fallait la démolir.

**Didier:** Oui, la plupart des Parisiens voulaient la faire détruire. Ils la détestaient à ce point-là. Vers la fin du XIX$^e$ siècle, il y a eu un grand débat sur l'avenir de la Tour Eiffel. C'est l'invention de la radio et l'utilité de la tour comme émetteur qui l'ont sauvée. Depuis, évidemment, elle est devenue le symbole de Paris aux yeux des touristes.

**4** Arrivé au sommet, David a fait plusieurs photos, mais ce jour-là, il faisait un peu brumeux et la visibilité n'était pas parfaite.

Après être descendus, les deux garçons ont traversé la Seine, sont montés au Palais de

Chaillot, d'où il y avait une magnifique vue de la Tour Eiffel. Puis ils ont pris l'autobus 22 pour aller voir le deuxième monument que David voulait visiter: l'Arc de Triomphe de l'Étoile. Ce qui l'a frappé tout de suite, c'est le grand nombre de voitures, de taxis, d'autobus et de cars qui circulaient autour de l'Arc.

**David:** Quelle circulation! Je n'ai jamais vu autant de voitures.

**Didier:** C'est parce que c'est un énorme rond-point où douze avenues se rencontrent, comme une étoile. L'Étoile, c'est l'ancien nom de la place; maintenant, elle s'appelle place Charles de Gaulle.

**David:** Comme l'aéroport de Roissy.

**Didier:** C'est ça. De Gaulle était un grand soldat pendant les deux guerres mondiales et dans les années 60, il était Président de la République.

**David:** Qu'est-ce qu'on fait pour arriver à l'Arc?

**Didier:** Surtout n'essaie pas de traverser la place à pied. Il y a un passage souterrain pour les piétons. Le voilà, là-bas. Allons-y!

**5** Arrivés sous l'Arc de Triomphe, ils ont vu d'abord le tombeau du soldat inconnu. Puis ils sont allés acheter leurs billets pour monter au sommet de l'Arc.

**Didier:** Deux billets, s'il vous plaît, tarif étudiant.

**Employée:** Il y a un tarif adulte et un tarif enfant seulement. Quel âge avez-vous?

**Didier:** 14 ans, et mon ami aussi.

**Employée:** Vous avez tous les deux le tarif réduit. Ça fait deux francs.

**6** La queue pour l'ascenseur était assez longue: ils sont donc montés par l'escalier. Quelques minutes plus tard, ils sont arrivés, assez fatigués, dans la salle d'exposition à l'intérieur du sommet de l'Arc.

**Guide:** C'est Napoléon Bonaparte qui voulait faire construire ici un Arc à l'honneur de ses armées. Après sa défaite à Waterloo en 1815, on a abandonné ce projet. Plus tard, sous Napoléon III, on a construit l'Arc que nous connaissons actuellement. Vous verrez d'après les documents qui sont exposés dans cette salle que l'Arc de Triomphe est devenu un lieu important dans la vie nationale de la France.

David a trouvé tout cela très intéressant et il a passé une bonne demi-heure à regarder les photos, les dessins et un film. Après, il est monté à la plate-forme d'où il avait une excel-

lente vue sur la place Charles de Gaulle, sur les Champs-Elysées et même jusqu'à la place de la Concorde.

7 Vers sept heures du soir, David et Didier sont revenus à la maison, la tête pleine d'histoire, de dates et de grands événements!

**Mme Martin:** Vous avez passé une bonne journée?

**David:** Ah oui, j'ai appris beaucoup de choses mais je suis très fatigué.

**Didier:** Moi aussi. Le tourisme à Paris est crevant.

**Mme Martin:** C'est dommage, ça. Marie-Claude Bertillon vient de téléphoner pour vous inviter à une boum chez elle ce soir. Les sœurs Moreau veulent faire la connaissance de notre jeune Anglais, mais je lui ai dit que vous seriez probablement trop fatigués pour y aller.

**Didier:** Mais non, maman, nous ne sommes pas vraiment trop fatigués. On veut bien y aller, n'est-ce pas, David?

**David:** Euh . . . oui, bien sûr.

**Didier:** Tu as de la chance, David. Pascale et Nathalie sont vraiment sympas . . . et très jolies aussi!

# Comprehension

**A**   *Answer these questions in French:*

1 Pourquoi est-ce que Mme Martin a proposé à David une visite aux monuments historiques de Paris?
2 Pourquoi est-ce que Didier n'était pas surpris quand David a dit qu'il voulait visiter la Tour Eiffel?
3 Pourquoi ont-ils dû attendre pour prendre l'ascenseur?
4 Quel âge a la Tour Eiffel maintenant?
5 Pourquoi est-ce que beaucoup de Parisiens voulaient faire détruire la Tour après l'exposition?
6 Qu'est-ce qui explique que la Tour est toujours là?
7 Pourquoi est-ce que les photos que David a faites au sommet de la Tour Eiffel n'ont pas été très bonnes?
8 Pourquoi y a-t-il tant de circulation autour de l'Arc de Triomphe?
9 Pourquoi est-ce que beaucoup de villes en France ont des endroits (rues, monuments, etc) nommés «Charles de Gaulle»?
10 Qu'est-ce qu'un piéton doit faire pour arriver à l'Arc de Triomphe sans se faire blesser?
11 Pourquoi sont-ils montés au sommet de l'Arc de Triomphe par l'escalier?
12 Pourquoi est-ce que les garçons étaient fatigués quand ils sont revenus à la maison?
13 Pourquoi étaient-ils moins fatigués quand ils ont entendu ce que Mme Martin leur a dit?

**B**   *Based on the information given in the story, work out the telephone conversation that might have taken place between Marie-Claude and Mme Martin.*

| | | | |
|---|---|---|---|
| l'**architecte** *architect* | l'**armée** *army* | **abandonner** *to give up* | **ancien (-nne)** *former* |
| l'**avenir** *future* | la **chimie** *chemistry* | **circuler** *to travel* | **brumeux (-se)** *misty* |
| le **débat** *debate, discussion* | la **défaite** *defeat* | **construire** *to build* | **crevant** *exhausting* |
| | l'**époque** *era* | **démolir** *to demolish* | **exposé** *on exhibition* |
| le **document** *document* | l'**étoile** *star* | **détruire** *to destroy* | **haut** *high* |
| l'**édifice** *building* | l'**exposition** *exhibition* | **doutais, je m'en** *I thought as much* | **historique** *historic* |
| l'**émetteur** *transmitter* | la **grandeur** *size* | **faire faire qq.ch.** *to have sthg done* | **inconnu** *unknown* |
| l'**étudiant** *student* | la **guerre** *war* | | **pareil (-lle)** *such a, like that* |
| le **lieu** *place* | l'**invention** *invention* | **faire la connaissance de** *to get to know sbdy* | **parfait** *perfect* |
| le **mètre** *meter* | la **physique** *physics* | **renseigner** *to inform* | **souterrain** *underground* |
| l'**obélisque** *obelisk* | la **plate-forme** *platform* | | **universel (-lle)** *universal* |
| l'**ouvrier** *workman* | la **radio** *radio* | | |
| le **siècle** *century* | l'**utilité** *usefulness* | | **à ce point-là** *as much as that, to that extent* |
| le **soldat** *soldier* | la **visibilité** *visibility* | | **à l'époque** *at the time* |
| le **symbole** *symbol* | | | **de près** *from nearby* |
| | | | **évidemment** *obviously* |
| | | | **lequel, laquelle, lesquels, lesquelles?** *which?* |
| | | | **quelques-un(e)s** *some* |

# Conversation: Visiting museums and monuments

*AT THE PAY-DESK*

1 **Caissière** Vous êtes combien?

  **Touriste** Deux adultes et deux enfants, mademoiselle.

  **Caissière** Deux adultes à 5 francs, ça fait 10 francs et deux enfants à 2 francs 50, ça fait 5 francs. 15 francs en tout, s'il vous plaît.

2 **Étudiante** Il y a une réduction pour les étudiants?

  **Caissière** Oui. Vous avez votre carte justificative?

  **Étudiante** Oui. La voilà.

  **Caissière** Bon. Vous avez le droit d'entrée à demi-tarif.

**C** When you have practised the above conversations, work with a partner to gain admission to the places depicted in the drawings below.

*AT THE ENTRANCE TO THE EXHIBITION*

  **Gardien** Votre ticket, s'il vous plaît!

  **Touriste** Voilà. On peut prendre des photos?

  **Gardien** Oui, mais il faut payer une autorisation de 3 francs. Allez à la caisse.

**D** Can you work out the conversations you might have as a result of these notices to be found at the entrance to an exhibition?

*PLANNING A RETURN VISIT*

  **Touriste** Est-ce que le musée sera ouvert demain?

  **Gardien** Non, monsieur. Demain, c'est mardi. Tous les musées à Paris sont fermés le mardi.

  **Touriste** Et mercredi?

  **Gardien** Mercredi, ça va. Et ce mercredi-ci, vous aurez le droit d'entrer sans payer, car c'est un jour férié. Les jours fériés et les dimanches, l'entrée est gratuite.

  **Touriste** Je ferais donc mieux de revenir mercredi, alors.

  **Gardien** Oui, effectivement.

| le **demi-tarif** *half-price* | le **plein tarif** *full price* | l'**autorisation** *authorisation* | **guidé** *guided* |
|---|---|---|---|
| l'**écouteur** *earphone* | le **vestiaire** *cloakroom* | la **carte justificative** *card giving proof of identity* | |
| le **forfait** *fee* | | | |
| le **jour férié** *bank holiday* | | la **location** *hire* | |
| le **livret-guide** *guidebook* | | la **réduction** *reduction* | |

# *Dimensions*

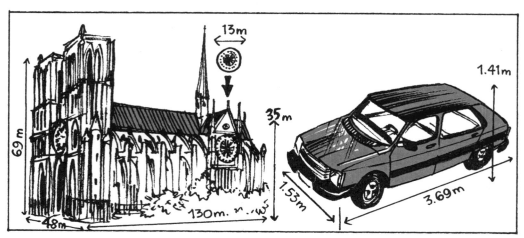

*There are various ways of stating measurements and dimensions in French:*

1  La cathédrale de Notre-Dame **est longue de** 130 mètres.
   Le toit **est haut de** 35 mètres.                     *Note that the adjectives agree.*

2  La Citroën **a** 3 mètres 69 **de long**.
   Elle **a** 1 mètre 53 **de large**.        *The adjectives are in the masculine singular form.*

3  La largeur de la cathédrale est **de** 48 mètres.
   Le diamètre de la rosace est **de** 13 mètres.            *Do not forget the* **de**.

4  *When you are giving two dimensions, use* **sur**, *as follows:*
   La Citroën mesure 3 m 69 de long **sur** 1 m 53 de large.

*Useful words:* **la hauteur** *height,* **la largeur** *width,* **la longueur** *length,* **la grandeur** *size,*
      **la circonférence** *circumference,* **le diamètre** *diameter,* **la profondeur** *depth*

**E**   *Look again at the drawings in the explanatory box above and see how many more examples you can give, using the different ways of stating dimensions.*

**F**   *Here are some specifications of objects. From the details given, try to draw the objects, to scale if necessary. Can you identify them from the clues given?*
1  La largeur est de 17 centimètres et la longueur est de 25 centimètres. Il a 160 pages.
2  Il a 25 millimètres de long sur 20 millimètres de large. Il existe en plusieurs couleurs, mais on y voit toujours la tête de la reine Elisabeth.
3  Cette pièce a un diamètre de 23 millimètres. Elle est française et elle a une valeur de 100 centimes.
4  Cet obélisque célèbre existe en deux exemplaires que l'on trouve à Paris et à Londres. Il est égyptien d'origine. Il est haut de 23 mètres et pèse plus de 220 tonnes.

**G**   *Make up your own descriptions of objects including details of dimensions and see if your friends can identify them. These words for shapes might help you:*

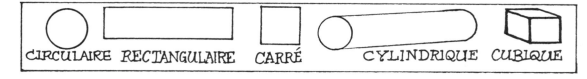

# Construire – *to build, construct*

| | |
|---|---|
| *Present tense* | Je **construis** ce garage en bois. |
| | *I am building this garage of wood.* |
| | Tu **construis** les avions miniatures? |
| | *Do you make model aeroplanes?* |
| | Elle **construit** un banc dans le jardin. |
| | *She is building a bench in the garden.* |
| | «Nous **construisons** cette sacrée tour depuis deux ans!» |
| | *'We've been building this *!* tower for two years!'* |
| | Pourquoi **construisez**-vous un mur pareil? |
| | *Why are you building a wall like that?* |
| | Ils **construisent** la grande route vers le sud. |
| | *They are building the main road to the south.* |
| *Perfect tense* | L'architecte **a construit** sa villa lui-même. |
| | *The architect built his villa himself.* |
| *Imperfect tense* | Il **construisait** la maison quand il est tombé de l'échelle. |
| | *He was building the house when he fell off the ladder.* |
| *Future tense* | Au XXIᵉ siècle nous **construirons** des villes sur la lune, peut-être. |
| | *In the 21st century we will build towns on the moon, perhaps.* |
| *Conditional tense* | À votre place, je ne **construirais** pas une maison aussi près de la route. |
| | *If I were you, I would not build a house so near the road.* |

*Verbs that follow the same pattern are:* **conduire** *to drive,* **détruire** *to destroy,* **réduire** *to reduce.*

**H**   Make up ten sentences for yourself by taking one item from each column. The first box contains the present, imperfect and future tenses; the second box gives practice in the perfect tense.

| | | | |
|---|---|---|---|
| Aujourd'-hui | je | construit | des gares. |
| | tu | construis | des trains miniatures. |
| | il | construisons | une maison moderne. |
| Au 19ᵉ siècle | elle | construisaient | des ordinateurs. |
| | on | construisait | les autoroutes. |
| | nous | construirai | des locomotives. |
| Au 21ᵉ siècle | vous | construira | des voitures. |
| | ils | construiront | des hôtels sur la lune. |

| | | | |
|---|---|---|---|
| | | | le mur de Berlin. |
| Christopher Wren | | | la Tour Eiffel. |
| Les Français et les Anglais | ai | détruit | Concorde. |
| Les Américains | | | Londres. |
| Les Russes | | | Hiroshima. |
| Un Français | a | | un château de sable. |
| J' | ont | construit | ma maison. |
| Nous | avons | | le canal de Suez. |
| Le feu | | | la Maison Blanche. |
| | | | des églises. |

# Faire + *infinitive* − *to arrange for something to be done*

> **Faire**, *followed by another verb in the infinitive, means:*
> **to have something done, to arrange for something to happen.**
> Je **fais réparer** ma machine à laver.   *I'm having my washing-machine repaired.*
> Il **a fait construire** ce monument.   *He had this monument built.*
> «Tu laves tes chemises toi-même?» «Non, je les **fais laver** par ma mère.»
>    *Do you wash your shirts yourself? No, I get them washed by my mother.*
> Si tu étais vraiment malade, je **ferais venir** le médecin.
>    *If you were really ill, I would send for the doctor.*
> M. et Mme Bertillon sont arrivés? **Faites-les entrer!**   *Show them in!*

**I**    *Here are some situations that present a problem. By using* **faire** *followed by the infinitive of another verb, state how the problem might be solved.*

*Example:*   La montre de Didier ne marche plus. Que faire?
       **Didier fait réparer sa montre.**

1 Napoléon voulait commémorer les victoires de ses armées. Que faire?
2 Après un accident, les blessés auront besoin de secours. Que faire?
3 Il ne peut pas aller au travail parce que son auto a un pneu crevé. Que faire?
4 Vos amis attendent dehors depuis vingt minutes et ils commencent à avoir froid. Que faire?
5 Elle ne peut pas porter ses valises elle-même. Que faire?
6 Sa voiture est très sale. Que faire?
7 Tous les vestons dans cette boutique sont trop petits pour mon ami. Que faire?
8 Elle a les cheveux vraiment trop longs. Que faire?
9 Cette vieille maison est très dangereuse. Que faire?
10 Je ne peux pas acheter ce magazine français en Angleterre. Que faire?

**J**    *These drawings of famous French people and buildings will give you a chance to practise saying who had these buildings constructed, using* **faire construire**. *With the help of your French teacher, you may also be able to say when they were built* (**On a construit . . . en . . .**).

**K** *Here are four more of the most famous historic buildings in the Paris region. They are the Sacré-Cœur, Notre-Dame, the Invalides and Versailles. At the bottom of the page there are some statements about these buildings. See if you can work out which statement refers to which building. Some may refer to more than one! As a background studies project, you may be able to find out more about one of these buildings. Your French teacher will be able to help.*

1 On y trouve le tombeau de Napoléon.

2 En 1685, 36 000 ouvriers construisaient ce château.

3 On a construit cette église entre 1163 et 1345.

4 La tour mesure 80 mètres de haut.

5 On a construit ce bâtiment au 17ᵉ siècle.

6 La largeur de ce bâtiment est de 680 mètres.

7 Les deux tours ont 69 mètres de haut.

8 On a construit cette église entre 1876 et 1910.

9 Le dôme mesure 107 mètres de haut.

10 Louis XIV a fait construire ce château.

11 La messe à la mémoire du Général de Gaulle a eu lieu ici le 12 novembre 1970.

12 Quelques Catholiques ont décidé de faire construire cette église après la défaite de la guerre de 1870.

# 16 La fête nationale

**1** Le 14 juillet est une date spéciale dans le calendrier français. Ce jour-là en 1789, les Parisiens ont pris la Bastille, la prison qui était le symbole du régime qu'ils détestaient. C'est ainsi qu'a commencé ce que nous connaissons maintenant sous le nom de la «Révolution Française».

De nos jours, le 14 juillet est un jour de congé pour tous; c'est la fête nationale. Dans toutes les villes, et même dans tous les petits villages de France, il y a des cérémonies et des activités spéciales: les rues et les bâtiments municipaux sont décorés du tricolore français; le maire dépose une gerbe sur le monument aux morts; la fanfare municipale joue devant la mairie; le soir, il y a un bal public et gratuit – s'il fait beau, on danse dans la rue. Dans plusieurs grandes villes, la soirée se termine par un magnifique feu d'artifice.

**2** À Paris, les gens viennent par centaines de milliers à la place Charles de Gaulle, aux Champs-Élysées et à la place de la Concorde pour assister au grand défilé militaire qui passe devant le Président de la République. Soldats, marins, aviateurs – à pied, à cheval ou en char – descendent les Champs-Élysées, à l'accompagnement de musique militaire et sous les applaudissements d'un public nombreux.

L'année de la visite de David chez les Martin, il faisait très mauvais le 14 juillet. Il pleuvait si fort que les Martin ont dû renoncer à monter à Paris et ont regardé la parade à la télévision, ce qui a quand même permis à David de connaître cet événement national.

**3** Heureusement, il a commencé à faire beau plus tard dans l'après-midi et Monsieur Martin a proposé à tous un dîner dans un restaurant parisien.

«Un de mes collègues m'a recommandé un bon petit restaurant qu'il connaît bien», a dit M. Martin.

«Chic alors», a dit Didier. «Quel régal!»

«Et après, s'il fait toujours beau, nous pourrons aller voir le feu d'artifice à Paris.»

**4** Plus tard, à l'entrée du restaurant . . .

**Garçon:** Bonsoir, messieurs-dames. C'est pour dîner?

**M. Martin:** Oui, une table pour quatre, s'il vous plaît.

**Garçon:** Venez par ici, s'il vous plaît. Vous voulez vous mettre ici, par exemple, ou là-bas, peut-être?

**Mme Martin:** Là-bas, à cette table vide, près de la fenêtre.

**Garçon:** Très bien. Vous prenez un apéritif?

**M. Martin:** Non, merci. Apportez-nous tout de suite la carte.

**5** Quelques minutes plus tard . . .

**Garçon:** Eh bien, messieurs-dames, vous avez choisi?

**M. Martin:** Oui, nous prenons tous le menu à 45 francs.

**Garçon:** Très bien. Comme hors-d'œuvre . . .?

**M. Martin:** Une assiette anglaise, un melon et deux crudités.

**Garçon:** Très bien. Ensuite?

**M. Martin:** Une côte de porc, un coq au vin et deux biftecks.

**Garçon:** Bien. Comment voudriez-vous les biftecks?

**M. Martin:** Moi, je le voudrais saignant. Et toi, David?

**David:** Je ne comprends pas. Qu'est-ce que c'est, saignant?

**Garçon:** Saignant, c'est très rouge, peu cuit. À point, c'est un peu plus cuit. Vous êtes Anglais?

**David:** Oui.

**Garçon:** Alors, les Anglais préfèrent toujours le bifteck bien cuit. Donc, un saignant et un bien cuit. Qu'est-ce que vous prenez comme boisson, messieurs-dames? Je vous conseille le vin de la maison. Il est très bon et pas cher.

**M. Martin:** Bien. Nous prendrons donc une carafe de rouge et une carafe de blanc . . . et deux cocas.

**Garçon:** Merci, monsieur. Je vous apporte tout de suite les hors-d'œuvre.

**6 Garçon:** Comme dessert, messieurs-dames, qu'est-ce que je vous sers?
**Mme Martin:** Voyons . . . moi, je prends la tarte aux pommes.
**Didier:** Une salade de fruits pour moi. Et toi, David?
**David:** Une glace au chocolat, s'il vous plaît.
**M. Martin:** Et moi, je prendrai du fromage.

**7** À la fin du repas . . .
**M. Martin:** Monsieur! L'addition, s'il vous plaît!
**Garçon:** Oui, monsieur. Quatre menus à 45 francs, deux carafes à 9 francs et deux cocas à 7 francs. Ça fait 212 francs en tout.
**M. Martin:** Le service est compris?
**Garçon:** Oui, monsieur, tout est compris. 250 francs? Je vous apporte la monnaie tout de suite . . . Voilà! Au revoir, messieurs-dames et merci! Bonne fin de soirée!

**8** La soirée s'est terminée très bien en effet. Le feu d'artifice, tiré en face de la Tour Eiffel, était magnifique. Quand David est rentré peu avant minuit, il avait vraiment l'impression d'avoir bien fêté le 14 juillet. Si les Révolutionnaires de 1789 savaient ce qui se passe maintenant . . .?

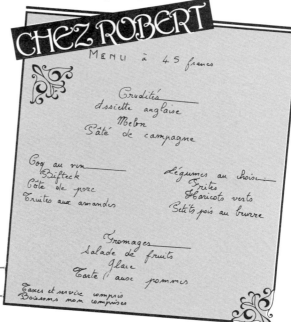

## Comprehension

**A**   *Answer these questions in French:*

1  Pourquoi est-ce que les Parisiens ont pris la Bastille le 14 juillet 1789?
2  Inventez le programme de la journée du 14 juillet dans une grande ville en France.
3  Que peuvent voir les gens qui viennent aux Champs-Élysées le 14 juillet?
4  Pourquoi David a-t-il dû regarder la parade du 14 juillet à la télévision?
5  Pourquoi est-ce que Mme Martin a choisi la deuxième des tables que le garçon leur a proposées?
6  Regardez le menu ci-dessus et dites ce que vous auriez choisi.
7  Qu'est-ce que David a fait après être sorti du restaurant?
8  Terminez la dernière phrase du texte ci-dessus.

| | | | |
|---|---|---|---|
| l'**apéritif** *pre-meal drink* | la **carafe** *carafe* | **avoir l'impression de** *to have the feeling of* | **cuit** *cooked* |
| les **applaudissements** *applause* | la **carte** *menu* | **déposer** *to lay* | **décoré de** *decorated with* |
| l'**aviateur** *airman* | la **centaine** *hundred* | **recommander** *to recommend* | **nombreux (-se)** *numerous* |
| le **bal** *dance, ball* | la **cérémonie** *ceremony* | **renoncer à** *to give up* | **public (-ique)** *public* |
| le **bifteck** *beef steak* | la **côte de porc** *pork-chop* | **tirer** *to let off (fireworks)* | **saignant** *rare (of beef)* |
| le **char** *tank* | les **crudités** *raw vegetable dish* | | **vide** *empty* |
| le **collègue** *colleague* | la **fanfare** *band* | | **à l'accompagnement de** *to the accompaniment of* |
| le **coq au vin** *chicken in wine* | la **gerbe** *wreath* | | |
| le **défilé militaire** *march-past* | la **mairie** *town hall* | | **à point** *just right* |
| le **feu d'artifice** *firework display* | la **parade** *parade* | | |
| les **hors-d'œuvre** *starter, first course* | la **prison** *prison* | | |
| le **maire** *mayor* | | | |
| le **marin** *sailor* | le **monument aux morts** *war-memorial* | | |
| le **melon** *melon* | le **régal** *treat* | | |
| le **menu** *fixed-price meal* | le **régime** *government* | | |
| le **millier** *thousand* | le **tricolore** *French flag* | | |

# *Conversation:* In a restaurant

## ENTERING A RESTAURANT

1 **Client** Une table pour quatre, s'il vous plaît.
**Garçon** Venez par ici, messieurs-dames.
**Client** Il faut attendre? Il y a du monde ce soir.
**Garçon** Non, monsieur, il y a des places au sous-sol. Voilà une table vide dans le coin.

2 **Garçon** C'est pour manger?
**Cliente** Oui, on est trois. Cette table est libre?
**Garçon** Non, madame, elle est déjà retenue.
**Cliente** Je préfère être près de la fenêtre quand même. On peut se mettre là-bas?
**Garçon** Certainement, madame.

## ORDERING A MEAL

3 **Client** Je voudrais commander tout de suite.
**Garçon** Bien, monsieur. Je vous apporte la carte.
**Client** Merci. On va prendre le menu à 30 francs. La boisson est comprise?
**Garçon** Non, monsieur, mais pour un petit supplément, il y a un menu à prix fixe qui comprend une carafe de rouge ou de blanc, au choix.

4 **Client** On peut avoir encore du pain, s'il vous plaît, monsieur?
**Garçon** Oui, monsieur, je vous l'apporte tout de suite. C'est terminé, votre salade de tomates?
**Client** Oui, merci.

5 **Cliente** Quelle est la spécialité de la maison?
**Serveuse** Ce sont les fruits de mer, madame.
**Cliente** Et le plat du jour?
**Serveuse** Aujourd'hui nous proposons le filet de hareng. C'est très bon.
**Cliente** Très bien. Je le prendrai donc.

6 **Cliente** Qu'est-ce que vous avez comme desserts, mademoiselle?
**Serveuse** Il y a une tarte aux pommes maison, des glaces ou des fruits.
**Cliente** Je prendrai une glace à la vanille.
**Serveuse** Très bien. Et après, vous prenez un café?
**Cliente** Merci.

**B** *All the above conversations might occur in a busy restaurant as diners are at different stages in their meals. You can practise them in pairs or in larger groups, recreating the restaurant scene in your classroom. Look back, too, to the conversation in the story on pages 110 and 111. When you are thoroughly familiar with what to say and how to answer (you may, after all, want a holiday job in France one day as a waiter or waitress), act out the scene suggested by the drawings below.*

le **filet de hareng** *herring-fillet*
les **fruits de mer** *seafood*
le **plat du jour** *dish of the day*
le **sous-sol** *basement, lower floor*

la **spécialité** *special dish*

**commander** *to order*
**comprendre** *to include*

**maison** *home-made*
**retenu** *reserved*

**à prix fixe** *fixed price*
**au choix** *at your choice*
**merci** *no, thank you*

# Connaître – *to know*

**Connaître** *means to be familiar, acquainted with (especially places and people).*

*Present tense*   Je **connais** Paris comme ma poche.  Nous **connaissons** ces problèmes.
Tu **connais** Londres?  Vous **connaissez** ce monsieur?
Il **connaît** mon père.  Ils **connaissent** bien notre région.
Elle ne **connaît** pas encore la ville.  Elles **connaissent** toute la famille.

*Perfect tense*  Il **a connu** la faim pendant la guerre.   *He experienced hunger during the war.*

*Imperfect tense*   Lloyd George **connaissait** mon père.   *Lloyd George knew my father.*

*Future tense*   Il **connaîtra** bien la France à la fin de sa visite.   *He will know France well at the end of his visit.*

*Conditional tense*  Si je voyais des photos, je **reconnaîtrais** le voleur.
*If I could see some photos, I would recognise the thief.*

*Other verbs that follow the same pattern are:* **reconnaître** *to recognise,* **paraître** *to appear,* **disparaître** *to disappear.*

**C**   *Make up sentences with* **connaître** *to identify these known people, places and things.*

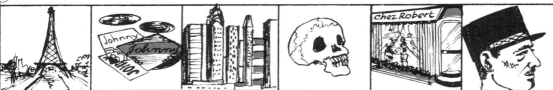

1 Je . . .          2 Il . . .          3 Nous . . .          4 «Hélas, le pauvre   5 Le collègue   6 Les Français . . .
Yorick, je . . .   de M. Martin . . .

# To know – savoir *or* connaître?

**Connaître** *is used, as shown above, to express the idea of familiarity with a place, a person or an experience.*
**Savoir** *is used in connection with knowledge gained by learning, or to say that you know how to do something.*

Il **connaît** bien Paris.   *He knows Paris well.*
Il **sait** que Paris est la capitale de la France. *He knows that Paris is the French capital.*
Je **connais** beaucoup de Français.   *I know lots of French people.*
Tout le monde **sait** que les Français préfèrent le bifteck saignant.
*Everybody knows that the French prefer steak rare.*
Je **connais** un patineur célèbre mais je ne **sais** pas patiner moi-même.
*I know a famous skater but I don't know how to skate myself.*
Il **a connu** les dangers de la guerre.   *He experienced the dangers of war.*
Il **a su** trouver un endroit pour se cacher.   *He managed to find a place to hide.*

**D**   *Make up sentences with* **savoir** *or* **connaître**, *using these pictures to complete the sentence.*

*Example:*  **Je connais cette horloge.** *or* **Je sais que cette horloge se trouve à la Gare de Lyon à Paris.**

**E** *Here is one half of a telephone conversation. A waiter at the Restaurant au Lion d'Or is taking down the details of a reservation and giving some information. Read what he says carefully and then carry out these tasks:*

*1 Where alternatives are given, decide which of **savoir** or **connaître** he would have used.*

*2 Work out the other half of the conversation, i.e. the words of the person who is making the booking.*

*3 Using the town plan at the foot of the page, work out where the restaurant is and give its address.*

«Allô! . . . Oui, monsieur, c'est ici le Restaurant au Lion d'Or . . . Pour demain soir? Je ne **sais/connais** pas. Ne quittez pas! Je vais voir . . . Oui, il nous reste des places. À quelle heure voudriez-vous dîner? . . . À huit heures moins le quart? Très bien. C'est pour combien? . . . Quatre personnes, oui, c'est entendu, monsieur . . . Ah, vous ne **savez/connaissez** pas le restaurant? . . . Ah, Monsieur Dupont vous a recommandé notre maison . . . Non, je ne le **sais/connais** pas. Bon alors, pour trouver le restaurant, vous **savez/connaissez** où se trouve l'hôtel de ville? . . . Bon, vous prenez la petite rue tout en face, vous la **savez/connaissez**? C'est la rue Anatole-France. Puis vous prenez la deuxième à gauche, et nous sommes à droite, juste après le cinéma Gaumont. Ce que vous devez **savoir/connaître** aussi, c'est que la queue pour le cinéma est souvent très longue et passe devant notre porte . . . À votre service, monsieur. À demain soir . . . Au revoir.»

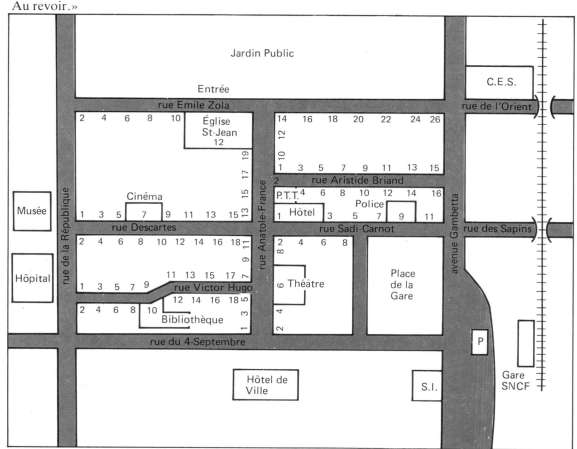

**F** *Imagine you are working at the enquiry-desk in the Syndicat d'Initiative and are giving directions when visitors ask the way to the following places. Your partner and you can take turns in playing the parts. Where it is possible to give an address, do so.*

1 le poste de police
2 le musée
3 le cinéma
4 la bibliothèque

5 l'église St Jean
6 la poste
7 le collège

8 le théâtre
9 la gare (!)
10 le jardin public

**G** *You scarcely need to be told that the French are famous for their cooking! Here are two mouth-watering dishes. A short description of each is given at the bottom. Can you work out which description refers to which picture? Perhaps your Home Economics teacher will help you to make these dishes in your next cookery lesson!*

**1** Ces grosses tomates sont farcies d'un mélange de biscottes, d'oignons, d'ail et de fines herbes. Elles sont cuites au four et sont délicieuses avec de la viande rôtie ou des steaks.

**2** Ce poulet rôti est enrobé d'une sauce à la moutarde de Dijon et garnie de petits pois et de champignons de Paris. Il faut le servir avec un vin blanc de Mâcon bien frais.

# 17 La Poste – à votre service!

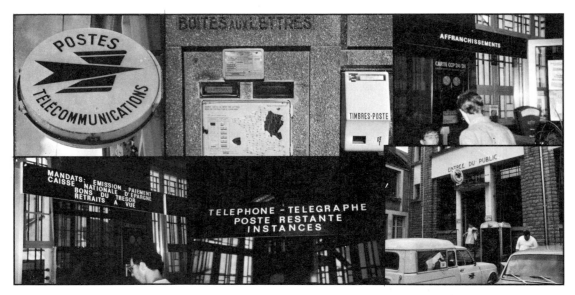

**1** Un soir, vers 21 heures, les Martin venaient de se lever de table quand le téléphone a sonné. Didier a décroché.

**Didier:** Allô?

**Opératrice:** Vous êtes le 373.42.65 à Ville-neuve?

**Didier:** Oui, c'est ça.

**Opératrice:** Vous pouvez prendre une communication en p.c.v.?

**Didier:** Euh, ne quittez pas, je vous passe ma mère . . . Maman, viens vite, c'est en p.c.v.

**Mme Martin:** Allô? C'est de la part de qui?

**Opératrice:** M. Gilles Martin à la Grande-Motte.

**Mme Martin:** Oui, d'accord. Gilles, c'est toi? Qu'est-ce qui s'est passé? Tu n'es pas malade? Tu n'as pas eu d'accident?

**Gilles:** Calme-toi, maman, ce n'est pas grave. J'ai perdu mon portefeuille et je n'ai plus assez d'argent pour rentrer dimanche prochain. Est-ce que tu pourrais m'envoyer de l'argent?

**Mme Martin:** Oui, bien sûr. Attends, je vais te passer ton père . . . Yves, viens vite, c'est Gilles au téléphone. On lui a volé son argent.

**2 M. Martin:** Gilles! Qu'est-ce qui s'est passé?

**Gilles:** Ce matin nous sommes allés passer la journée à Nîmes. Juste avant midi, j'ai découvert que je n'avais plus mon portefeuille. Je l'ai perdu quelque part mais je ne sais pas comment.

**M. Martin:** Tu as prévenu la police?

**Gilles:** Oui, je suis allé au commissariat et j'ai signalé la perte. Ce soir la police a retrouvé le portefeuille avec ma carte d'identité et mes papiers mais l'argent avait disparu.

**M. Martin:** Et combien avais-tu sur toi?

**Gilles:** 300 francs en billets. C'est surtout pour le voyage de retour. Il ne me reste que quelques pièces, 20 francs à peu près. Mes amis n'ont pas assez d'argent sur eux pour me prêter la somme qu'il me faut.

**M. Martin:** Bon, d'accord. Dès demain matin, on t'enverra un mandat pour 300 francs au bureau de poste de la Grande-Motte. Tu le recevras après-demain et cette fois, tu y fais bien attention, hein!

**Gilles:** Oui, bien sûr. Merci, papa, tu es très gentil. À dimanche!

**3** Le lendemain matin, Didier et David sont allés au bureau de poste. Il y avait beaucoup de monde et David s'est tout de suite dirigé vers la queue la plus courte.

**Didier:** Attention, David! Il faut consulter les panneaux au-dessus des guichets. Cette queue-là est pour les télégrammes et les cabines téléphoniques. Il nous faut le guichet des mandats, là-bas. Pendant que nous attendons, je peux remplir la fiche. Tu vois, c'est pour les mandats.

**David:** Et moi, je vais acheter des timbres.

**Didier:** Pour les lettres ou pour la collection?

**David:** Les deux.

**Didier:** Alors, tu feras la queue deux fois. À gauche, c'est pour l'affranchissement; à droite, c'est pour la philatélie.

**David:** Ouf! Cela me paraît bien compliqué!

**Didier:** Pas du tout, c'est normal. Ce n'est pas comme ça chez toi en Angleterre?

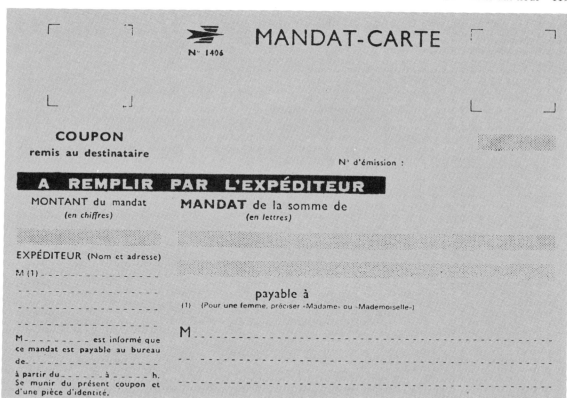

COUPON
remis au destinataire

N° d'émission :

### A REMPLIR PAR L'EXPÉDITEUR

MONTANT du mandat
(en chiffres)

**MANDAT** de la somme de
(en lettres)

EXPÉDITEUR (Nom et adresse)

M (1) _ _ _ _ _ _ _ _ _ _ _ _

_ _ _ _ _ _ _ _ _ _ _ _ _ _ _ _

_ _ _ _ _ _ _ _ _ _ _ _ _ _ _ _

M _ _ _ _ _ _ _ _ est informé que
ce mandat est payable au bureau
de _ _ _ _ _ _ _ _ _ _ _ _ _ _ _
à partir du _ _ _ _ _ _ à _ _ _ _ _ h.
Se munir du présent coupon et
d'une pièce d'identité.

payable à
(1)   (Pour une femme, préciser «Madame» ou «Mademoiselle»)

M _ _ _ _ _ _ _ _ _ _ _ _ _ _ _ _ _ _ _ _

_ _ _ _ _ _ _ _ _ _ _ _ _ _ _ _ _ _ _ _ _

_ _ _ _ _ _ _ _ _ _ _ _ _ _ _ _ _ _ _ _ _

## *Comprehension*

**A**    *Answer these questions in French:*

1 Que faisaient les Martin quand le téléphone a sonné?
2 Qui a payé l'appel téléphonique de Gilles?
3 Quand Mme Martin a su que c'était Gilles qui téléphonait, qu'est-ce qu'elle a pensé?
4 Qu'est-ce que Gilles a fait quand il a découvert qu'il n'avait plus son portefeuille?
5 Pourquoi est-ce qu'il ne pourrait pas rentrer le dimanche suivant?
6 Comment est-ce que M. Martin a pu aider son fils?
7 Pourquoi est-ce que David s'est dirigé vers la queue la plus courte?
8 Que ferait Didier pendant qu'il attendait?

**B**    *How did Gilles lose his wallet? Imagine what the circumstances may have been – theft while he was in a shop or café; dropping it while looking round the Roman monuments at Nîmes, etc. Write a short paragraph in French about each of the possibilities you can think of.*

**C**    *Imagine what David might have said to Didier in answer to the last question in the story on page 116.*

| | | | |
|---|---|---|---|
| l'**affranchissement** *franking* | la **cabine téléphonique** *telephone box* | **décrocher** *to lift up (the receiver)* | **compliqué** *complicated* |
| le **guichet** *serving-point (at counter)* | la **communication en p.c.v.** *transferred-charge call* | **disparaître** *to disappear* | **dès demain matin** *first thing tomorrow morning* |
| le **mandat** *postal order* | | **se lever de table** *to leave the table* | |
| le **télégramme** *telegram* | la **perte** *loss* | **paraître** *to appear* | |
| | la **philatélie** *stamp-collecting* | **prévenir** *to inform* | |
| | la **somme** *sum of money* | **signaler** *to report* | |

## *Conversation:* Au téléphone

**D** *Not all telephone calls in France are successful so you need to know what to say when things go wrong. Practise these conversations with a partner.*

1 **M. Martin** Allô? C'est bien le bureau des douanes?
**Standardiste** Oui, monsieur.
**M. Martin** Je voudrais parler à M. Bertillon, s'il vous plaît.
**Standardiste** Oui, c'est de la part de qui?
**M. Martin** C'est M. Martin.
**Standardiste** Ne quittez pas, monsieur, je vous le passe . . . Allô? Monsieur?
**M. Martin** Oui, je vous écoute.
**Standardiste** M. Bertillon est occupé sur l'autre ligne. Vous voulez patienter?
**M. Martin** Non, merci, je rappellerai plus tard.

2 **Un monsieur** Allô?
**Une dame** Bonjour, monsieur. C'est bien l'hôtel Splendide?
**Le monsieur** Non, je regrette, madame. C'est ici une maison particulière.
**La dame** Ce n'est pas le 93.17.03, alors?
**Le monsieur** Non, madame. Vous avez dû mal composer. C'est le 93.18.03.
**La dame** Excusez-moi, monsieur. C'est un mauvais numéro.
**Le monsieur** Je vous en prie.

**E** *Here are some notes that secretaries or members of the family took when receiving a message for somebody else. Reconstruct the telephone call; then pass on the message when the person concerned comes back. Work with a partner, making up names and any extra details you wish to add.*

*Example:* Cinéma Rex    20 h    Le dernier métro

*Allô, oui?*    Je voudrais parler à . . .
*Il n'est pas là en ce moment. Puis-je faire la commission?*
    Oui, dites-lui qu'on va se retrouver devant le Rex ce soir à 20 heures.
*Bien. Et quel est le film?*    C'est «Le dernier métro» de Truffaut.
*C'est noté. Et qui est-ce à l'appareil?*    C'est . . ., une amie.

**Juliette a téléphoné pour dire qu'elle va te retrouver ce soir à 20 heures devant le Rex pour aller voir «Le dernier métro».**

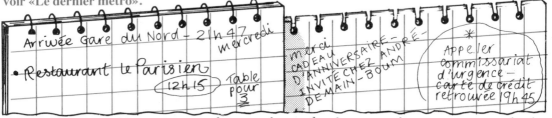

**F** *If you are asking an operator for a number on the phone or at the counter, you need to know how to give a French phone number. Following the example, practise saying these numbers.*

*Example:* Dieppe 84.06.31 **Le quatre-vingt-quatre, zéro six, trente et un à Dieppe, s'il vous plaît.**

1 Nice 87.73.60
2 Beauvais 448.03.55
3 Paris 216.52.73
4 Lyon 742.51.54
*Take care over these!*
5 Le Touquet 05.19.66
6 Le Havre 46.09.81

| | | |
|---|---|---|
| le **mauvais numéro** *wrong number* | **faire la commission** *to take a message* | **annulé** *cancelled* |
| le/la **standardiste** *telephone-operator* | **patienter** *to hold on* **raccrocher** *to hang up* **répéter** *to repeat* | **coupé** *cut off* **particulier (-ère)** *private (house)* **c'est de la part de qui?** *who is it?* **d'urgence** *urgently* |

**G** *These photographs tell the story of how a letter travels across France. Work out the order of the pictures and then see if you can match the paragraphs at the bottom to the correct pictures.*

(i) Les facteurs font le dernier tri. Ils classent les lettres par village et par rue dans l'ordre de la distribution. Il est 7 h 25.

(ii) La grand-mère des enfants est très contente de recevoir les cartes de vœux de ses petits-enfants qui habitent à plus de 900 km de chez elle. Le voyage des lettres a duré 16 heures et 20 minutes et elles sont arrivées le bon jour, grâce à la Poste.

(iii) Cette petite fille est venue avec son frère et sa sœur poster des lettres. Ils habitent en Alsace, pas loin de Strasbourg, et ils veulent envoyer des cartes de vœux à leur grand-mère qui habite un village dans les Pyrénées. Les lettres doivent arriver le lendemain pour la fête de la grand-mère. Il est 17 h 10.

(iv) Après un premier tri à Strasbourg, les lettres pour le sud de la France sont parties en avion. L'avion du premier plan vient d'atterrir à l'aéroport de Bordeaux-Mérignac, juste avant trois heures du matin.

(v) Le préposé (le mot moderne pour «facteur») des P.T.T. est arrivé en camionnette dix minutes plus tard. Il a ouvert la boîte aux lettres avec une clef et a mis toutes les lettres dans un sac marqué «Postes».

(vi) Les sacs de courrier sont chargés sur un wagon-poste attaché à un train normal qui part de Bordeaux à 3 h 52 pour arriver à Bayonne à 6 h 06.

# 18 Paris – ville moderne

1 David Young allait bientôt retourner en Angleterre. Il ne voulait pas partir sans voir les quartiers modernes de Paris.

**Mme Martin:** Je pense que tu as raison. Tu connais un peu le Paris historique mais il y a en France plusieurs villes nouvelles et beaucoup d'aménagements modernes.

**M. Martin:** Oui, à Paris tu devrais aller voir la Défense, le Forum des Halles et le Centre Pompidou.

**David:** Ce sera donc mon projet pour demain, ma dernière journée en France. Peut-être que Nathalie et Pascale voudraient nous accompagner?

**Didier:** On va voir. Je vais leur passer un coup de fil.

2 Le lendemain après-midi, ils sont partis tous les quatre pour mieux connaître Paris, ville moderne. À la station Défense, ils se trouvaient dans un immense hall où il y avait un centre commercial, des cinémas et des dizaines de boutiques. En sortant sur l'Esplanade, ils ont vraiment eu l'impression d'être dans le monde de l'avenir. Ils étaient entourés de gratte-ciel, de béton et de verre.

**Nathalie:** C'est peut-être comme ça qu'on vivra au 21ᵉ siècle. Nous aurons des appartements climatisés, munis d'ordinateurs qui feront tout le ménage.

**Pascale:** Et nous aurons beaucoup de loisirs pour aller dans les discothèques et pour faire du sport.

**Didier:** Mais tu seras trop vieille pour en profiter!

**Pascale:** Pas du tout! On restera jeune plus longtemps.

**David:** On verra!

3 Ils sont retournés très rapidement au centre de Paris en prenant le R.E.R. Ils sont allés d'abord au quartier des Halles, là où les marchands de légumes, de viandes et de poisson vendaient leurs produits jusqu'en 1970. En transférant le marché à Rungis, près d'Orly, pour améliorer son efficacité, on a créé un «trou» en plein centre de Paris. Ce trou est

devenu le «Forum des Halles», une sorte de ville souterraine à plusieurs niveaux. Cinémas, restaurants, cafés, grands magasins, petites boutiques – tout y est. Les quatre amis se sont promenés dans les galeries et ont regardé dans les vitrines. Ils se sont amusés à monter et à descendre en prenant les escaliers roulants.

**Didier:** J'ai soif, moi. Allons boire quelque chose.

**Pascale:** Bonne idée! Il y a un café au niveau quatre, à gauche en descendant.

**David:** Aujourd'hui, c'est moi qui vous offre les boissons.

**Nathalie:** Tu es très gentil, David, et tu parles si bien français!

4 Un quart d'heure plus tard, ils sont sortis du Forum pour continuer leur promenade.

**Didier:** Regardez l'heure! Il faut se dépêcher.

**Nathalie:** C'est dommage. Le temps passe trop vite. Il faut quand même jeter un coup d'œil sur le Centre Pompidou.

**Pascale:** Ah oui, c'est le bâtiment le plus visité de tous les sites touristiques de Paris. Le voilà, là-bas!

**David:** Mais ce n'est pas encore fini!

**Nathalie:** Tout le monde dit ça en le voyant pour la première fois.

**Pascale:** C'est parce que l'architecte a eu l'idée de mettre les tuyaux à l'extérieur.

**David:** Il y a beaucoup de monde. Qu'est-ce qu'ils regardent, tous les gens?

**Didier:** Il y a probablement des musiciens, des jongleurs, peut-être un avaleur de feu.

**David:** Et qu'est-ce qu'il y a à l'intérieur?

**Didier:** Des expositions, un musée et une bibliothèque. C'est remarquable, tu sais. Malheureusement, on n'a pas le temps d'y aller aujourd'hui.

**David:** Ce sera pour une autre fois.

**Nathalie:** Tu vas revenir bientôt en France, David?

**David:** Ah oui, j'espère bien. La France me plaît beaucoup.

**Pascale:** Et les jeunes filles françaises? Elles te plaisent aussi?

**David:** Ah oui, elles sont très, très gentilles . . .

# *Comprehension*

**A**   *Answer these questions in French:*

1 Comment est-ce que David voulait passer sa dernière journée en France?
2 Est-ce que David et Didier sont allés seuls à Paris?
3 Qu'est-ce qu'ils ont pu voir quand ils sont sortis sur l'Esplanade de la Défense?
4 Comment ont-ils voyagé de la Défense jusqu'au centre de Paris?
5 Qu'est-ce qu'on faisait dans le quartier des Halles avant 1970?
6 Pourquoi a-t-on dû transférer le marché à Rungis?
7 Pourquoi est-ce que David a pensé que le Centre Pompidou n'était pas encore fini?
8 Pourquoi y a-t-il souvent beaucoup de monde sur la place devant le Centre Pompidou?
9 Qu'est-ce qu'on peut faire à l'intérieur du Centre Pompidou?
10 Pourquoi est-ce que David sera content de revenir en France?

**B**   *Imagine the telephone conversation that took place at the end of the first section of the story on page 122. Act out the parts in a group: Didier ringing up, M. Moreau answering, then Nathalie and Pascale continuing the conversation.*

**C**   *Act out the conversation that must have taken place if the drinks shown in the drawing below were successfully ordered. Working in a group, play the part of the four main characters and the waiter who serves them. Don't forget to pay the bill and leave a tip if the service is good!*

**D**   *Imagine you are showing visitors round a 21st century flat, rather like those referred to in the visit to la Défense. Take them round the various rooms, pointing out the furniture and fittings, making particular reference to the labour-saving devices.*

**E**   *Assuming that the 21st century will bring a shorter working-week and more time for sport and leisure activities, invent 'a week in the life' of a 21st century family living near Paris. You can perform it as an interview or write it in the form of a diary.*

| | | | |
|---|---|---|---|
| l'**aménagement** *development* | l'**efficacité** *efficiency* | **améliorer** *to improve* | **climatisé** *air-conditioned* |
| l'**avaleur de feu** *fire-eater* | la **galerie** *gallery* | **créer** *to create* | **muni de** *equipped with* |
| l'**avenir** *future* | la **vitrine** *shop-window* | **jeter un coup d'œil sur** *to glance at* | **en plein centre de** *in the very middle of* |
| le **béton** *concrete* | | **transférer** *to transfer* | |
| l'**escalier roulant** *escalator* | le **produit** *produce* | | |
| le **gratte-ciel** *skyscraper* | le **quartier** *district* | | |
| le **hall** *hall* | le **site** *site* | | |
| le **jongleur** *juggler* | le **trou** *hole* | | |
| le **marché** *market* | le **tuyau** *pipe* | | |
| le **niveau (-x)** *level* | | | |

# Conversation: *Finding your way in a shopping centre*

**F** *Each of these conversations takes place at the enquiry desk of a* **centre commercial** *or a* **grand magasin** *(large department store). Act them out with a partner.*

1 **Cliente** Où est le rayon des jupes, s'il vous plaît?
  **Employée** Au premier étage, madame. Tout près de l'ascenseur.

2 **Cliente** *(accompagnée de sa fille)* Je voudrais acheter des tricots.
  **Employée** Oui, madame. C'est pour qui?
  **Cliente** C'est pour ma fille.
  **Employée** Ah bon. Allez au sous-sol, madame. Vous avez l'escalier derrière vous.

3 **Client** Où faut-il aller pour acheter des chaussures, s'il vous plaît, mademoiselle?
  **Employée** Au magasin B, au rez-de-chaussée, monsieur.
  **Client** Ça se trouve où, le magasin B?
  **Employée** Le magasin B? Ce n'est pas compliqué. Vous sortez d'ici, vous tournez à gauche et vous y êtes.
  **Client** Merci, mademoiselle.

**G** *Using the patterns you have practised above, act out the conversations that might take place as people come to enquire where they can buy the items drawn below. The extract from the store-guide will give you the information you will need to pass on.*

| Rayon | Étage | Magasin | Rayon | Étage | Magasin |
|---|---|---|---|---|---|
| Alimentation | R C | A | Parfumerie | 1$^{er}$ | A |
| Boulangerie | R C | A | Restaurant | 3$^e$ | B |
| Charcuterie | R C | A | Snack-bars | S S/3$^e$ | A |
| Chaussures | R C | B | Vêtements: dames | 1$^{er}$ | A |
| Électro-ménager | S S | B | Vêtements: filles | S S | A |
| Librairie | 2$^e$ | B | Vêtements: garçons | 2$^e$ | A |
| Meubles | S S | A | Vêtements: hommes | 2$^e$ | A |

# Using en and the present participle

The present participle is a part of a verb that never changes. It always ends in **-ant**, no matter what other tenses are being used or who is referred to.

To form the present participle of any verb, take the **nous** form of the present tense and replace the **-ons** by **-ant**. This works for all verbs except **avoir** and **être**.

Nous **parl**ons . . . **parlant** (speaking)      Nous **vend**ons . . . **vendant** (selling)
Nous **finiss**ons . . . **finissant** (finishing)      Nous **all**ons . . . **allant** (going)

The two exceptions to this general pattern are formed as follows: avoir . . . **ayant** (having)
être . . . **étant** (being)

**EN** followed by the present participle means that the action referred to is taking place at the same time as that of the main verb. It can be expressed in several different ways in English:

En sortant d'ici, . . .      By
                             In
                             On
                                                     going out of here, . . .
                             While
                             As you are
                             At the same time as you      go out of here, . . .

**En sortant** sur l'Esplanade, ils ont vraiment eu l'impression . . .
  *When they went out on to the Esplanade, they really had the impression . . .*
Ils se sont amusés à monter et à descendre **en prenant** les escaliers roulants.
  *They had fun going up and down the escalators.*
Il y a un café au niveau quatre, à gauche **en descendant**.
  *There's a café on level four, on the left as you go down.*
Tout le monde dit ça **en le voyant** pour la première fois.
  *Everyone says that, seeing it for the first time. . . . when they see it for the first time.*

**H**    These nine sentences, each of which uses **en** followed by the present participle of a verb, have been mixed up. Choose the correct item from each column to make a sensible sentence.

| Column 1 | Column 2 | Column 3 |
| --- | --- | --- |
| 1 En lisant | le professeur, | nous avons beaucoup travaillé. |
| 2 En regardant | d'ici, | on va gagner du temps. |
| 3 En mangeant | par la maison, | il s'est endormi. |
| 4 En sortant | cette voiture, | tu feras bien au collège. |
| 5 En écrivant | le dîner, | j'ai vu le chien du voisin. |
| 6 En passant | la télévision, | vous trouverez le bureau sur votre droite. |
| 7 En prenant | le journal dans la rue, | il a regardé la télé. |
| 8 En choisissant | le métro, | il a vu sa photo en page 9. |
| 9 En écoutant | ce livre, | vous avez fait une bonne décision, monsieur. |

**I**    How? and When? questions can often be answered neatly by using **en** and the present participle. Answer these questions, using the phrase suggested in brackets.

*Example:* Comment va-t-on à la gare? (tourner à droite) **En tournant à droite.**

1 Comment va-t-on à la Défense? (prendre le R.E.R.)
2 Comment est-ce qu'on entend Patrick Sabatier? (écouter Radio-Télé-Luxembourg)
3 Comment est-ce qu'on fait marcher l'ascenseur? (appuyer sur le bouton)
4 Comment est-ce qu'on composte le billet? (le mettre dans la machine)
5 Quand as-tu pris ce bon vin? (dîner au restaurant Charles)
6 Quand est-ce que je vous ai rencontré, monsieur? (faire le service militaire)
7 Monsieur Barbiche, quand a-t-il arrêté ces deux voleurs? (passer devant la banque)

**J**   *Here are some photos of new developments in French towns and cities. Describe what you can see: the buildings, the people and the activities. Your teacher will be able to tell you where the photos were taken. Perhaps you can identify some for yourself.*

# Revision 3

**A**    *Here is part of a letter about plans for a visit to France. Change each present tense into the future tense and thus improve the letter.*

Nous **arrivons** à Douvres à 12 h 00 et nous **prenons** le bateau de 13 h 15. À 14 h 45 nous **sommes** à Boulogne. Nous **quittons** la ville par la route nationale 1 qui nous **mène** à Abbeville. Là il **faut** prendre la route d'Amiens. Nous **visitons** la cathédrale, nous **dînons** dans un bon petit restaurant et nous **passons** la nuit dans un hôtel. Espérons que nous **avons** une nuit calme! Le lendemain matin, mes parents **font** des achats pendant que j'**achète** des cartes postales. Nous **partons** de bonne heure et nous nous **arrêtons** en route pour manger notre pique-nique. Nous n'**allons** pas dans le centre de Paris car nous **prenons** le boulevard périphérique. Je **peux** guider ma mère et elle **sait** trouver ta maison. Nous **sommes** chez toi vers 16 h peut-être.

**B**    *Form questions and answers in the future tense, using the pictures and verbs given.*

*Example:* Qu'est-ce que . . . (prendre)
         **Qu'est-ce que tu prendras? Je prendrai un verre de vin, s'il te plaît.**

1 Quand . . . (partir)

2 Quel film . . . (voir)

3 Où . . . (attendre)

4 Où . . . (téléphoner)

5 Qu'est-ce que . . . (être)

6 Comment . . . (traverser la Manche)

7 À qui . . . (écrire)

8 Quel livre . . . (choisir)

9 Combien de . . . (acheter)

10 Quel devoir . . . (faire)

11 Où . . . (mettre)

12 Quand . . . (venir)

**C**   Study this French menu and then order meals for yourself and two friends. Remember to specify which vegetables you will be having and don't forget to say how you want your steak cooked, if you choose this. One of your friends does not drink alcohol so order a suitable alternative. Work out how much you will expect to pay, if two of you have coffee afterwards.

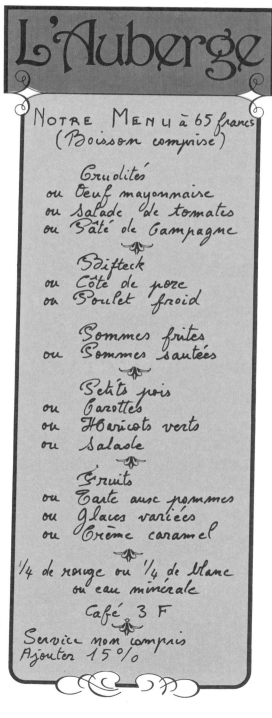

**·MUSÉE MUNICIPAL·**

TARIF D'ENTRÉE : 6ᶠ

DEMI-TARIF :
    ÉTUDIANTS, sur présentation de carte
    MILITAIRES EN UNIFORME
    GROUPES de 10 personnes
    ENFANTS de 5 à 16 ans

GRATUITÉ : Enfants de moins de 5 ans,
             Responsables de groupes

DEMI·TARIF LES DIMANCHES et JOURS FÉRIÉS

Le Musée est fermé le mardi (Sauf jour férié)

HEURES d'OUVERTURE : 9h 30 à 12h
                     14h   à 17h

POUR PRENDRE DES PHOTOS, PRIÈRE DE DEMANDER
L'AUTORISATION A LA CAISSE - FORFAIT 5F

**D**   Look carefully at the above notice outside a museum. Imagine the conversations that would take place as the following people visit the museum on the days indicated.

1 Monday,      2 adults, a 10-year-old
   June 15th:      and a 4-year-old
2 Thursday,      2 students, one of whom
   July 26th:      is a keen photographer
3 Tuesday,      3 adults
   July 14th:
4 Wednesday,      2 uniformed soldiers with
   April 6th:      their wives
5 Saturday,      25 old-age pensioners
   August 20th:      and 1 group leader
6 Tuesday,      Didier Martin and David
   July 21st:      Young

**E**   Look again at the métro map on page 100.

1 Find these stations on the map. The numbers of the lines are given to help you.
   a   Gare de l'Est          4, 7
   b   Porte d'Orléans      4
   c   Mairie des Lilas      11
   d   Wagram               3
   e   Pont de Sèvres       9
2 Imagine you are an employee of the R.A.T.P. on duty at the Charles-de-Gaulle–Étoile station. Advise passengers on how to get to the above stations, starting from Charles-de-Gaulle–Étoile, always using the shortest route.
3 You are working in an office near the Arc de Triomphe and have to send an inexperienced young courier with some packages to addresses near the above stations. Which route must he take, starting from Charles-de-Gaulle–Étoile, and making the fewest possible changes? He should not waste time by covering the same ground twice, if possible. How much would he have to spend on tickets for the whole journey?

**F**   *Imagine you are giving advice to a friend of yours who has a slight problem. You tell him/her what you would do if you were in his/her position. Your answer will be in the conditional tense.*

*Example:* Tu es malade? **À ta place, j'irais chez le médecin.**

1 Tu as mal aux dents?
2 Tu as faim?
3 Tu as besoin d'un stylo?
4 Tu es fatigué?
5 Tu es en retard?

6 Tu veux aller rapidement en Angleterre?
7 Tu as raté le bus?
8 Tu n'as pas reçu la lettre de Jean-Paul?
9 Tu as soif?
10 Tu as les mains sales?

**G**   *Imagine that friends or relatives of yours had the following sums of money to spend in the shops drawn below. Say what they would buy and what they would do with their purchases.*

*Example:* **Si mon ami Paul avait 100 F, il irait à la librairie et il achèterait des livres qu'il lirait à la maison.**

**H**   *This is the continuation of the story that was started on page 80. Unfortunately the author is still unsure of his tenses and needs help in deciding whether to use the imperfect or perfect tense of the verbs left in brackets.*

### Le Château des Vampires (suite)

. . . Après avoir poussé la porte entr'ouverte, il (passer) dans le vestibule quand soudain il (entendre) des cris qui (venir) d'en haut. Personne n'(être) dans le vestibule. Purblanc (poser) ses bagages et (commencer) à monter l'escalier. Il (regarder) tout autour de lui pendant qu'il (monter) au premier étage. Il n'y (avoir) toujours personne, mais les cris (continuer). Avant d'arriver à la première porte, il (prendre) son revolver dans sa poche. Il (entrer) vite dans la chambre, et (s'écrier): «Haut les mains!» Mais la chambre (être) vide. Il (faire) la même chose à la deuxième et à la troisième, mais ne (trouver) rien. Très inquiet, il (descendre) au rez-de-chaussée. Ses bagages n'(être) plus là. «Soyez le bienvenu, Monsieur Purblanc», (dire) une voix affreuse. . . .

I  *Use these pictures as the basis of a story about an evening at the cinema that did not work out too well . . . for one of those concerned, at least!*

# Grammatical summary of Parts A and B

## USING NOUNS

*Nouns are either* **feminine** *or* **masculine**. *Check any noun you are not sure about in the page or the end vocabularies.*

*If you are talking about one person or one thing, use the* **singular** *i.e. the noun as shown in the vocabularies.*

*If you are talking about two or more people or things, use the* **plural**.

* *Most nouns add* **s** *in the plural:* chat **chats**.
* *Those ending in* -au *add* **x***:*
    tableau **tableaux**.
* *Those ending in* -al *change to become* -aux*:*
    cheval **chevaux**.
* *Those ending in* -s *do not change:*
    mois **mois**.

---

### FINDING THE RIGHT WORD TO GO IN FRONT OF A NOUN
*Usually a noun will have a word from one of these six sets in front of it.*

|   |        | *singular* | *plural* |
|---|--------|-----------|----------|
| 1. | Masc. | **le** salon | **les** salons |
|   |        | **l'**homme | **les** hommes |
|   | Fem.  | **la** salle | **les** salles |
|   |        | **l'**école | **les** écoles |

*These words correspond roughly to 'the'. One of them is used when you are:*
*talking about* **all** *of something*
  **Le beurre** est cher. *(All) butter . . .*
*talking about a* **particular** *one*
  **La pharmacie** de la rue Balzac.
    *The chemist's in the rue Balzac . . .*
  **Le vélo** de Michel *Michael's bike*

|   |        | *singular* | *plural* |
|---|--------|-----------|----------|
| 2. | Masc. | **au** cinéma | **aux** cinémas |
|   |        | **à l'**hôtel | **aux** hôtels |
|   | Fem.  | **à la** maison | **aux** maisons |
|   |        | **à l'**église | **aux** églises |

*These mean 'to the' or 'at the'.*
  Elles vont **aux boutiques**. . . . *to the shops*
  Elle est **à l'école** . . . *at the school*

|   |        | *singular* | *plural* |
|---|--------|-----------|----------|
| 3. | Masc. | **du** match | **des** matchs |
|   |        | **de l'**arbre | **des** arbres |
|   | Fem.  | **de la** salle | **des** salles |
|   |        | **de l'**école | **des** écoles |

*These mean 'of the' and are often the equivalent of an apostrophe s.*
  La fin **du match**   *the end of the match*
  La tour **de l'église**   *the church's tower*
  Les disques **des garçons**   *the boys' records*

|   |        | *singular* | *plural* |
|---|--------|-----------|----------|
| 4. | Masc. | **un** exercice | **des** exercices |
|   | Fem.  | **une** gare | **des** gares |

*These mean 'a, an, one, some, any'. 'Some' and 'any' are often left out in English.*
  Je vais acheter **un imper**. . . . *a mac*
  Elle a **un frère**. . . . *a (one) brother*
  Tu manges **des fruits**. . . . *(some) fruit*
  As-tu **des timbres**? . . . *any stamps?*

|   |        | *singular* | *plural* |
|---|--------|-----------|----------|
| 5. | Masc. | **du** pain | **des** biscuits |
|   |        | **de l'**argent | **des** impers |
|   | Fem.  | **de la** glace | **des** glaces |
|   |        | **de l'**eau | **des** oranges |

*Use one of these words when you are thinking of a measurable amount of something.*
  Elle achète **des gâteaux**. . . . *some cakes*
  Je prends **de l'eau**. . . . *some water*
*After* **ne** *. . .* **pas***, these are replaced by* **de (d')**.
  Il n'a pas **d'argent**. . . . *any money*
*De (d') is also used after expressions of quantity like:*
  **un kilo de** poires; **une boîte de** jambon;
  **500 grammes de** bonbons.

*Use one of these words to say whom the noun belongs to.*
*Remember* **son père** *means* **her** *father as well as* **his** *father.*

| 6. | *masc. singular* | *fem. singular* | *plural* |
|---|---|---|---|
| *my* | **mon** cheval | **ma** sœur | **mes** chevaux, **mes** sœurs |
| | **mon** ami | **mon** école | **mes** amis, **mes** écoles |
| *your* (tu) | **ton** frère | **ta** cousine | **tes** frères, **tes** cousines |
| | **ton** hôtel | **ton** idée | **tes** hôtels, **tes** idées |
| *his* | **son** sac | **sa** robe | **ses** sacs, **ses** robes |
| *her* | **son** oncle | **son** amie | **ses** oncles, **ses** amies |
| *its* | | | |
| *our* | **notre** vélo | **notre** tante | **nos** vélos, **nos** tantes |
| *your* (vous) | **votre** chat | **votre** chemise | **vos** chats, **vos** chemises |
| *their* | **leur** livre | **leur** bouteille | **leurs** livres, **leurs** bouteilles |

*This box gives you the words for* **this, that, these** *and* **those.**

| 7. *masc. singular* | *fem. singular* | *plural* |
|---|---|---|
| **ce** garçon **cet** ami | **cette** fille | **ces** enfants |

*If you wish to stress the difference between* **this (nearer)** *and* **that (farther away)***, you must add the letters* **-ci** *(this, these) or* **-là** *(that, those).*
**-ci** *and* **-là** *are always joined to the noun by a hyphen but never change their spelling.*
    ce gâteau-**ci** (*this* cake)    cette tarte-**là** (*that* tart)    ces pâtisseries-**ci** (*these* pastries)

# USING ADJECTIVES TO DESCRIBE NOUNS

Two things are important: *position and agreement.*

**Position** *Only a few adjectives come in front of the noun:* bon, grand, jeune, long, mauvais, méchant, pauvre, *and the last three in box 3:* un **bon** vin, un **long** voyage, une **jeune** fille.
*The normal position is after the noun:* un arbre **vert**, des élèves **anglais**, une chose **curieuse**.

**Agreement** *Adjectives agree with their noun.*

**1** *Those ending in* e *(with no accent) have two spellings:*

| *singular* | *plural* |
|---|---|
| rouge | rouges |

**2** *Most others have four spellings:*

| | *singular* | *plural* |
|---|---|---|
| *Masc.* | noir | noirs |
| | cassé | cassés |
| *Fem.* | noire | noires |
| | cassée | cassées |

**3** *Here are some important irregular adjectives:*

| *masc. singular* | *plural* | *fem. singular* | *plural* |
|---|---|---|---|
| blanc | blancs | **blanche** | **blanches** |
| bon | bons | **bonne** | **bonnes** |
| gros | gros | **grosse** | **grosses** |
| joyeux | joyeux | **joyeuse** | **joyeuses** |
| long | longs | **longue** | **longues** |
| public | publics | **publique** | **publiques** |
| beau | beaux | **belle** | **belles** |
| (**bel** *before vowel*) | | | |
| nouveau | nouveaux | **nouvelle** | **nouvelles** |
| (**nouvel** *before vowel*) | | | |
| vieux | vieux | **vieille** | **vieilles** |
| (**vieil** *before vowel*) | | | |

# COMPARATIVE AND SUPERLATIVE OF ADJECTIVES

The comparative (**faster**, **bigger**, etc) is formed by putting **plus** in front of the adjective; **que (qu')** is added after the adjective if you go on to complete the comparison:

C'est **plus** cher.   *It is **more** expensive, dea**rer**.*
Ma voiture est **plus** grande **que** ton vélo.   *My car is **bigger than** your bicycle.*

The superlative is used to express the idea of **biggest, fastest, most interesting**, etc.
It is formed by putting **le plus, la plus** or **les plus** in front of the adjective:

Concorde est l'avion **le plus** rapide.   *Concorde is the **fastest** plane.*
Paris est **la plus** grande ville **de** France.   *Paris is the **biggest** town **in** France.*

Note that **de** (**du, de la** or **des**) is used to say **in** or **of** in a superlative.

Alain est **le plus** jeune **des** enfants.   *Alan is the youngest **of** the children.*

# NUMBERS

*You can easily check the numbers by looking at the top of each page.
*Hyphens are used to join up all two-word or three-word numbers up to 99 except 21, 31, 41, 51, 61, 71. These use **et** instead of a hyphen.
*To put numbered objects in an order, you add **-ième** to the number. These are called ordinal numbers.

    **sixième** *sixth*   **huitième** *eighth*, etc.
    **quatrième** *drops the* **-e** *at the end of* **quatre.**
    **cinquième** *adds a* **-u.**
    **neuvième** *changes the* **-f-** *to* **-v-.**

Other numbers ending in **-e** drop the **-e** in forming the ordinal: **onzième, seizième**, etc.
The only number which does not follow this general pattern is **premier** (*first*) which also has a feminine form (**première**).

# DATES

**Quelle est la date aujourd'hui?**   *What's the date today?*
**C'est le 10 décembre.**   *It's 10th December.*

# DAYS OF THE WEEK

**lundi, mardi, mercredi, jeudi, vendredi, samedi, dimanche**
*(Monday is generally taken as the start of the week.)*

    **lundi** = *on Monday*   **le lundi** = *on Mondays*
    **tous les lundis** = *every Monday*
    **C'est quel jour aujourd'hui?**   *What day is it today?*
    **C'est mardi.**   *It's Tuesday.*

# MONTHS OF THE YEAR AND SEASONS

**janvier, février, mars, avril, mai, juin, juillet, août, septembre, octobre, novembre, décembre**

    **en janvier, au mois de janvier** = *in January*
    **au printemps** = *in spring*   **en été** = *in summer*   **en automne** = *in autumn*   **en hiver** = *in winter*

# WEATHER

**Quel temps fait-il?**   *What's the weather like?*
**Il fait chaud/froid/beau/mauvais.**   *It's hot/cold/fine/bad.*
**Il fait du soleil/du brouillard.**   *It's sunny/misty.*
**Il fait 29°.**   *It's 29° (Centigrade).*
**Il gèle.**   *It's freezing.*
**Il neige.**   *It's snowing.*
**Il pleut.**   *It's raining.*

To talk about tomorrow's weather, use **il va** + an infinitive.

**Il va faire chaud. Il va geler. Il va neiger.**
**Il va pleuvoir.**   *It's going to be hot/to freeze/to snow/to rain.*

# TIME

**Quelle heure est-il?**   *What time is it?*
**Il est onze heures et demie.**   *It's half past eleven.*
**Il est midi/minuit et demi.**   *It's half past twelve.*
**A quelle heure . . .?**   *At what time . . .?*
**À dix heures . . .**   *At ten o'clock . . .*

# A.M. AND P.M.

**dix heures du matin**   *10 a.m.*
**deux heures de l'après-midi**   *2 p.m.*
**six heures du soir**   *6 p.m.*

# 24-HOUR SYSTEM

This system of telling the time is very widely used in France, particularly in timetables, radio/TV programmes, cinemas, theatres etc. It is becoming increasingly common in everyday speech so it is important to be able to recognise and use it.

**13 heures** – *1 p.m.*
**21 heures 30** – *9.30 p.m.*

# USING PRONOUNS

**Weak** *pronouns cling to the verb;* **strong** *ones can go anywhere in the sentence.*

**Weak subject pronouns: je, tu, il, elle, on, nous, vous, ils, elles** *always go with their verb. Look at the details on pages 137–142.*

**Strong pronouns: moi, toi, lui, elle, nous, vous, eux, elles.**
\*Use them after **c'est** *and* **ce sont***:*
   C'est **moi**. Ce sont **nous**.
\*Use them to strengthen the weak pronouns like **je, tu,** *etc.*
   **Moi,** je suis intelligent.   **I'm** *intelligent.*
   **Eux,** ils ne vont pas.   **They** *aren't going.*
\*Use them after prepositions:
   avec **elle**, après **toi**, pour **eux**.
\*Use them in one-word answers:
   **Moi! Vous?**

## Object pronouns

**me** *means* **me** *or* **to me***:*
   Il **me** déteste.   *He hates me.*
   Elle **me** donne un livre.   *She gives a book to me.*
*Similarly with* **te** (*you, to you*), **nous** (*us, to us*), *and* **vous** (*you, to you*).
**le, la (l')** *and* **les** *mean* **him, her, it, them**
   Je **le** touche.   *I touch it.*
   Nous **les** achetons.   *We buy them.*
**lui** *and* **leur** *are the words for* **to him/her***, and* **to them**
   Elle **leur** répond en anglais.   *She replies to them in English.*
   Je **lui** montre mes photos.   *I show her my photos.*
**y** *means* **to/at it (there)***.*
   J'**y** vais.   *I'm going there.*
**en** *means* **of it/them***.*
   J'**en** ai trois.   *I have three of them.*

## Object pronoun order

*If you wish to use two pronouns in one sentence, use the following table to find the correct order:*

| me | | | | |
|---|---|---|---|---|
| te | le | lui | | |
| se | la | | y | en |
| nous | les | leur | | |
| vous | | | | |

Je **lui en** donne trois.   *I give him three of them.*
Il **me les** vend.   *He sells them to me.*

*If you want to use* **ne** . . . **pas** *with pronouns, note the position:*
   Tu **ne** les lui prends **pas**.   *You are not taking them from him.*

**Pronoun objects in commands**
*In positive commands, the pronouns come after the verb:*
   Ramasse-**les**!   *Pick them up!*
*In negative commands, the word order is:*
   Ne **les** ramasse pas!   *Don't pick them up!*
**Me** *and* **te** *become* **moi** *and* **toi** *in positive commands:*
   Donne-le-**moi**!   *Give it to me!*
   Assieds-**toi**!   *Sit down!*

# INDICATING WHERE THINGS ARE

*One-word prepositions like:* **à, dans, en, sous, sur** *are simple to use:*
   à Londres, **en** France, **dans** le jardin
*Those phrases made up of two or three words end in* **de***.*
*Remember that* **de** *combines with* **le** *to make* **du***:*
   près **du** bureau, à côté **du** collège
*In front of a plural word,* **de** *will become* **des***:*
   à gauche **des** magasins, près **des** garages

# BUILDING LONGER SENTENCES

*The most useful words are:*
**Où** (*where*): Voici la maison **où** habite ma tante.
**Parce que (qu')** (*because*): Il va rester chez lui **parce qu'il** ne va pas bien.
**Quand** (*when*): **Quand** il arrive au collège, il rencontre ses amis.
**Si** (*if*): **S'il** fait beau, nous allons faire une promenade en vélo.
**Qui** (*who, which*) Nous habitons dans une ville **qui** se trouve à 25 km d'ici.
**Que** (*whom, which*) Où est la maison **que** tu cherches?
**Que** *is used instead of* **qui** *when the word it refers to is the* **object** *of the next verb.*
**Que** *is shortened to* **qu'** *in front of a vowel but* **qui** *is never shortened.*
   Voilà le vélo **qu'**ils vendent.
   C'est un garçon **qui** apprend vite.
**Que** *is never omitted although the equivalent word is sometimes left out in English.*
   Le film **que** tu vas voir.   *The film (-) you're going to see.*

# Verbs

## A THE PARTS YOU NEED TO KNOW

1. **The infinitive**
   *This ends in* **-ER, -IR, -RE,** *or* **-OIR.**

   *It is used directly after other verbs like* **aller, aimer, devoir, pouvoir, savoir, vouloir.**
   Nous **voulons sortir.** *We want to go out.*

   *Some verbs take* **à** *or* **de** *when they come before an infinitive:* **aider à, décider de.**
   Il **aide à préparer** le repas. *He is helping to get the meal ready.*
   Nous **décidons de partir.** *We decide to go away.*
   *Further examples on page 53.*

2. **Present tense**
   *It means:* **I play, I am playing, I do play.**

   *A pronoun or noun comes before the verb, which is made up of the* **present stem with the ending** *that corresponds to the noun or pronoun.*
   *(See* B *for the endings of regular verbs.)*

   *The* **stem** *is usually the* **infinitive minus its ending.**
   Jouer    *present stem* **jou-**
   Finir    *present stem* **fin-**
   Vendre    *present stem* **vend-**
   *(See* D *for irregular verbs, which often have different stems and endings.)*

3. **Future tense**
   *(a) For events in the immediate future, use* **aller** *in front of the infinitive.*
   **Ils vont arriver** demain. *They will be arriving tomorrow.*
   *(b) Use the future tense, see pages 89, 90, 95, 96.*

4. **Perfect tense**
   *Details are to be found on pages 11, 12, 17, 18, 23, 29, 30, 35, 73.*

   *Events in the immediate past can be talked or written about by using the construction* **venir de** *followed by the infinitive.*
   Je **viens de** finir mon devoir. *I have just finished my homework.*

5. **Imperfect tense,** *see pages 57 and 73.*

6. **Conditional tense,** *see page 101.*

7. **Present participle,** *see page 126.*

8. **Commands**
   *These are one-word forms, except in the case of reflexive verbs (see* C*).*

   *There are three command forms:* **tu, nous, vous.** *They are the same as the present tense without the pronoun.*
   Finis! *Finish!* Vendons! *Let's sell!*
   Travaillez! *Work!*
   *With* **-ER** *verbs* **ONLY,** *the* **s** *is dropped from the* **tu** *form:* **Joue** avec moi, Alain!

9. **Asking questions**
   *Use one of these three ways:*
   *(a) Vary the tone of your voice, or put a question mark at the end of a written sentence.*

   *(b) Put* **Est-ce que (qu')** *in front of the noun or pronoun and the verb. The* **que** *becomes* **qu'** *before* **a, e, i, o, u, h.**
   **Est-ce que je joue** aussi? *Am I playing, too?*
   **Est-ce qu'il sait** la date? *Does he know the date?*

   *(c) Put the verb back-to-front with a hyphen between the two words. An extra* **-t** *is needed with* **il/elle/on** *unless the verb ends in* **-t** *or* **-d.**
   **As-tu** 13 ans? *Are you 13?*
   **Va-t-on** en ville? *Are we going to town?*
   **Avez-vous** du beurre? *Have you any butter?*
   **Est-elle** française? *Is she French?*
   *(See page 12 for questions with the perfect tense.)*

10. **Negatives**
    Ne (n') . . . **pas** *not*
    Ne (n') . . . **personne** *nobody*
    Ne (n') . . . **plus** *no more, no longer*
    Ne (n') . . . **jamais** *never*
    Ne (n') . . . **rien** *nothing*
    Ne (n') . . . **que** *only*

    The **ne (n')** *goes* **in front of** *the verb; the other word just* **after** *it.*
    Je **ne** vois **personne.** *I see nobody.*
    Il **ne** fait **rien.** *He does nothing.*

    Ne *becomes* **n'** *in front of* **a, e, i, o, u, h.**
    Elle **n'**arrive jamais à temps. *She's never on time.*
    Nous **n'**habitons pas ici. *We don't live here.*
    *(see* C *for reflexive verbs, and page 23 for negatives with the perfect tense.)*

# B  REGULAR VERBS

## -ER VERBS

*Infinitive* **porter**   *Present participle* **portant**

| Present tense | Imperfect | Future | Conditional | Perfect |
|---|---|---|---|---|
| je porte | je portais | je porterai | je porterais | j'ai porté |
| tu portes | tu portais | tu porteras | tu porterais | tu as porté |
| il elle on } porte | il elle on } portait | il elle on } portera | il elle on } porterait | il elle on } a porté |
| nous portons | nous portions | nous porterons | nous porterions | nous avons porté |
| vous portez | vous portiez | vous porterez | vous porteriez | vous avez porté |
| ils elles } portent | ils elles } portaient | ils elles } porteront | ils elles } porteraient | ils elles } ont porté |

(a)  *Verbs like* **acheter, geler, se lever** *and* **lever** *need a grave accent over the* **next-to-last e** *in the* **je, tu, il/elle, ils/elles** *forms:* je me **lève,** tu **achètes,** elle **mène,** ils se **relèvent.**

(b)  *Verbs ending in* **-OYER** *and* **-UYER** *change the* **y** *to* **i** *in just the same way:* j'**envoie,** tu **envoies,** elle **essuie,** elles **essuient.**

(c)  *Verbs ending in* **-CER** *like* **commencer, recommencer,** *need a cedilla under the* **c** *of the* **nous** *form:* nous **commençons.**

(d)  *Verbs ending in* **-GER** *like* **bouger** *and* **manger** *add an* **e** *after the* **g** *of the* **nous** *form:* nous **mangeons.**

(e)  *Verbs like* **préférer, s'inquiéter** *use a grave accent over the* **next-to-last e** *in the* **je, tu, il/elle, ils/elles** *forms:* je **préfère,** tu **préfères,** il s'**inquiète,** elles s'**inquiètent.**

(f)  **Couvrir, découvrir, offrir, ouvrir** *and* **souffrir** *have a present tense just like an* **-ER** *verb:* je **couvre,** tu **couvres,** il **couvre,** nous **couvrons,** vous **couvrez,** ils **couvrent.**

## -IR VERBS

*Infinitive* **finir** *Present participle* **finissant**

| | | | | |
|---|---|---|---|---|
| je finis | je finissais | je finirai | je finirais | j'ai fini |
| tu finis | tu finissais | tu finiras | tu finirais | tu as fini |
| il elle on } finit | il elle on } finissait | il elle on } finira | il elle on } finirait | il elle on } a fini |
| nous finissons | nous finissions | nous finirons | nous finirions | nous avons fini |
| vous finissez | vous finissiez | vous finirez | vous finiriez | vous avez fini |
| ils elles } finissent | ils elles } finissaient | ils elles } finiront | ils elles } finiraient | ils elles } ont fini |

## -RE VERBS

*Infinitive* **vendre** *Present participle* **vendant**

| | | | | |
|---|---|---|---|---|
| je vends | je vendais | je vendrai | je vendrais | j'ai vendu |
| tu vends | tu vendais | tu vendras | tu vendrais | tu as vendu |
| il elle on } vend | il elle on } vendait | il elle on } vendra | il elle on } vendrait | il elle on } a vendu |
| nous vendons | nous vendions | nous vendrons | nous vendrions | nous avons vendu |
| vous vendez | vous vendiez | vous vendrez | vous vendriez | vous avez vendu |
| ils elles } vendent | ils elles } vendaient | ils elles } vendront | ils elles } vendraient | ils elles } ont vendu |

# C *REFLEXIVE VERBS*

*These verbs can be recognised by the* **se (s')** *in front of the infinitive. This table shows how the pronouns are used but the endings on the verbs themselves depend on whether they are* **-ER, -IR** *or* **-RE** *verbs.*

| Present tense | Imperfect | Future | Conditional | Perfect |
|---|---|---|---|---|
| je me lave | je me lavais | je me laverai | je me laverais | je me suis lavé(e) |
| tu te laves | tu te lavais | tu te laveras | tu te laverais | tu t'es lavé(e) |
| il | il | il | il | il s'est lavé |
| elle } se lave | elle } se lavait | elle } se lavera | elle } se laverait | elle s'est lavée |
| on | on | on | on | on s'est lavé |
| nous nous lavons | nous nous lavions | nous nous laverons | nous nous laverions | nous nous sommes lavé(e)s |
| vous vous lavez | vous vous laviez | vous vous laverez | vous vous laveriez | vous vous êtes lavé(e)(s) |
| ils se lavent | ils se lavaient | ils se laveront | ils se laveraient | ils se sont lavés |
| elles se lavent | elles se lavaient | elles se laveront | elles se laveraient | elles se sont lavées |

(a) *The position of the negative words is as follows:* Je **ne** me lave **pas**; je **ne** me suis **pas** lavé.
(b) *Asking questions is best done by using the* **Est-ce que (qu')** *formula.*
(c) *For further details on the perfect tense, see page 35.*

# D *IRREGULAR VERBS*

*This list gives you full details of all the irregular verbs used in this book. Some of them are among the most frequently used verbs in the language so you must try to learn the most useful parts of them thoroughly.*

**accueillir** *(to welcome) is not often needed in forms other than the infinitive. Perfect tense is* j'ai accueilli *etc.*

**aller** *(to go)*

| | | | | |
|---|---|---|---|---|
| je vais | j'allais | j'irai | j'irais | je suis allé(e) |
| tu vas (va!) | tu allais | tu iras | tu irais | tu es allé(e) |
| il va | il allait | il ira | il irait | il est allé |
| | | | | elle est allée |
| nous allons | nous allions | nous irons | nous irions | nous sommes allé(e)s |
| vous allez | vous alliez | vous irez | vous iriez | vous êtes allé(e)(s) |
| ils vont | ils allaient | ils iront | ils iraient | ils sont allés, elles sont allées |

**apprendre** *(to learn) follows the pattern of* **prendre.**

**avoir** *(to have) Present participle* **ayant**

| | | | | |
|---|---|---|---|---|
| j'ai | j'avais | j'aurai | j'aurais | j'ai eu |
| tu as | tu avais | tu auras | tu aurais | tu as eu |
| il a | il avait | il aura | il aurait | il a eu |
| nous avons | nous avions | nous aurons | nous aurions | nous avons eu |
| vous avez | vous aviez | vous aurez | vous auriez | vous avez eu |
| ils ont | ils avaient | ils auront | ils auraient | ils ont eu |

**battre** *(to beat)*

| | | | | |
|---|---|---|---|---|
| je bats | je battais | je battrai | je battrais | j'ai battu |
| tu bats | tu battais | tu battras | tu battrais | tu as battu |
| il bat | il battait | il battra | il battrait | il a battu |
| nous battons | nous battions | nous battrons | nous battrions | nous avons battu |
| vous battez | vous battiez | vous battrez | vous battriez | vous avez battu |
| ils battent | ils battaient | ils battront | ils battraient | ils ont battu |

**boire** *(to drink)*

| | | | | |
|---|---|---|---|---|
| je bois | je buvais | je boirai | je boirais | j'ai bu |
| tu bois | tu buvais | tu boiras | tu boirais | tu as bu |
| il boit | il buvait | il boira | il boirait | il a bu |
| nous buvons | nous buvions | nous boirons | nous boirions | nous avons bu |
| vous buvez | vous buviez | vous boirez | vous boiriez | vous avez bu |
| ils boivent | ils buvaient | ils boiront | ils boiraient | ils ont bu |

**comprendre** *(to understand) follows the pattern of* **prendre**.

**conduire** *(to drive) follows the pattern of* **construire**.

**connaître** *(to know)*

| Present tense | Imperfect | Future | Conditional | Perfect |
|---|---|---|---|---|
| je connais | je connaissais | je connaîtrai | je connaîtrais | j'ai connu |
| tu connais | tu connaissais | tu connaîtras | tu connaîtrais | tu as connu |
| il connaît | il connaissait | il connaîtra | il connaîtrait | il a connu |
| nous connaissons | nous connaissions | nous connaîtrons | nous connaîtrions | nous avons connu |
| vous connaissez | vous connaissiez | vous connaîtrez | vous connaîtriez | vous avez connu |
| ils connaissent | ils connaissaient | ils connaîtront | ils connaîtraient | ils ont connu |

**construire** *(to build)*

| | | | | |
|---|---|---|---|---|
| je construis | je construisais | je construirai | je construirais | j'ai construit |
| tu construis | tu construisais | tu construiras | tu construirais | tu as construit |
| il construit | il construisait | il construira | il construirait | il a construit |
| nous construisons | nous construisions | nous construirons | nous construirions | nous avons construit |
| vous construisez | vous construisiez | vous construirez | vous construiriez | vous avez construit |
| ils construisent | ils construisaient | ils construiront | ils construiraient | ils ont construit |

**contenir** *(to contain) follows the pattern of* **tenir**.

**convenir** *(to suit) follows the pattern of* **venir**, *but has* **avoir** *in the perfect tense.*

**couvrir** *(to cover) follows the pattern of* **ouvrir**.

**découvrir** *(to discover) follows the pattern of* **ouvrir**.

**détruire** *(to destroy) follows the pattern of* **construire**.

**devenir** *(to become) follows the pattern of* **venir**.

**devoir** *(to have to, 'must')*

| | | | | |
|---|---|---|---|---|
| je dois | je devais | je devrai | je devrais | j'ai dû |
| tu dois | tu devais | tu devras | tu devrais | tu as dû |
| il doit | il devait | il devra | il devrait | il a dû |
| nous devons | nous devions | nous devrons | nous devrions | nous avons dû |
| vous devez | vous deviez | vous devrez | vous devriez | vous avez dû |
| ils doivent | ils devaient | ils devront | ils devraient | ils ont dû |

**dire** *(to say, tell)*

| | | | | |
|---|---|---|---|---|
| je dis | je disais | je dirai | je dirais | j'ai dit |
| tu dis | tu disais | tu diras | tu dirais | tu as dit |
| il dit | il disait | il dira | il dirait | il a dit |
| nous disons | nous disions | nous dirons | nous dirions | nous avons dit |
| vous dites | vous disiez | vous direz | vous diriez | vous avez dit |
| ils disent | ils disaient | ils diront | ils diraient | ils ont dit |

**disparaître** *(to disappear) follows the pattern of* **connaître**

**dormir** *(to sleep)*

| | | | | |
|---|---|---|---|---|
| je dors | je dormais | je dormirai | je dormirais | j'ai dormi |
| tu dors | tu dormais | tu dormiras | tu dormirais | tu as dormi |
| il dort | il dormait | il dormira | il dormirait | il a dormi |
| nous dormons | nous dormions | nous dormirons | nous dormirions | nous avons dormi |
| vous dormez | vous dormiez | vous dormirez | vous dormiriez | vous avez dormi |
| ils dorment | ils dormaient | ils dormiront | ils dormiraient | ils ont dormi |

**écrire** *(to write)*

| Present tense | Imperfect | Future | Conditional | Perfect |
|---|---|---|---|---|
| j'écris | j'écrivais | j'écrirai | j'écrirais | j'ai écrit |
| tu écris | tu écrivais | tu écriras | tu écrirais | tu as écrit |
| il écrit | il écrivait | il écrira | il écrirait | il a écrit |
| nous écrivons | nous écrivions | nous écrirons | nous écririons | nous avons écrit |
| vous écrivez | vous écriviez | vous écrirez | vous écririez | vous avez écrit |
| ils écrivent | ils écrivaient | ils écriront | ils écriraient | ils ont écrit |

**s'endormir** *(to fall asleep) follows the pattern of* **dormir**.

**entretenir** *(to maintain) follows the pattern of* **tenir**.

**être** *(to be) Present participle* **étant**

| | | | | |
|---|---|---|---|---|
| je suis | j'étais | je serai | je serais | j'ai été |
| tu es | tu étais | tu seras | tu serais | tu as été |
| il est | il était | il sera | il serait | il a été |
| nous sommes | nous étions | nous serons | nous serions | nous avons été |
| vous êtes | vous étiez | vous serez | vous seriez | vous avez été |
| ils sont | ils étaient | ils seront | ils seraient | ils ont été |

**faire** *(to do, make)*

| | | | | |
|---|---|---|---|---|
| je fais | je faisais | je ferai | je ferais | j'ai fait |
| tu fais | tu faisais | tu feras | tu ferais | tu as fait |
| il fait | il faisait | il fera | il ferait | il a fait |
| nous faisons | nous faisions | nous ferons | nous ferions | nous avons fait |
| vous faites | vous faisiez | vous ferez | vous feriez | vous avez fait |
| ils font | ils faisaient | ils feront | ils feraient | ils ont fait |

**falloir** *(to be necessary)*

| | | | | |
|---|---|---|---|---|
| il faut | il fallait | il faudra | il faudrait | il a fallu |

**lire** *(to read)*

| | | | | |
|---|---|---|---|---|
| je lis | je lisais | je lirai | je lirais | j'ai lu |
| tu lis | tu lisais | tu liras | tu lirais | tu as lu |
| il lit | il lisait | il lira | il lirait | il a lu |
| nous lisons | nous lisions | nous lirons | nous lirions | nous avons lu |
| vous lisez | vous lisiez | vous lirez | vous liriez | vous avez lu |
| ils lisent | ils lisaient | ils liront | ils liraient | ils ont lu |

**mettre** *(to put)*

| | | | | |
|---|---|---|---|---|
| je mets | je mettais | je mettrai | je mettrais | j'ai mis |
| tu mets | tu mettais | tu mettras | tu mettrais | tu as mis |
| il met | il mettait | il mettra | il mettrait | il a mis |
| nous mettons | nous mettions | nous mettrons | nous mettrions | nous avons mis |
| vous mettez | vous mettiez | vous mettrez | vous mettriez | vous avez mis |
| ils mettent | ils mettaient | ils mettront | ils mettraient | ils ont mis |

**mourir** *(to die)*

| | | | | |
|---|---|---|---|---|
| je meurs | je mourais | je mourrai | je mourrais | je suis mort(e) |
| tu meurs | tu mourais | tu mourras | tu mourrais | tu es mort(e) |
| il meurt | il mourait | il mourra | il mourrait | il est mort, elle est morte |
| nous mourons | nous mourions | nous mourrons | nous mourrions | nous sommes mort(e)s |
| vous mourez | vous mouriez | vous mourrez | vous mourriez | vous êtes mort(e)(s) |
| ils meurent | ils mouraient | ils mourront | ils mourraient | ils sont morts elles sont mortes |

**naître** *(to be born)*

| Present tense | Imperfect | Future | Conditional | Perfect |
|---|---|---|---|---|
| | | | | je suis né(e) |
| | | | | tu es né(e) |
| | | | | il est né |
| | | | | elle est née |
| | | | | nous sommes né(e)s |
| | | | | vous êtes né(e)(s) |
| | | | | ils sont nés |
| | | | | elles sont nées |

**obtenir** *(to obtain) follows the pattern of* **tenir.**

**offrir** *(to offer, give as a present) follows the pattern of* **ouvrir.**

**ouvrir** *(to open)*

| | | | | |
|---|---|---|---|---|
| j'ouvre | j'ouvrais | j'ouvrirai | j'ouvrirais | j'ai ouvert |
| tu ouvres | tu ouvrais | tu ouvriras | tu ouvrirais | tu as ouvert |
| il ouvre | il ouvrait | il ouvrira | il ouvrirait | il a ouvert |
| nous ouvrons | nous ouvrions | nous ouvrirons | nous ouvririons | nous avons ouvert |
| vous ouvrez | vous ouvriez | vous ouvrirez | vous ouvririez | vous avez ouvert |
| ils ouvrent | ils ouvraient | ils ouvriront | ils ouvriraient | ils ont ouvert |

**paraître** *(to appear) follows the pattern of* **connaître.**

**partir** *(to depart, set off ) follows the pattern of* **dormir** *but takes* **être** *in the perfect tense.*

**pleuvoir** *(to rain)*

| | | | | |
|---|---|---|---|---|
| il pleut | il pleuvait | il pleuvra | il pleuvrait | il a plu |

**pouvoir** *(to be able, 'can')*

| | | | | |
|---|---|---|---|---|
| je peux (puis-je?) | je pouvais | je pourrai | je pourrais | j'ai pu |
| tu peux | tu pouvais | tu pourras | tu pourrais | tu as pu |
| il peut | il pouvait | il pourra | il pourrait | il a pu |
| nous pouvons | nous pouvions | nous pourrons | nous pourrions | nous avons pu |
| vous pouvez | vous pouviez | vous pourrez | vous pourriez | vous avez pu |
| ils peuvent | ils pouvaient | ils pourront | ils pourraient | ils ont pu |

**prendre** *(to take)*

| | | | | |
|---|---|---|---|---|
| je prends | je prenais | je prendrai | je prendrais | j'ai pris |
| tu prends | tu prenais | tu prendras | tu prendrais | tu as pris |
| il prend | il prenait | il prendra | il prendrait | il a pris |
| nous prenons | nous prenions | nous prendrons | nous prendrions | nous avons pris |
| vous prenez | vous preniez | vous prendrez | vous prendriez | vous avez pris |
| ils prennent | ils prenaient | ils prendront | ils prendraient | ils ont pris |

**prévenir** *(to inform) follows the pattern of* **venir** *but takes* **avoir** *in the perfect tense.*

**recevoir** *(to receive)*

| | | | | |
|---|---|---|---|---|
| je reçois | je recevais | je recevrai | je recevrais | j'ai reçu |
| tu reçois | tu recevais | tu recevras | tu recevrais | tu as reçu |
| il reçoit | il recevait | il recevra | il recevrait | il a reçu |
| nous recevons | nous recevions | nous recevrons | nous recevrions | nous avons reçu |
| vous recevez | vous receviez | vous recevrez | vous recevriez | vous avez reçu |
| ils reçoivent | ils recevaient | ils recevront | ils recevraient | ils ont reçu |

**reconnaître** *(to recognise) follows the pattern of* **connaître.**

**repartir** *(to set off again) follows the pattern of* **partir.**

**reprendre** *(to take back again) follows the pattern of* **prendre.**

**savoir** *(to know, to know how to)*

| | | | | |
|---|---|---|---|---|
| je sais | je savais | je saurai | je saurais | j'ai su |
| tu sais | tu savais | tu sauras | tu saurais | tu as su |
| il sait | il savait | il saura | il saurait | il a su |
| nous savons | nous savions | nous saurons | nous saurions | nous avons su |
| vous savez | vous saviez | vous saurez | vous sauriez | vous avez su |
| ils savent | ils savaient | ils sauront | ils sauraient | ils ont su |

**se sentir** *(to feel) follows the pattern of* **dormir**.

**servir** *(to serve) and* **se servir** *(to serve, help oneself) follow the pattern of* **dormir**.

**sortir** *(to go out) follows the pattern of* **dormir** *but takes* **être** *in the perfect tense.*

**souffrir** *(to suffer, be ill) follows the pattern of* **ouvrir**.

**surprendre** *(to surprise) follows the pattern of* **prendre**.

**tenir** *(to hold)*

| | | | | |
|---|---|---|---|---|
| je tiens | je tenais | je tiendrai | je tiendrais | j'ai tenu |
| tu tiens | tu tenais | tu tiendras | tu tiendrais | tu as tenu |
| il tient | il tenait | il tiendra | il tiendrait | il a tenu |
| nous tenons | nous tenions | nous tiendrons | nous tiendrions | nous avons tenu |
| vous tenez | vous teniez | vous tiendrez | vous tiendriez | vous avez tenu |
| ils tiennent | ils tenaient | ils tiendront | ils tiendraient | ils ont tenu |

**venir** *(to come)*

| | | | | |
|---|---|---|---|---|
| je viens | je venais | je viendrai | je viendrais | je suis venu(e) |
| tu viens | tu venais | tu viendras | tu viendrais | tu es venu(e) |
| il vient | il venait | il viendra | il viendrait | il est venu, elle est venue |
| nous venons | nous venions | nous viendrons | nous viendrions | nous sommes venu(e)s |
| vous venez | vous veniez | vous viendrez | vous viendriez | vous êtes venu(e)(s) |
| ils viennent | ils venaient | ils viendront | ils viendraient | ils sont venus, elles sont venues |

**vivre** *(to live)*

| | | | | |
|---|---|---|---|---|
| je vis | je vivais | je vivrai | je vivrais | j'ai vécu |
| tu vis | tu vivais | tu vivras | tu vivrais | tu as vécu |
| il vit | il vivait | il vivra | il vivrait | il a vécu |
| nous vivons | nous vivions | nous vivrons | nous vivrions | nous avons vécu |
| vous vivez | vous viviez | vous vivrez | vous vivriez | vous avez vécu |
| ils vivent | ils vivaient | ils vivront | ils vivraient | ils ont vécu |

**voir** *(to see)*

| | | | | |
|---|---|---|---|---|
| je vois | je voyais | je verrai | je verrais | j'ai vu |
| tu vois | tu voyais | tu verras | tu verrais | tu as vu |
| il voit | il voyait | il verra | il verrait | il a vu |
| nous voyons | nous voyions | nous verrons | nous verrions | nous avons vu |
| vous voyez | vous voyiez | vous verrez | vous verriez | vous avez vu |
| ils voient | ils voyaient | ils verront | ils verraient | ils ont vu |

**Vouloir** *(to want)*

| | | | | |
|---|---|---|---|---|
| je veux | je voulais | je voudrai | je voudrais | j'ai voulu |
| tu veux | tu voulais | tu voudras | tu voudrais | tu as voulu |
| il veut | il voulait | il voudra | il voudrait | il a voulu |
| nous voulons | nous voulions | nous voudrons | nous voudrions | nous avons voulu |
| vous voulez | vous vouliez | vous voudrez | vous voudriez | vous avez voulu |
| ils veulent | ils voulaient | ils voudront | ils voudraient | ils ont voulu |

# French–English vocabulary

This reference vocabulary contains all the words used in **Parts A, B** and **C** of **French for Today**. The number in brackets is put after new words used in **Part C** and refers to the unit in which they appear for the first time. The gender of nouns is usually obvious from le/la, un/une; otherwise (m) and (f) are used.

Always use this vocabulary with care, remembering that the meaning given against each word is only the meaning of the word as used in this book. You will soon begin to realise that word-for-word translation is not possible or advisable. Always check back to see how the word or phrase was used in the context of the story or conversation.

You may also need to refer to the grammatical index on page 159 and the verb tables on pages 136–142. A verb marked with an asterisk * does not follow the normal -ER, -IR and -RE pattern and can be looked up in the verb tables.

o, at, in

andonner (15) to give up

onnement subscription

ord at first

ri shelter

ause de (5) because of

cepter to accept

cident accident

compagnement, à —— de (16) to the accompaniment of

compagner (2) to accompany

cord agreed; O.K.

cueillir* (9) to welcome

hat purchase; faire les ——s to go shopping

heter to buy

eur actor

if (-ve) active

ivité (12) activity

rice (9) actress

tualités (f) news

uellement (9) currently; at the moment

dition (f) bill

orer to adore

ulte adult

ogare air terminal

oport airport

aires (f) 'things'

ranchissement (m) (17) franking

reux (-euse) (9) awful

e (m) age; âgé old

nce de voyages travel agency

ent de police policeman

eurs elsewhere

hable (9) kind

ner to like; to love

aîné older

ajouter (6) to add

une allée pathway; drive

l'allemand (m) German (language)

aller* to go; allez! come on! —— à la pêche to go fishing; un —— simple single ticket; un —— et retour return ticket

allô! hello! (on 'phone)

allumer to switch on

alors then; well; —— que (11) whilst

une amazone strong woman

une ambulance ambulance

un ambulancier ambulance-man

améliorer (18) to improve

l'aménagement (m) (18) development

américain (9) American

l'ami(e) (m/f) friend

amical (-aux) (6) friendly

l'amitié (f) friendship

l'amour (m) (11) love

amoureux (-euse) (11) in love

une amoureuse (11) girl in love

amusant enjoyable; funny

s'amuser to enjoy onself

un an year

ancien (-enne) (15) former

l'anglais (m) English (language)

un animal (-aux) animal

une année year; bonne ——! Happy New Year! l'—— scolaire school year

un anniversaire birthday

annulé (17) cancelled

un anorak anorak

anormal abnormal

les antiquités romaines (f) Roman remains

août (m) August

un apéritif (16) pre-meal drink

un appareil photo camera; à l'appareil (12) on the phone; 'speaking'

apparemment (6) apparently

un appartement (4) flat

appeler (5) to call; s'—— to be called

l'appétit (m) appetite; bon ——! have a good meal!

applaudir to applaud

les applaudissements (m) (16) applause

apporter to bring

apprendre to learn

appuyer sur to press

s'approcher de (5) to approach

après after; afterwards

après-demain (m) (12) the day after tomorrow

un après-midi afternoon; de l'—— p.m. (until 5 p.m.)

à propos (3) by the way

un arbre tree

un architecte (15) architect

l'argent (m) money; l'—— de poche (11) pocket-money

l'argile (f) (4) clay

une armée (15) army

une armoire wardrobe; cupboard

un arrêt stop

s'arrêter to stop; arrêter de faire qq.ch. to stop doing sthg

l'arrivée (f) arrival

arriver to arrive

un arrondissement (8) district (in Paris)

un article article

un ascenseur (8) lift

un aspirateur vacuum cleaner

l'aspirine (f) aspirin

asseyez-vous! sit down!

assez enough; fairly; j'en ai —— (de) I've had enough (of)

assieds-toi! sit down!

une assiette plate

assister à (4) to be present at

un atelier workshop

un/une athlète (11) athlete

attendre to wait (for)

attention à . . . mind . . .! faire —— (13) to pay attention

atterrir to land

attraper to catch

une auberge de jeunesse youth hostel

au-dessus de (14) above

audio-visuel (-elle) (2) audio-visual

aujourd'hui today

auparavant (11) earlier

au revoir goodbye

au secours! help!

aussi also

aussitôt que possible (2) as soon as possible

l'Australie (f) Australia

un auteur (9) author

un (auto)bus bus

un (auto)car coach

une auto-école (2) driving-school

automatique automatic

automatiquement automatically

l'automne (m) autumn

un/une automobiliste (3) car-driver

l'autorisation (f) (15) authorisation

une autoroute (2) motorway

autour de around

autre other

un avaleur de feu (18) fire-eater

à l'avance early

avant before; —— de faire qq.ch. before doing sthg

avec with; et —— ça? anything else?

l'avenir (m) (15) future

une aventure adventure

une avenue avenue

un aviateur (16) airman

un avion aeroplane

avis, à ton —— (6) in your opinion

avoir* to have; l'air (6) to seem; —— x ans to be x years old; —— besoin de (3) to need; —— chaud to be hot; —— le coup de foudre pour (11) to fall suddenly in love with; —— faim to be hungry; —— froid to be cold; —— horreur de to hate; l'impression de (16) to have the feeling of; —— lieu (10) to take place; —— mal à to have a pain in; —— peur de to be afraid of; —— raison to be right; —— soif to be thirsty; —— tort to be wrong

avril (m) April

le baby-foot table football

le bac(calauréat) (11) school-leaving exam (usually 18+)

les bagages (m) luggage

la **baguette** *long thin loaf*
se **baigner** *to bathe*
la **baignoire** *bath*
le **bal** (16) *dance; ball*
le **balcon** *balcony*
le **ballon** *ball*
le **ball-trap** (4)
   *clay'pigeon
   shooting*
la **banane** *banana*
le **banc** *bench*
la **banlieue** (7) *suburbs*
la **banque** *bank*
la **banquette** (13) *seat*
le **bar** *bar*
la **barbe** *beard;* **quelle
   ——! *what a bore!*
en **bas** *below, at the
   bottom*
la **bascule**
   *weighing-scales*
le **basket** *basketball*
le **bateau** *boat;* **faire du
   —— *to go boating*
le **bâtiment** *building*
la **batterie de cuisine**
   *kitchen utensils*
**battre*** (10) *to beat*
**bavarder** (3) *to chat*
**beau** (**bel, belle**)
   *beautiful*
**beaucoup** *a lot*
le **bébé** *baby*
**belge** *Belgian*
**besoin, avoir —— de**
   (3) *to need*
**bête** *stupid*
le **béton** (18) *concrete*
le **beurre** *butter*
la **bibliothèque**
   *bookcase; library*
le **bic** *biro*
la **bicyclette** *bicycle*
**bien** *well;* **—— sûr** *of
   course*
**bientôt** *soon;* **à ——!
   *see you soon!*
**bienvenu** *welcome*
la **bière** *beer*
le **bifteck** (16) *beef-steak*
le **billet** *ticket;* **le —— de
   banque** *bank-note*
le **biscuit** *biscuit*
**bizarre** *strange*
**blanc** (**-che**) *white*
**blessé** *injured;* **un ——
   *an injured person*
se **blesser** (5) *to injure
   o.s.*
**bleu** *blue*
le **bloc sanitaire** *washing
   facilities*
**blond** *blond; fair*
**boire** *to drink*
le **bois** *wood*
la **boisson** *drink*
la **boîte** *box; tin*
le **bol** *bowl*
**bon** (**bonne**) *good;*
   **bon appétit!** *have a
   good meal;* **bonne
   journée!** *have a
   good day!* **bonne
   nuit!** *good night!*
   **bon retour!** *safe
   journey home!* **bon
   séjour** *have a good
   stay!*
le **bonbon** *sweet*
le **bonheur** *happiness*
le **bonhomme de neige**
   *snowman*
**bonjour!** *good day!
   good morning!*
**bon marché** *cheap*

**bonsoir!** *good
   evening!*
le **bord** *edge; side;* **à
   —— (de)** *on board*
la **bouche** (6) *mouth*
la **boucherie** *butcher's
   shop*
la **boue** (4) *mud*
**bouger** *to move*
la **boulangerie** *bakery*
une **boum** *party*
la **bouteille** *bottle*
la **boutique** *shop*
le **bouton d'alarme**
   *alarm button*
la **branche** *branch*
**brancher** *to plug in*
le **bras** *arm*
**bravo!** *well done!*
le **bricolage**
   *do-it-yourself*
la **brochure** *brochure*
la **brosse** *brush;* **la —— à
   dents** *toothbrush*
le **brouillard** *fog*
le **bruit** *noise*
**brûlé, ça sent le
   —— *there's a smell of
   burning*
**brumeux** (**-euse**) (15)
   *misty*
**brun** *brown*
**bruyant** (6) *noisy*
le **buffet** *sideboard;
   station buffet*
le **bulletin** *report*
le **bureau (de
   renseignements)
   (information) office*
le **but** (10) *goal*
la **buvette** (6) *drinks stall*

**ça** *that;* **—— alors!
   *well I never!*
**fait . . . en tout** *that
   makes . . .
   altogether;* **—— va
   all right;* **—— va
   mieux?** *feeling
   better?* **—— y est!
   *that's it; there we
   are, etc.*
la **cabine téléphonique**
   (17) *telephone box*
le **cabinet** *study*
**cache-cache, jouer à
   —— *to play
   hide-and-seek*
le **cadeau** (**-x**) *present*
le **café** *coffee; café;* **le
   —— au lait** *white
   coffee;* **le ——
   crème** *coffee with
   cream;* **le ——
   -tabac** *café and
   tobacconist's*
la **cafétéria** *cafeteria*
le **cahier** *exercise-book*
la **caisse** *cash-desk; till*
la **caissière** *cashier*
le **calcul** *sum*
la **calculatrice** *calculator*
le **calendrier** *calendar*
**caler** (3) *to stall*
**calme** *peaceful;* **le
   —— *peace; calm*
se **calmer** (11) *to calm
   down*
le/la **camarade** (*school*)
   *friend*
le **camembert**
   *Camembert cheese*

la **camionnette** *van*
la **campagne** *countryside*
le **campeur** *camper*
le **camping** *camp-site;*
   **faire du —— *to go
   camping*
le **canapé** *settee; sofa*
le **canard** *duck*
le **canot** *dinghy*
la **capitale** (9) *capital*
**car** *for (= because)*
le **car** *coach*
la **carafe** (16) *carafe*
la **caravane** *caravan*
le **carburateur** (3)
   *carburettor*
le **carnet** (14) *book (of
   tickets)*
la **carotte** *carrot*
le **carrefour** *crossroads*
la **carte** *birthday card;
   playing card; map;*
   (16) *menu;* **——
   blanche** (7)
   *freehand;* **la —— de
   crédit** (3)
   *credit-card;* **la
   d'embarquement
   *boarding-pass;* **la
   —— d'identité
   *identity card;* **la
   —— justificative
   (15) *card giving
   proof of identity;* **la
   —— postale
   *post-card*
le **cas** *case*
la **case** (9) *box (on form)*
le **casque** *helmet*
**cassé** *broken*
la **casserole** *saucepan*
le **cauchemar** (11)
   *nightmare*
**à cause de** (11) *because
   of*
**causer** (3) *to cause*
la **cave** *cellar*
**ce, cet, cette, ces** *this,
   that, these, those*
**ceci** *this*
**cela** *that*
**c'est** *it is;* **ce sont** *they
   are*
**célèbre** *famous*
**célibataire** (9)
   *unmarried*
une **centaine** (16) *hundred*
le **centime** *centime* (100
   = 1 franc)
le **centre** *centre;* **le ——
   commercial
   *shopping-centre*
la **cérémonie** (16)
   *ceremony*
**certain** *certain;*
   **——-ement
   *certainly*
**chahuter** *to make a
   din*
la **chaîne** (T.V.) *T.V.
   channel;* **la ——
   hi-fi** *stereo unit*
la **chaise** *chair*
le **chalet** (4) *chalet*
**chaleureux** (**-euse**)
   *warm*
la **chambre** *bedroom*
le **chameau** (**-x**) (6)
   *camel*
le **champ** *field*
le **champagne**
   *champagne (wine)*
le **champion** *champion*
le **championnat** (10)
   *championship*

la **chance, avoir de** *to be
   lucky;* **quelle ——!
   *what luck!*
le **changement** *change*
**changer** (14) *to
   change*
**chanter** *to sing*
le **chanteur** *singer*
le **chapeau** (**-x**) *hat*
**chaque** *each; every*
la **charcuterie**
   *pork-butcher's
   shop*
le **chariot** *cart; trolley*
**charmant** (9)
   *charming*
le **chat** *cat*
**châtain** (13) *brown*
le **château** (**-x**) *large
   mansion;* **le —— de
   sable** *sandcastle*
**chaud** *hot;* **avoir ——
   *to be hot*
**chauffé** (10) *heated*
la **chaussée** (2) *roadway*
la **chaussette** *sock*
la **chaussure** *shoe*
le **chef** *boss; chief;* **le
   —— de train** (13)
   *guard*
la **cheminée** *fireplace;
   chimney*
la **chemise** *shirt;* **la ——
   de nuit** *night-dress*
le **chèque (de voyages)**
   *(traveller's) cheque*
**cher** *dear; expensive*
**chercher** *to look for*
**chéri(e)** *darling*
le **cheval** (**-aux**) *horse;*
   **monter à —— *to
   ride horses*
les **cheveux** (m) *hair*
la **cheville** (10) *ankle*
**chez** *at the house of*
**chic** (6) *fashionable*
**chic alors!** *great! etc.*
le **chien** *dog*
le **chiffon** *duster*
le **chiffre porte-bonheur**
   *lucky number*
la **chimie** (15) *chemistry*
la **Chine** *China*
les **chips** (m) *crisps*
le **chocolat** *chocolate*
**choisir** (3) *to choose;*
   **que ——? *what
   shall we choose;*
   **«Que C——?» =
   *Which?*
le **choix** *choice;* **au ——
   (16) *at your choice*
la **chose** *thing*
**chouette!** (9) *great!*
**chut!** *hush!*
**ci-dessous** (9) *below*
**ci-dessus** *above*
le **ciel** *sky*
la **cigarette** *cigarette*
le **cinéma** *cinema*
**circulaire** *circular*
la **circulation** (2) *traffic*
**circuler** (15) *to travel
   (of vehicles);*
   **circulez!** (2) *move
   on!*
la **classe** *class*
**classé** (10) *ranked*
le **classement** (10)
   *classification;
   ranking*
**classique** *classical*
la **clef** *key*
**climatisé** (18)
   *air-conditioned*

la **clinique** (8) *clini[...]*
la **cloche** (4) *bell*
un **coca** *'coke'*
**cocher** (2) *to tick*
le **Code de la Route**
   *Highway Cod[...]*
le **coin** *corner*
**collectionner** *to c[...]*
le **collège** *school;* **le[...]
   d'Enseigneme[...]
   Secondaire
   (C.E.S.)** *secon[...]
   school*
le/la **collègue** (16)
   *colleague*
**combien** *how m[...]
   how many*
**commander** (16)[...]
   *order*
**comme** *as; like;* [...]
   **toujours** *as us[...]*
**commencer (à)** t[...]
   *begin (to)*
**comment** *how*
le **commissariat** (1[...]
   *police-station*
**commission, fair[...]
   —— (17) *to ta[...]
   message*
en **commun** (3) *in
   common*
la **communication[...]
   p.c.v.** (17)
   *transferred ch[...]
   call*
le **complet** (13) *sui[...]*
**complètement
   *completely*
**compliqué** (17)
   *complicated*
**composer** (5) *to [...]*
le **compositeur** (9)
   *composer*
**composter** *to pu[...]*
le **composteur** (14)
   *ticket-cancell[...]
   machine*
**comprendre*** *to
   understand;* (1[...]
   realise;* (16) *to
   include*
le **comprimé** *tablet[...]*
**compris** *include[...]*
**compter** *to coun[...]
   —— sur** *to re[...]*
le **concours** (10)
   *competition*
le **conducteur** (2) [...]
**conduire** *to driv[...]*
la **confiture** *jam*
le **confort** (1) *com[...]
   *comfortable*
la **confusion** *confu[...]*
le **congé** *time off;* **a[...]
   —— *to be on
   holiday*
la **connaissance, fa[...]
   —— de** (15) *to
   meet; to get to[...]*
**connaître*** (3) *to
   know;* **se ——
   *to get to kno[...]
   another*
**consacrer** (9) *to [...]
   devote*
le **conseil** *piece of [...]*
**conseiller** (13) *to
   advise*
les **conserves** (f) *tin[...]
   food*
**construire*** (15) [...]
   *build*
**consulter** *to con[...]*

**ontenir*** (11) *to contain*
**ontent (de)** *pleased (with)*
**ontraire** (7) *on the contrary*
**ontre** *against*
**ontrôle** *check, control*
**onvenir** (12) *to suit*
**onversation** *conversation*
**oordonnées** (f) (13) *personal particulars*
**opain (la copine)** (1) *friend*
**oq** *cock;* le —— **au vin** (16) *chicken in wine*
**orbeille** *waste-paper basket*
**orrect** *correct*
**orrespondance** (7) *correspondence;* (14) *connection*
**orrespondant** (7) *correspondent, pen-friend*
**orvée (de ménage)** *(household) chore*
**ôte** *coast;* la —— **de porc** (16) *pork-chop*
**ôté de** *beside; next to*
**ou** *neck*
**ouché** *in bed*
**oucher** *to go to bed*
**ouleur** *colour*
**ouloir** (13) *corridor*
**oup** *blow;* le —— **de fil** (13) *telephone-call;* **avoir le —— de foudre pour** (11) *to fall suddenly in love with;* le —— **de fusil** (4) *rifle-shot;* le —— **de main** (11) *(helping hand);* le —— **de téléphone** (14) *telephone-call*
**oupé** (17) *cut off*
**ourage! cheer up!**
**ourageux (-euse)** *brave*
**ours** *lesson*
**ourse** (10) *race*
**ourt** (13) *short*
**ousin(e)** *cousin*
**oussin** *cushion*
**outeau (-x)** *knife*
**oûter** *to cost;* —— **cher** *to be expensive*
**ouvert, mettre** —— *to lay the table*
**ouvrir*** *to cover*
**rac!** *bang!*
**raie** *chalk*
**raquer** (11) *to burst*
**ravate** *tie*
**rayon** *pencil*
**réer** (18) *to create*
**rème** *cream*
**rémerie** *dairy*
**rêpe** *pancake*
**revant** (15) *exhausting*
**revé** (3) *burst*
**ri** (4) *shout*
**rier** *to shout*
**rise de nerfs** (11) *fit of nerves*
**roiser qqn** (11) *to pass sbdy (going in opposite direction)*

**le croque-monsieur** *fried sandwich of ham and cheese*
**les crudités** (f) (16) *raw vegetable dish*
**la cuillerée** *spoonful*
**la cuisine** *kitchen; cooking*
**la cuisinière** *cooker*
**cuit** (16) *cooked*

**d'abord** *at first*
**d'accord** *agreed; O.K.*
**d'ailleurs** (5) *moreover*
**dangereux (-euse)** *dangerous*
**dans** *in*
**la danse** (9) *dancing*
**danser** *to dance*
**la date** *date*
**de** *of; from*
**débarrasser la table** *to clear the table*
**le débat** *debate*
**se débrouiller** *to manage (for oneself)*
**le début** (9) *beginning*
**décembre** (m) *December*
**décider (de)** *to decide (to)* **c'est décidé!** *that's decided!*
**déclarer** *to declare*
**décoller** *to take off (of plane)*
**le décor** *decoration; setting*
**décoré de** (16) *decorated with*
**découvrir*** *to discover*
**décrocher** (17) *to lift up (the receiver)*
**déçu** (7) *disappointed*
**la défaite** (15) *defeat*
**le défilé militaire** (16) *march-past*
**dehors** *outside*
**déjà** *already*
**le déjeuner** *lunch;* le **petit** —— *breakfast*
**déjeuner** *to have lunch*
**délicat** (11) *delicate*
**délicieux (-euse)** *delicious*
**demain** *tomorrow*
**demander** *to ask*
**le démarrage en côte** (2) *hill-start*
**démarrer** (2) *to start*
**demi** *half;* **une heure et demie** *half-past one;* la —— **-heure** (2) *half-hour;* **un** —— **-kilo** *half a kilo;* le —— **-tarif** (15) *half-price;* le —— **-tour** (2) *3-point turn*
**démolir** (15) *to demolish*
**la dent** *tooth*
**le dentifrice** *toothpaste*
**le dentiste** (8) *dentist*
**dépanner** (3) *to get sbdy out of trouble*
**le départ** *departure*
**dépaysé** (13)

**bewildered**
**se dépêcher** *to hurry*
**dépenser** (11) *to spend*
**déposer** (16) *to lay*
**déprime, en pleine** —— (11) *thoroughly depressed*
**depuis** *since*
**déraper** *to skid*
**dernier (-ère)** *last*
**derrière** *behind*
**des** *some; of the*
**dès** (17) *as soon as; no later than; first thing*
**désastreux (-euse)** *disastrous*
**descendre** *to go down; to come down*
**désirer** *to want*
**le dessert** *sweet*
**le dessin** *art; drawing;* **les** —— **s animés** *cartoon*
**la dessinatrice** (3) *designer*
**dessiner** *to draw*
**désolé** (2) *very sorry*
**dessus** (13) *on it*
**le détective** *detective*
**détester** *to hate*
**détruire*** (15) *to destroy*
**devant** *in front of*
**devenir*** (6) *to become*
**le devoir** *homework;* le ——
**supplémentaire** *extra work*
**devoir*** *to have to,* *'must'*
**d'habitude** *usually*
**le diesel** (3) *diesel fuel*
**dieu, mon** ——! *goodness me! (etc.)*
**difficile** *difficult*
**la difficulté** (2) *difficulty*
**dimanche** (m) *Sunday*
**le dîner** *dinner*
**dire*** *to say*
**en direct** *live (broadcast)*
**directement** (14) *directly*
**la direction** (8) *management;* (14) *direction*
**se diriger vers** (14) *to go towards*
**la discothèque** *discothèque*
**discuter de** (9) *to discuss*
**disparaître*** (17) *to disappear*
**la dispute** (5) *row; squabble*
**le disque** *record;* (2) *parking-disc*
**les distractions** (f) *entertainment*
**une dizaine** *about ten*
**le docteur** *Doctor (title)*
**le document** (15) *document*
**dommage, quel** ——! *what a pity!*
**donc** *so; therefore*
**donner** *to give;* —— **un coup de main** *to give a hand;* —— **à manger à** (6) *to feed*
**dont** (10) *of which;*

**including**
**dormir*** *to sleep*
**le dossier** (8) *file*
**la douane** *customs*
**le douanier** *customs officer*
**double** *double*
**doucement** (8) *gently; gradually*
**la douche** *shower*
**doué** (3) *able; bright*
**la douleur** (8) *pain*
**doutais, je m'en** —— (15) *I thought as much*
**le doute** *doubt*
**drame, quel** ——! *what a to-do!*
**le drapeau (-x)** *flag*
**la droguerie** *household goods shop*
**le droit** (2) *right*
**à droite** *on the right*
**du, de la, des** *of it, of them; some*
**dur** *hard*
**durer** (2) *to last*

**l'eau (-x)** (f) *water*
**un échange** (7) *exchange*
**un éclair** *flash of lightning*
**éclater** *to burst*
**une école** *school;* **une** —— **maternelle** *infants' school;* **une** —— **primaire** *primary school*
**économies** (f), **faire des** —— *to save up*
**écouter** *to listen to*
**un écouteur** (15) *earphone*
**un écran** *screen*
**écrasé** *squashed (= very low)*
**s'écrier** (8) *to exclaim*
**écrire*** *to write*
**écrit** *written*
**un édifice** (15) *building*
**l'éducation** (f) **civique** *civics;* **l'**—— **physique** *P.E.*
**effectivement** (11) *indeed*
**en effet** *in fact; indeed*
**l'efficacité** (f) (18) *efficiency*
**un effort, faire** —— *to make an effort*
**également** (11) *equally*
**s'égarer** (13) *to get lost*
**une église** *church*
**un éléphant** (6) *elephant*
**un/une élève** *pupil*
**elle** *she;* **elles** *they (female)*
**l'embarras du choix, avoir** —— (1) *to be spoilt for choice*
**s'embarquer** (12) *to embark*
**embêtant** (2) *annoying*
**un embouteillage** (4) *traffic-jam*
**embrasser** (8) *to kiss*
**un émetteur** (15) *transmitter*
**une émission** *broadcast*
**un emplacement** *place*

**un emploi du temps** *timetable*
**un/une employé(e)** *clerk*
**emporter** *to carry away*
**en** *in; of it; of them;* —— **effet** *in fact; indeed*
**encore** *yet;* —— **une fois** *once again;* —— **un . . .** *another . . .*
**endommagé** (5) *damaged*
**s'endormir*** (5) *to fall asleep;* **endormi** (13) *asleep*
**un endroit** *place*
**énervant** (8) *exhausting*
**un/une enfant** *child*
**enfin** *at last*
**engager** (2) *to engage*
**un ennemi** (10) *enemy*
**ennuyeux (-euse)** *boring*
**énorme** *enormous*
**énormément** *enormously; extremely*
**une enquête** (9) *enquiry*
**enregistrer** (10) *to record*
**ensemble** *together*
**ensuite** (6) *next*
**entendre** *to hear;* **s'** —— **bien** (7) *to get on well*
**entendu, c'est** ——! (12) *that's agreed!*
**entier (-ère)** (9) *entire;* **entièrement** (10) *entirely*
**entouré de** (4) *surrounded by*
**un entraînement** (10) *training*
**s'entraîner** (10) *to train*
**un entraîneur** (10) *trainer*
**l'entrée** (f) *entrance*
**entrer dans** *to enter; to go in*
**entretenir*** (3) *to maintain; to service*
**entr'ouvert** (R2) *half-open*
**envoyer** *to send*
**épeler** (13) *to spell*
**une épicerie** *grocer's shop*
**un épisode** *episode*
**l'époque** (f) (15) *time; era;* **à l'**—— *at that time*
**une épreuve** (2) *test*
**une équipe** (5) *team*
**une erreur** *mistake*
**l'escalier** (m) *stairs;* **un** —— **roulant** (18) *escalator*
**esprit, venir à l'**—— **de qqn** (8) *to occur to sbdy*
**un essai** (10) *trial*
**essayer (de)** (3) *to try (to)*
**l'essence** (f) *petrol*
**essuyer** *to wipe; to dust*
**est** *east*
**et** *and*
**l'étage** (m) *floor; level*
**une étape** (10) *stage (of race)*

les **États-Unis** (m) *United States*
l'**été** (m) *summer*
une **étoile** (15) *star*
**étonné** (8) *surprised*
l'**étranger** (m) *abroad;* **un —** (13) *foreigner*
**être*** *to be*
un **étudiant** (15) *student*
un **événement** *event; happening*
**évidemment** (15) *obviously*
un **évier** *sink*
**éviter** (4) *to avoid*
**exact** (1) *right, correct;* **exactement** *exactly*
un **examen** (2) *examination*
**examiner** *to examine*
**excellent** *excellent*
une **excuse** *excuse*
par **exemple** *for example*
un **exercice** *exercise*
**exotique** (6) *exotic*
une **expérience** *experiment*
**expliquer** *to explain*
**exposé** (15) *on exhibition*
une **exposition** (15) *exhibition*
un **extrait** (10) *extract*

en **face de** *opposite*
**facile** *easy;* **facilement** (13) *easily*
le **facteur** *postman*
**faible (en)** *weak (at)*
**faim, avoir —** *to be hungry*
**faire*** *to do; to make;* **que —?** (2) *what shall I do?* **— du bateau** *to go boating;* **— des économies** *to save up;* **— faire qq.ch.** (15) *to have sthg done;* **— mal à** *to hurt;* **— peau neuve** *to turn over a new leaf;* **— preuve de** (9) *to show; to give evidence of;* **— la queue** *to queue;* **— venir** *to send for;* **— de la voile** *to go sailing;* **ne t'en fais pas!** *don't worry!*
les **falaises** (f) *cliffs*
**falloir*** (2) *to be necessary*
**familier (-ère)** *familiar*
la **famille** *family*
le **fana (tique)** *fanatic*
la **fanfare** (16) *band*
**fantastique** *fantastic*
**fatigant** *tiring*
**fatigué** *tired*
le **fauteuil** *armchair*
**favori (-te)** *favourite*
**félicitations!** (f) *congratulations!*
la **femme** *woman; wife*
la **fenêtre** *window*
la **ferme** *farm*
**fermé** *closed;* **— à clef** *locked*

**fermer** *to close*
le **fermier** *farmer*
**féroce** *fierce*
le **ferry** (12) *ferry-boat*
le **fervent** *fan*
la **fête** *party; festival; holiday;* **la — de Noël** *Christmas*
**fêter** (14) *to celebrate*
le **feu** *fire;* **au —!** *fire;* **les —x** (2) *traffic-lights;* **le — d'artifice** (16) *firework display*
la **feuille de papier** *sheet of paper*
le **feuilleton** (11) *serial*
**février** (m) *February*
la **fiche** (7) *form*
**fier (-ère)** (6) *proud*
le **filet** (13) *luggage-rack;* **le — de hareng** (16) *herring fillet*
la **fille** *daughter; girl*
le **film policier** *detective film*
le **fils** *son*
la **fin** *end;* **en d'après-midi** (12) *towards the end of the afternoon*
**finir** *to finish;* **fini** *finished;* **— par faire qq.ch.** (1) *to finish by doing sthg*
le **flacon** *bottle*
la **fleur** *flower*
le **flirt** *boy friend*
**fois, encore une —** *once again;* **mille — thousand times (= a lot);* **ce sera pour une autre —** (12) *some other time;* **à la —** (13) *at the same time*
**fonctionner** *to work (of equipment)*
au **fond de** *at the back of; at the far end of*
**forcément** (9) *inevitably*
le **forfait** (15) *fee*
**formidable** (1) *great (etc.)*
**fort** *strong; strongly; heavily (of rain);* **— en** *good at*
**fou (fol, folle)** (5) *mad*
le **foulard** *scarf*
la **foule** (5) *crowd*
la **fourchette** *fork*
la **fracture** *fracture*
la **framboise** *raspberry*
le **franc** *franc (French money)*
**français** *French*
**franchement** (9) *frankly*
**frapper** *to knock*
le **frein** (3) *brake*
**freiner** *to brake*
le **frère** *brother*
le **frigo** *fridge*
la **frite** *chip*
**froid** *cold*
le **fromage** *cheese*
le **fruit** *fruit;* **les —s de mer** (16) *sea-food*
**fumer** *to smoke*
le **fumeur** *smoker*
**furieux (-euse)** *furious*

**furieusement** (4) *furiously*

**gâché** *ruined, spoilt*
**gagnant** *winning*
**gagner** *to win*
la **galerie** (18) *gallery*
le **garage** *garage*
le **garçon** *boy; waiter*
la **gare** *railway station;* **la — routière** *coach station;* **la — maritime** (2) *port station*
**garer** (1) *to park*
le **gâteau** *cake*
à **gauche** *on the left*
le **gaz butane** *camping gas*
**geler** *to freeze*
le **gendarme** *policeman*
la **gendarmerie** *police-station*
**génial!** *fantastic, great! etc.*
les **gens** (m) *people*
**gentil (-ille)** *nice, kind*
la **géographie** *geography*
la **gerbe** (16) *wreath*
la **girafe** (6) *giraffe*
le **gîte** *rented cottage*
la **glace** *ice-cream; ice*
**glissant** *slippery*
la **gomme** *eraser*
la **gorge** *throat;* (4) *ravine*
**gourmand** *greedy*
le **goût** (7) *taste*
le **goûter** *tea-time snack*
la **grammaire** *grammar*
**grand** *big*
la **grandeur** (15) *size*
la **grand-mère** *grandmother*
les **grands-parents** *grandparents*
le **grand-père** *grandfather*
la **grand'rue** (2) *main street*
le **gratte-ciel** (18) *sky-scraper*
**gratuit** *free; no charge*
**grave** *serious;* **— ment** *seriously*
le **grenier** *attic*
**grimper** *to climb*
la **grippe** *influenza*
**gris** *grey*
**grogner** *to grumble*
**gros (-se)** *big; fat*
**grossir** (3) *to get fat*
le **groupe** (7) *group*
se **grouper** (5) *to gather together*
la **guerre** (15) *war*
le **guichet** (17) *serving-point (at counter); booking-office*
le **guide** (14) *guide*
**guidé** (15) *guided*
la **guitare** *guitar*

s' **habiller** *to get dressed;* **habillé en** *dressed in*
**habiter** *to live*
d' **habitude** *usually*
le **hasard** (10) *chance*
**haut** (15) *high*
le **haut-parleur** (1)

*loudspeaker*
**hélas** *alas*
un **hélicoptère (de sauvetage)** *(rescue) helicopter*
**hésiter** *to hesitate*
l'**heure** (f) *time;* **à quelle —?** *at what time?*
**heureusement** *fortunately*
l'**hippopotame** (m) (6) *hippopotamus*
l'**histoire** (f) *story; history*
**historique** (15) *historic*
le **hit-parade** *hit parade*
l'**hiver** (m) *winter*
**holà! hey!; hold on!*
un **homme** *man;* **l'— d'affaires** (13) *businessman*
**honnêtement** *honestly*
l'**honneur** (m) (15) *honour*
une **honte** *disgrace; shame*
un **hôpital (-aux)** *hospital*
un **horaire** *timetable*
**horreur, avoir — de** *to hate*
les **hors-d'œuvre** (16) *starter (at meal)*
un **hôtel** *hotel;* **l'— de ville** *town hall*
une **hôtesse** *hostess*
un **hoverport** (2) *hoverport*
l'**huile** (3) *oil*
**humeur, de mauvaise — in a bad mood*
**hurler** (11) *to bellow*
un **hypermarché** *hypermarket*

**ici** *here;* **par — this way*
**idéal** *ideal*
une **idée** *idea*
**idiot** *idiotic*
**il** *he;* **ils** *they (male)*
**il y a** *there is; there are*
**illuminé** (11) *lit up*
un **immeuble** (8) *block of flats*
un **imper(méable)** *raincoat*
**impossible** *impossible*
**imprévu** *unforeseen*
**inattendu** *unexpected*
**incapable** (3) *unable*
un **incident** (3) *incident*
**inconnu** (15) *unknown*
l'**inconvénient** (m) (9) *inconvenience*
**incroyable** (1) *unbelievable*
**indiquer** (13) *to point to*
un **individu** (11) *individual*
l'**ingratitude** (f) *ingratitude*
**inquiet (-ète)** *anxious*
s'**inquiéter** *to be anxious*
un **inspecteur** (2) *inspector*
s'**installer** *to settle oneself*
**instant, dans un petit**

**—** (5) *very s[...]*
un **instrument** (9) *instrument*
**insupportable** *unbearable*
**intelligent** *intelli[...]*
l'**intention** (f) (4) *intention*
**interdit** *forbidde[...]*
**intéressant** *intere[...]*
s'**intéresser à** *to be interested in*
l'**intérêt** (m) (9) *in[...]*
l'**intérieur** (m) *ins[...]*
**international (-s** (7) *internation[...]*
**interroger** (11) *t[...] question*
une **interview** (8) *inte[...]*
**interviewer** (8) *t[...] interview*
**inventer** *to inven[...]*
une **invention** (15) *invention*
une **invitation** *invitat[...]*
**inviter** *to invite*
s'**isoler** (11) *to iso[...] o.s.*

la **jalousie** (11) *jeal[...]*
**jamais, ne . . . — never*
la **jambe** *leg*
le **jambon** *ham*
**janvier** (m) *Janu[...]*
**japonais** (9) *Jap[...]*
le **jardin** *garden*
le **jardinier** *garden[...]*
**jaune** (7) *yellow*
**je** *I*
**jeter** (5) *to throw[...]* **— un coup [...] sur** (18) *to gla[...]*
le **jeu (-x)** *game*
**jeudi** (m) *Thurs[...]*
**jeune** *young*
le **jogging** *jogging*
la **joie** *joy;* **quelle — what pleasure[...]*
**joli (e)** *pretty*
le **jongleur** (18) *jug[...]*
la **joue** *cheek*
**jouer** *to play;* **football** *to pla[...] football;* **piano** *to play [...] piano*
le **jouet** *toy*
le **joueur** (10) *playe[...]*
le **jour** *day;* **le — l'an** *New Year[...] Day;* **le — d[...] poissons d'avr[...]** *April Fool's D[...]* **Jour J** (11) *D-[...]* **le — férié (1 *bank holiday*
le **journal (-aux)** *newspaper; di[...]*
la **journée** *day's act[...]*
**joyeux (-euse)** *ha[...]*
**juillet** (m) *July*
**juin** (m) *June*
**jumeaux, jumelle[...]** *twin*
la **jungle** (6) *jungle*
la **jupe** *skirt*
le **jus d'orange** *oran[...] juice*
**jusqu'à** *right to, [...]*
**juste** *just, correct[...]*

lo kilogram (2.2 lbs)

there; là-bas over there
isser to leave
it milk
ma (6) llama
mpe lamp
vabo wash-basin
ver to wash; se —— to wash oneself
çon (2) lesson; la —— de conduite (3) driving-lesson
cture (9) reading
gumes (m) vegetables
ndemain the following day; le —— matin (1) the following morning
ntement slowly
quel, laquelle, lesquels, lesquelles? (15) which?
ttre letter
ur their; to them
ver to get up; se —— de table (17) to leave the table
rairie-papeterie book shop and stationer's
re free
u (15) place; avoir —— (10) to take place
ne (14) line
nonade lemonade
n (6) lion
ge linen
e* to read
iblement (7) legibly
te list
bed
re (sterling) £ sterling
re book
ret-guide (15) guide-book
cation (15) hire
comotive railway engine
ger (13) to lodge, stay
in far away
isir (9) leisure
ng (-ue) long
ngtemps a long time
rs de (10) on the occasion of
t, gros —— big prize
oterie Nationale national lottery
urd heavy; sultry
i-même (7) himself
ndi (m) Monday
ne moon
nettes (f) spectacles
xe (1) luxury
céen, la lycéenne (9) school-student

achine à laver washing-machine
ladame Mrs
ademoiselle Miss
agasin shop; store;

le —— d'alimentation foodshop
le magazine magazine
le magnétophone tape-recorder
magnifique magnificent
mai (m) May
le maillot (10) jersey; le —— de bain bathing-costume
la main hand
maintenant now
le maire (16) mayor
la mairie (16) town hall
mais but; —— non! of course not!
la maison house; la —— de campagne country-house
maison (16) home-made
majuscules, en —— (7) in capital letters
mal badly; —— rangé (6) untidy
mal, avoir —— à to have a pain in; faire —— à to hurt
malade sick; ill; les malades sick people
malgré (9) in spite of
le malheur misfortune
malodorant (4) smelly
maman Mummy
manches, sans —— (10) sleeveless
un mandat (17) postal-order
manger to eat
manquer (14) to be missing
se maquiller to make oneself up
le marchand merchant; seller; le —— de glaces ice-cream seller
le marché (18) market
marcher to walk; to work (of equipment)
mardi (m) Tuesday
le mari husband
le marin (16) sailor
la marque (3) make
marrant, c'est —— (9) it's fun
marquer (10) to score
le mascara mascara
le match match; —— aller (10) 1st leg match; —— retour (10) 2nd leg match
le matériel de camping camping equipment
les mathématiques (f) maths
la matière subject (in school)
le matin morning; du —— a.m.
la matinée morning's activity; faire la grasse —— to have a lie-in
mauvais bad; le —— numéro (17) wrong number
le mécanicien train-driver; (3) mechanic

méchant naughty
le médecin doctor
le médicament medicine
le melon (16) melon
le membre (9) member
même same; even
mémoire, le jeu de —— Kim's game
la ménagère housewife
mener qqn en bateau (11) to fool sbdy
le menu (16) fixed-price meal
la mer sea
merci thank you
mercredi (m) Wednesday
la mère mother
mériter (3) to deserve
merveille, aller à (6) to suit perfectly
mesdames ladies
la messe (4) Mass
messieurs-dames ladies and gentlemen
mesurer (15) to measure
le métier job; profession
le mètre (15) metre
le métro (6) underground railway
le metteur en scène (9) (film) director
mettre to put; —— le couvert to lay the table; se —— en route (2) to set off; —— en marche (3) to get going; —— de côté (11) to put on one side
les meubles (m) furniture
midi (m) midday
mieux, c'est encore —— it's even better
mignon (-onne) (9) sweet; nice
au milieu de in the middle of
militaire (16) military
mille fois thousand times (= a lot)
le millier (16) thousand
le million million
miniature miniature
minuit (m) midnight
la minute minute
la mi-temps (10) half-time
moche (1) bad
la mode (3) fashion
le modélisme (9) modelling
moi me; moi-même myself
moins less; minus; au —— at least; —— de less than
le mois month
moment, le bon —— the right time
mon, ma, mes my
le monde world; tout le —— everybody; quel ——! what a lot of people!
mondial (11) in the world
le moniteur (10) instructor
la monnaie change

Monsieur Mr; un monsieur gentleman
la montagne mountain (s)
monter to go up; —— à cheval to ride horses; —— derrière to ride pillion
la montre watch
montrer to show, point to
le monument (12) monument; le —— aux morts (16) war-memorial
se moquer (de) to make fun (of)
le morceau (-x) lump; block; bit
mort dead
le moteur (3) engine
la moto motor-bike
le mouchoir (13) handkerchief
mouillé jusqu'aux os soaked to the skin
mourir* to die
le M.L.F. (= Mouvement pour la Libération des Femmes) Women's Liberation
le moyen means
en moyenne (9) on average
muni de (18) equipped with
municipal (10) of the town
le mur wall
murmurer (5) to mutter, murmur
le musée museum
le musicien (9) musician
la musique music
le mystère mystery
mystérieux (-euse) mysterious

nager (7) to swim
naître* to be born
la natation (10) swimming
national (-aux) national
naturellement of course
ne . . . jamais never; ne . . . pas not; ne . . . pas du tout not at all; ne . . . personne nobody; ne . . . plus no more; no longer; ne . . . rien nothing
nécessaire necessary
neiger to snow
n'est-ce pas isn't it? aren't we? etc.
nettoyer to clean
neuf (-ve) new
n'importe lequel (8) it doesn't matter which

le niveau (-x) (18) level
Noël (m) Christmas
noir black
le nom surname, name
nombreux (-euse) (16) numerous
non no; non-fumeur (11) non-smoker
nord north
le nord-ouest (7) north-west
normal (17) usual; obvious; to be expected
normalement usually
la note mark (in school)
notre, nos our
la nourriture food
nous we, us
nouveau (nouvel, nouvelle) new
la nouvelle (8) piece of news
novembre (m) November
le nuage cloud
la nuit night; faire —— to be dark
le numéro number

un obélisque (15) obelisk
un objet object; les ——s trouvés (13) lost property
obligatoire (2) compulsory
une observation remark, comment
obtenir* (10) to obtain
d'occasion (1) second-hand
occupé (12) busy
s'occuper de to look after; to take care of
octobre (m) October
un œil (des yeux) eye
un œuf egg
offrir to offer; to give as a present; c'est pour —— it's to be given as a present
un oiseau (-x) (6) bird
on one; we; people in general
un oncle uncle
une opinion opinion
un orage storm
une orange orange; orange orange (-coloured)
l'orchestre (m) stalls (in cinema)
un ordinateur computer
une ordonnance prescription
une oreille ear
organiser to organise
original (9) original
ou or
où where
oublier to forget
ouest west
oui yes
un ours (6) bear
un outil tool
ouvert open
un ouvrier (15) workman
ouvrir* to open

la **page** page
le **pain** bread
le **palais** (4) palace
le **panier** basket; le —— -repas (13) lunch-basket
le **panneau** (-x) (17) notice
le **pantalon** trousers
**papa** Dad
la **papeterie** stationery
le **papier** paper
le **paquet** packet
**par** by; **par exemple** for example; **par ici** this way
**paraître\*** (17) to appear
le **parapluie** umbrella
le **parc** park
**parce que** because
**pardon!** excuse me! sorry!
**pareil (-lle)** (15) such a . . ., like that, similar
les **parents** (m) parents; relatives
**parfait** (15) perfect
le **parfum** flavour (of ice-cream); perfume
**parisien (-enne)** (7) Parisian
le **parking** car-park; le —— **payant** (2) pay car-park
**parler** to speak, talk
**parmi** among
**à part** (9) besides
**participer** to take part
**particulier (-ère)** (17) private
la **partie** game; (2) part
**partir** to set out, depart
**partout** everywhere; **un peu** —— (9) more or less everywhere
le **pas** (11) step
**pas cher** cheap; **pas encore** not yet; **pas tellement** not particularly; **pas grand'chose** (5) not much; **pas d'histoires!** (5) no nonsense!
le **passage clouté** (2) pedestrian crossing
le **passager** passenger
le **passant** passer-by
le **passeport** passport
**passer** to pass; —— **à la télévision** to be on T.V.; —— **du temps** to spend time; —— **un disque** to play a record; **se** —— to happen; —— **un examen** (2) to take an exam
le **passe-temps** hobby; pastime
**passionnant** exciting
**passionné de** (11) keen on
**patient** patient
**patienter** (17) to hold on (phone)
le **patinage** (10) skating

les **patins** (m) **à roulettes** roller-skates
la **pâtisserie-confiserie** confectioner's shop
une **pause-café** break for a drink
**pauvre** poor
**payer** to pay
le **pays** country
le **péage** (9) toll
**peau, faire** —— **neuve** to turn over a new leaf
la **pêche** fishing
la **pêche** peach
**pêcher** to fish
le **peigne** comb
**pendant** during; for; —— **que** whilst
la **pendule** clock
**penser** to think
la **pension** (4) boarding-house
**perdre** to lose
**perdu** lost
le **père** father; **le Père Noël** Father Christmas
**permettre\*** (2) to permit
le **permis (de conduire)** (2) driving-licence
la **permission** (9) permission
le **perroquet** (6) parrot
**personne, ne . . .** —— nobody
la **perte** (17) loss
la **pétanque** bowls
**petit** small; le —— -enfant grandchild
un **peu** a little; **un petit** —— just a little
**peur, avoir** —— to be afraid
**peut-être** perhaps
la **pharmacie** chemist's
le **pharmacien** chemist
la **philatélie** (17) stamp-collecting
la **photo** photograph
la **physique** (15) physics
le **piano** piano
la **pièce** coin; room
le **pied** foot; **à** —— **on foot**
le **piéton** (2) pedestrian
le **ping-pong** table tennis
la **pipe** pipe
le **pique-nique** picnic
**pique-niquer** (4) to picnic
**pire** (5) worse
la **piscine** swimming-pool
la **piste** runway; trail
**pittoresque** (4) picturesque
le **placard** cupboard
la **place** seat (in cinema); square; room
la **plage** beach
**plaisanter** (11) to joke; **vous plaisantez!** you must be joking!
**plaisir, avec** —— gladly
**plaît, ceci vous** ——? do you like this? **s'il vous/te** —— please
le **plan** plan
le **plancher** floor
le **plat** dish (of food); dish (utensil); le

—— **cuisiné** cooked dish; le —— **du jour** (16) dish of the day
la **plate-forme** (15) platform
**plein** full; le —— **air** games (open-air); **faire le** —— (3) to fill up with petrol; **en** —— **centre de** (18) in the very middle of; le —— **tarif** (15) full price
**pleuvoir** to rain
la **pluie** rain
la **plupart de** (2) most of
**plus** more; —— **tard** later; **ne . . . plus** no more, no longer
**plusieurs** several
le **pneu** tyre
la **poche** (1) pocket; **comme sa** —— (3) like the back of his hand
le **poil** hair, fur
**à point** (16) (cooked) just right
**à ce point-là** (15) as much as that, to that extent
**pointu** pointed
la **poire** pear
le **poisson** fish; le —— **d'avril** April fool
la **police** police
la **pollution** (4) pollution
la **pomme** apple; la —— **de terre** potato
la **pompe** (3) (petrol) pump
les **pompiers** (m) firemen
le **pompiste** (3) petrol-pump attendant
le **pont** bridge
le **porc** pork
la **porte** door; gate (at airport)
le **portefeuille** (1) wallet
**porter** to carry; to wear
la **portière** door (of train or car)
**poser** to put; —— **une question** to ask a question
la **possibilité** possibility
**possible** possible
la **Poste** Post Office
le **poste de pompiers** fire-station
le **poster** (6) poster
**poster** to post
le **pot** pot
la **poule** hen
**pour** for
**pourquoi** why
**pousser** to push
**pouvoir\*** to be able
**pratiquer** (10) to practise
**pratique** practical, convenient, useful
**se précipiter** (8) to rush
**précis** precise
**préciser** (9) to specify
**préféré** favourite
**préférer** to prefer
**premier (-ère)** first
**prendre** to take; —— **un bain de soleil** to sun-bathe

les **préparatifs** (m) (4) preparations
**préparer** to prepare
**près de** near; **de près** (15) from nearby
**présenter** to present; **se** —— (1) to introduce, present o.s.
le **présentateur** T.V. presenter
**presque** almost
**pressé** in a hurry
la **pression** (3) pressure
**prêt** ready
**prêter** (13) to lend
**prévenir\*** (17) to inform
**prié de** requested to
**prière de ne pas . . .** please do not . . .
**en principe** in theory
le **printemps** spring
la **priorité** right of way
la **prise** plug
la **prison** (16) prison
**privé** (4) private
le **prix** prize; price; **à** —— **fixe** (16) fixed price
le **problème** problem; **pas de** ——! no problem!
**prochain** next
le **produit** (18) produce
le **professeur** teacher
**profiter de** to take advantage of
le **programme** programme
le **projecteur** projector
le **projet** (8) project
la **promenade** walk; outing
la **promotion** special offer
**proposer** to suggest
**propre** clean
le **propriétaire** owner
**en provenance de** (13) coming from
les **provisions** (f) provisions, food-stuffs
le **public** (10) crowd; public
**public (-ique)** (16) public
**puis** then
**puis-je?** may I?
**puisque** since
**punir** to punish
**pur** (4) pure
le **pyjama** pyjamas

le **quai** platform
**quand** when; —— **même** all the same
**quant à** (2) as for
le **quartier** (18) district
la **quatrième** 3rd form
**que** that; **que je suis content!** how happy I am!
**quel (-lle)** what? which? what a . . .!
**quelque chose** something; —— **de difficile** something difficult

**quelquefois** som—
**quelque part** (1) somewhere
**quelques** a few
**quelques-un(e)s** some
**quelqu'un** some—
**qu'est-ce que c'e—** what is it?
**qu'est-ce qui se p—** (15) what's happening?
la **question** questio— **n'est pas** —— (1) there's no question of
**queue, faire la** —— queue
**qui** who, which
la **quinzaine** (10) fortnight
**quitter** to leave
le **quotidien** (10) d— (paper)

**raccrocher** (17) hang up (pho—
**raconter** to tell (— story)
le **radiateur** radiat—
la **radio** X-ray; (15— radio
**rafraîchissant** refreshing
**raison, avoir** —— be right
**ramasser** to pick
la **randonnée** walk—
**ranger** to tidy aw—
**rapide** rapid
**rapporter** to brin— back
**rapprocher** (11) bring together
**se raser** to have a s—
le **rasoir** razor
**rassurant** (13) reassuring
**rassurer** (13) to reassure
**rater** (13) to mis— etc.)
le **rayon** shelf; secti— store
**récemment** (6) recently
**recevoir\*** (7) to receive
**à la recherche de** (13— search of
**recommander** (1— recommend
**recommencer** to again
**reconnaître\*** (13— recognise
**se recoucher** to go l— to bed
la **récréation** break
**récupérer** (13) to recover; to ret—
la **rédaction** essay
la **réduction** (15) reduction
**refuser (de)** to re— (to)
le **régal** (16) treat
**regarder** to look
le **régime** (16) government; r—
la **région** region

...isseur (8) producer
...le ruler
...ever to get up again
...narquable
...emarkable
...narquer to notice
...nercier to thank
...nettre to put back;
...e —— (8) to get
...etter
...nplir (7) to fill
...nporter (10) to win
...contre (10)
...neeting
...contrer to meet; se
...—— (5) to meet
...ach other
...dez-vous (10)
...neeting
...dre (5) to go
...dre visite à qqn (9)
...o visit sbdy
...oncer à (16) to give
...up
...seigner (15) to
...nform; se —— to
...ind out, get
...nformed
...trée des classes
...eturn to school
...trer to go back; to
...o home
...verser to tip over
...aration (3) repair
...arer to repair
...artir* (4) to set off
...gain
...as meal
...éter (17) to repeat
...ondre to reply
...onse answer
...ortage report
...orter reporter
...orter à plus tard
...9) to postpone
...os (4) rest
...oser to rest
...rendre* to take
...gain; —— des
...orces (8) to get
...tronger
...eau (-x) (14)
...network
...erver to reserve
...olution resolution
...taurant restaurant
...ter to remain, stay
...ultats (m) results
...ard delay; en ——
...ite
...enu (16) reserved
...enue (5) detention
...our return; journey
...ack; bon ——!
...afe journey home!
...le —— back
...ourner to go back
...rouver to meet
...ssir à (2) to
...ucceed in
...eil(le-matin)
...larm-clock
...eiller to wake up
...enir* to come back
...er (10) to dream
...oir* to see again
...volution française
...French Revolution
...1789)
...olver revolver
...ne rich
...icule ridiculous
...a, ne . . . ——
...othing


rigoler (9) to enjoy
    o.s.; have fun
le rival (-aux) (10) rival
la rivière river
la robe dress
le robinet tap
le rocher (4) rock
le roi (6) king
le rôle (11) part
en rond in a circle
le rond-point
    roundabout
rose pink
rosé rosé (wine)
la roue (de secours) (3)
    (spare) wheel
rouge red; le —— à
    lèvres lip-stick
rouler to travel
la route
    (nationale)/(princi-
    pale) (2) (main)
    road; en —— on the
    way; bonne ——!
    (3) have a safe
    journey
routière, la gare ——
    coach/bus station
la rue street; la
    grand'rue (2) main
    street
le rugby rugby
la Russie Russia
le ruisseau (-x) (4)
    stream

le sac bag; le —— à dos
    rucksack
la sacoche postman's bag
sacré 'blasted'!
sage well-behaved
saignant (16) rare (of
    beef)
saisir to seize
la saison season
sale dirty
la salle room; la —— à
    manger
    dining-room; la
    —— d'attente
    waiting-room; la
    —— de bains
    bathroom; la
    de récréation
    games-room; la
    —— de séjour
    living-room; la
    des pas perdus
    station
    entrance-hall
le salon sitting-room;
    suite of furniture; le
    Salon de l'Auto (1)
    Motor Show
salut! greetings! hello!
samedi (m) Saturday
le sandwich sandwich; le
    —— au
    fromage/jambon
    cheese/ham
    sandwich
la santé health
le sapin de Noël
    Christmas tree
le satellite satellite
la saucisse sausage
sauf except
sauter to jump; ça
    saute aux yeux! (8)
    it's obvious!
sauver to save; se ——


    to escape, run away
le sauveteur life-guard
savoir* to know,
    to know how
le schéma (14) diagram
les sciences (f) science
    scolaire (7) relating to
    schools
le scoutisme (9) scouting
la seconde second
le secours help; au ——!
    help!
la section (14) stage (in
    bus-journey)
    séduisant (11)
    charming, seductive
le séjour stay
la semaine week
    sembler to seem
    sensationnel (-elle) (1)
    great, fabulous, etc.
ca sent bon that smells
    good; ça —— le
    brûlé there's a smell
    of burning
se sentir (8) to feel
se séparer (11) to be
    apart (from each
    other)
    septembre (m)
    September
la série (8) series
    sérieux (-se) serious
    serrer la main (13) to
    shake hands
le serveur waiter
le service de secours
    emergency service;
    à votre ——! at
    your service, glad to
    be of help!
    servir (3) to serve; se
    —— to serve o.s.
    seul alone; ——
    -ement only
    sévère severe
le short shorts
    si yes; if
le siècle (15) century
    signaler (17) to report
    signer to sign
    s'il te/vous plaît please
le singe (6) monkey
    sinon (11) otherwise
le site (18) site
la situation (11) situation
la sixième 1st form
le ski (nautique) (water)
    skiing
le skieur skier
le snack-bar snack bar
la sœur sister
    soif, avoir —— to be
    thirsty
le soir evening; hier
    —— yesterday
    evening; du ——
    p.m. (after 5 p.m.)
la soirée (3) evening('s
    activity)
le soldat (15) soldier
le soleil sun
la solution (3) solution
la somme (17) sum of
    money
le sommet (14) summit,
    top
    son, sa, ses his, her, its
le sondage (8) (opinion-)
    poll
    sonner to ring
la sonnerie (11) ringing
la sorte sort
la sortie exit; (5) outing
    sortir* to go out


la soucoupe saucer
    soudain suddenly
    souffler to blow
    souffrir* to suffer
    souhaiter to wish
la source d'inspiration
    (8) inspiration
la souris mouse
    sous under; le ——
    -sol (16) basement,
    lower floor
    souterrain (15)
    underground
en souvenir de (6) as a
    souvenir of
    souvent often
    spécial (-aux) special
la spécialité (16) special
    dish
    splendide splendid
le sport sport
    sportif (-ve) sporty
le stade stadium
le/la standardiste (17)
    telephone-operator
la station (6)
    underground
    railway station
    stationner to park
le «stop» stop road-sign
le studio studio
le stylo pen
la sucette lollipop
le sucre sugar
    sud south
    suffisant (11)
    sufficient
    suffit (14) is sufficient;
    ça —— that's
    enough; ça me ——
    largement (3) that's
    quite enough for me
    suédois (11) Swedish
le Suédois (11) Swede
la suite (10) continuation
le sujet (5) subject; au
    —— de (3) about
le supermarché
    supermarket
le supplément extra
    charge; (11) extra
    income
    supplémentaire extra
le supporter (13)
    supporter
    sur on; 17 sur 20 17
    out of 20
    sûr (3) sure
    surgelé deep-frozen
    surprendre* (3) to
    surprise
la surprise surprise; la
    —— -partie party
    surtout above all
le survêtement (10)
    track-suit
le symbole (15) symbol
    sympathique friendly
le syndicat d'initiative
    tourist office

le tabac tobacco
la table table; à ——!
    dinner's ready!
le tableau (-x) picture; le
    —— noir
    blackboard
le tablier apron
    tais-toi, taisez-vous!
    shut up!
    tandis que (5) whereas


la tante aunt
le tapis roulant
    travelator
    tard late; plus —— (2)
    later
le tarif (15) rate
la tarte (aux pommes)
    (16) (apple-) tart
la tartine slice of bread
    and butter
la tasse cup
le taureau (-x) bull
le tee-shirt tee shirt
un tel (une telle) (12)
    such a . . .
le télégramme (17)
    telegram
le téléphone telephone
    téléphoner à to
    telephone
le téléspectateur viewer
    télévisé televised
la télévision television
    tellement ——! (8) so
    ——!
le temps weather; time; à
    —— partiel (3)
    part-time; il y a un
    certain —— (9) a
    little while ago
le tennis tennis; les ——
    tennis shoes
la tente tent
se terminer to finish;
    terminé finished
le terminus (14)
    terminus
le terrain pitch
la terrasse terrace
    terrible terrific
le terroriste terrorist
la tête head; tête de
    mule! (5) idiot!
le thé tea; le —— au lait
    tea with milk; le
    —— au citron tea
    with lemon
le théâtre theatre
le ticket till-receipt; le
    —— de quai
    platform ticket
    tiens bon! hold on
    fast!
le tigre (6) tiger
le timbre stamp
    timide timid, shy
le tirage draw
    tirer to pull; (16) to let
    off (fireworks)
    toi you
les toilettes (f) toilets
la tomate tomato
le tombeau (-x) (4) tomb
    tomber to fall
    ton, ta, tes your
le tonnerre thunder
    tort, avoir —— to be
    wrong
    tôt (4) early
    toucher un chèque to
    cash a cheque
    toujours always, still;
    comme —— as
    usual
la tour (14) tower; la
    —— de contrôle
    control-tower
le tour (10) lap (of race);
le/la touriste tourist
le tourne-disques
    record-player
    tourner to turn
le tournoi (10)
    tournament

**tout, toute, tous, toutes** all; —— **droit** straight on; **pas du** —— not at all; —— **de suite** at once; —— **le monde** everybody; **en** —— in all; **toutes les quatre heures** (8) every four hours; **tous les deux** (9) both; **tout à fait** (3) quite, absolutely
**tracter** to tow
le **tracteur** (4) tractor
le **train** train
le **trajet** (14) journey
la **tranche** slice
**tranquille** (4) peaceful
**transférer** (18) to transfer
le **transport** (14) transport
**transporter** to transport
le **travail** work
**travailler** to work
**traverser** to cross
**très** very
le **tri** (17) sorting
le **tricolore** (16) French flag
**triste** (6) sad
se **tromper** to make a mistake

**trop** too
le **trottoir** pavement
le **trou** (18) hole
**trouver** to find; **se** —— to be situated
**tu** you
le **tube** tube; (11) 'hit'
le **tunnel** tunnel
le **tuyau** (18) pipe
**typique** (8) typical

un **uniforme** uniform
**universel (-elle)** (15) universal, world-wide
d'**urgence** (17) urgently
**usé** (13) worn
**utile** useful
**utiliser** to make use of
l'**utilité** (f) (15) usefulness

les **vacances** (f) holidays
la **vache** cow
la **vaisselle** crockery; **faire la** —— to do the washing-up
**valable** (14) valid
la **valeur** value
**valider** (14) to validate
la **valise** suitcase

la **vallée** (4) valley
la **vanille** vanilla
les **variétés** (f) light entertainment
le **vase** vase
la **vedette** (10) star (m or f)
le **vélo** bike
la **vendeuse** saleswoman
**vendre** to sell
**vendredi** (m) Friday
**venir*** to come; —— **de faire qq.ch.** to have just done something; —— **à l'esprit de qqn** (8) to occur to sbdy
le **vent** wind
le **ventre** (8) stomach, belly
**vérifier** to check
le **verre** glass
**vers** about, towards
la **version** (9) version
**vert** green
le **vestiaire** (15) cloakroom
le **vestibule** hall
le **veston** jacket
les **vêtements** (m) clothes
le **vétérinaire** (6) vet
la **viande** food
**vide** (16) empty
le **vidéo-jeu** video game
la **vie** life
**vieux (vieil, vieille)** old

la **villa** (4) villa
la **ville** town
le **vin** wine
**violet (-ette)** purple
la **visibilité** (15) visibility
la **visite** visit
**visiter** to visit
le **visiteur** visitor
**vite** quickly
la **vitesse** (2) gear, speed; **à toute** —— at top speed
la **vitrine** (18) shop-window
**vivre*** (11) to live
**voici** here is, here are
la **voie** track, platform
**voilà** there is, there are
la **voile, faire de** —— to go sailing
**voir*** to see; **viens/venez** ——! come and see! **se** —— to meet
**voisin** neighbouring; **le** —— neighbour
la **voiture** car; **la** ——-**restaurant** dining-car
la **voix** (1) voice
le **vol** flight
le **volant** (5) steering-wheel
**voler** to steal
le **voleur** thief; **au** ——! stop thief!

le **volley-ball** volle
**volontiers** gladl
**votre, vos** your
je **voudrais** I shou
**vouloir*** to war
**vous** you
le **voyage** journey
**voyager** to trave
le **voyageur** trave
**voyons!** come a now!
**vrai** true; —— really
la **vue** view

les **W.C.** (m) W.C
le **week-end** week
le **western** wester

**y** there, to it
**y a-t-il?** is ther there?
les **yeux** (m) eyes

la **zone bleue** (2) restricted parking-zon
le **zoo** (6) zoo
**zut!** drat; tut, tu

# English–French vocabulary

This reference vocabulary contains the words used in **Parts A, B** and **C** of **French for Today**. The number given in brackets refers to the unit of **this** book in which the word was used for the first time. All the other words were used in **Parts A** and **B** and have been included here in case you have forgotten them. Always use this vocabulary with care, remembering that the meaning given against each word is only the meaning of the word as used in this book. Always check back to see how the word was used in the context of the story. You may also need to refer to the grammatical index on page 159 and the verb tables on pages 136–142. A verb marked with an asterisk * does not follow the normal **-ER, -IR** and **-RE** pattern and can be looked up in the verb tables. If you are in any doubt, ask your teacher.

**able** (talented) doué (3); **to be** —— pouvoir*
**about** vers; au sujet de (5)
**above** au-dessus de (14); ci-dessus; —— **all** surtout
**abroad** l'étranger (m)
to **accept** accepter
**accident** un accident
**accompaniment, to the** —— **of** à l'accompagnement de (16)
to **accompany** accompagner (2)
**active** actif (-ive)
**activity** une activité (12)

**actor** un acteur
**actress** une actrice (9)
to **add** ajouter (6)
to **adore** adorer
**adult** un adulte
in **advance** à l'avance
**advantage, to take** —— **of** profiter de
**adventure** une aventure
**advice, piece of** un conseil
to **advise** conseiller (13)
**aeroplane** un avion
**afraid, to be** —— avoir* peur
**after** après
**afternoon** l'après-midi (m)
**afterwards** après

**again, once** —— encore une fois
**against** contre
**agency, travel** —— une agence de voyages
**agreed, that's** —— c'est entendu (12)
**air-conditioned** climatisé (18)
**airman** un aviateur (16)
**airport** un aéroport
**alarm-button** un bouton d'alarme
**alarm-clock** un réveil(le-matin)
**alas!** hélas!
**all** tout, toute, tous, toutes

**almost** presque
**alone** seul
**already** déjà
**also** aussi
**always** toujours
**ambulance** une ambulance; ——-**man** un ambulancier
**American** américain (9)
**among** parmi
**and** et
**animal** un animal (-aux)
**ankle** une cheville (10)
**annoying** embêtant (2)
**anorak** un anorak
**another** encore un/une
**answer** une réponse;

**to** —— répor
**anxious** inquier (7); **to be** —— **about** s'inqu
**apart, to be** —— **each other** se séparer (11)
**apparently** apparemmer
to **appear** paraître
**appetite** l'appé
to **applaud** applan
**applause** les applaudissen (m) (16)
**apple** une pom
**April** avril (m); **fool!** poisson d'avril!
to **approach** s'app

de (5)
chitect un architecte (15)
ron un tablier
m un bras
mchair un fauteuil
my une armée (15)
ound autour de
rival l'arrivée (f)
rive arriver
t le dessin
ticle un article
for . . . quant à . . . (2)
demander; to— a question poser une question
eep endormi (13); to fall s'endormir* (5)
irin l'aspirine (f)
à; — the house of chez; — once tout de suite
lete un/une athlète (11)
ention, to pay —faire* attention (13)
ic un grenier
dio-visual audio-visuel (-elle) (2)
gust août (m)
nt une tante
stralia l'Australie (f)
thor un auteur (9)
thorisation l'autorisation (15)
tomatic automatique
tomatically automatiquement
tumn l'automne (m)
enue une avenue
erage en moyenne (9)
id éviter (4)
ay, to take —emporter
ful affreux (-euse) (9)

y un bébé
k, at the— of au ond de; journey —le retour; to be — être de retour; o come revenir*
mauvais
lly mal
un sac; postman's — une sacoche
er's shop une oulangerie
cony le balcon
un ballon
ana une banane
d une fanfare (16)
g! crac!; to —nto rentrer dans (5)
k une banque; —note un billet de banque
un bar
ement le sous-sol 16)

basket un panier
basketball le basket
bath une baignoire
to bathe se baigner
bathing-costume un maillot de bain
bathroom une salle de bains
to be être*; to — on T.V. passer à la télévision
beach une plage
bear un ours (6)
to beat battre* (10)
beautiful beau, bel, belle, beaux, belles
because parce que; — of à cause de (11)
to become devenir* (6)
bed un lit; to go to — se coucher; in — couché; to go back to — se recoucher; —room une chambre
beer une bière
before avant
to begin (to) commencer (à)
beginning le début (9)
behind derrière
bell une cloche (4)
to bellow hurler (11)
belly un ventre (8)
below ci-dessous (9)
bench un banc
besides à part (9)
better, it's even — c'est encore mieux; are you feeling —? ça va mieux?; to get — se remettre* (8)
bewildered dépaysé (13)
bicycle un vélo; une bicyclette
big grand; (fat) gros (-sse)
bill l'addition (f)
bird un oiseau (-x) (6)
birthday un anniversaire
black noir
'blasted' sacré
block un morceau (-x); — of flats un immeuble (8)
to blow souffler
blue bleu
on board à bord (de)
boarding-pass une carte d'embarquement
boat un bateau; to go —ing faire* du bateau
book un livre; — of tickets un carnet (14)
book-case une bibliothèque
bore, what a —! quelle barbe!
boring ennuyeux (-euse)
born, to be naître*
to borrow emprunter (2)
boss le chef

both tous (toutes) les deux (9)
bottle une bouteille; un flacon
bottom, at the — en bas
bowl un bol
bowls la pétanque
box une boîte; — (on form) une case (9)
boy un garçon; —-friend un flirt, un petit ami
brake un frein (3); to — freiner
branch une branche
brave courageux (-euse)
bread le pain
break (in school) la récréation; (for a drink) la pause-café
breakdown, nervous une crise de nerfs (11)
breakfast le petit déjeuner
bright doué (3)
to bring apporter; to — back rapporter; to — together rapprocher (11)
broadcast une émission
brochure une brochure
broken cassé
brother un frère
brown brun; (chestnut) châtain (13)
brush une brosse
buffet (in station) le buffet
to build construire* (15)
building un bâtiment; un édifice (15)
bull un taureau (-x)
burning, there's a smell of — ça sent le brûlé
burst crevé (3); to — éclater; craquer (11)
bus un (auto)bus
business-man un homme d'affaires (13)
busy occupé (12)
but mais
butcher's shop la boucherie
butter le beurre
to buy acheter
by the way à propos (3)

café (and tobacconist's) le café (-tabac)
cafeteria la cafétéria
cake un gâteau (-x)
calculator une calculatrice
calendar un calendrier
call, telephone —

un coup de téléphone (14); un coup de fil (13); a transferred charge — une communication en p.c.v. (17)
to call appeler (15)
called, to be — s'appeler
calm calme; to — down se calmer (11)
camel un chameau (-x) (6)
camera un appareil photo
camper un campeur
camping, to go — faire* du camping
camp-site un camping
cancelled annulé (17)
capital une capitale (9); in —s en majuscules (7)
car une voiture; dining- — une voiture-restaurant
carafe une carafe (16)
caravan une caravane
carburettor un carburateur (3)
card une carte; credit- — une carte de crédit
care, to take — of s'occuper de
car-park un parking; paying — un parking payant (2)
carrot une carotte
to carry porter
cart un chariot
cartoons les dessins animés
case le cas
to cash a cheque toucher un chèque
cash-desk une caisse
cashier un caissier (-ère)
castle, sand— un château de sable
cat un chat
to catch attraper
to cause causer (3)
to celebrate fêter (14)
cellar une cave
centre, shopping — un centre commercial
century un siècle (15)
ceremony une cérémonie (16)
certain certain
certainly certainement
chair une chaise
chalet un chalet (4)
champagne le champagne
champion un champion
championship un championnat (10)
chance le hasard (10)
change un changement; (money) la monnaie; to — changer (14)
channel (T.V.) une chaîne
charge, extra — le

supplément
charming charmant (9); séduisant (11)
to chat bavarder (3)
cheap bon marché; pas cher
check le contrôle; to — vérifier
cheek une joue
cheer up! du courage!
cheese le fromage
chemist un pharmacien
chemistry la chimie (15)
chemist's shop une pharmacie
cheque (traveller's) un chèque (de voyage); to cash a — toucher un chèque
chicken une poule; — in wine le coq au vin (16)
child un/une enfant
China la Chine
chip une frite
chocolate le chocolat le choix; to be spoilt for — avoir* l'embarras du choix (1); at your — au choix (16)
to choose choisir
chore, household une corvée de ménage
Christmas (la fête de) Noël; — tree le sapin de Noël
church une église
cigarette une cigarette
cinema un cinéma
circular circulaire
civics l'éducation (f) civique
class la classe
classical classique
classification un classement (10)
clay l'argile (f) (4)
clean propre; to — nettoyer
to clear the table débarrasser la table
clerk un(e) employé(e)
cliffs les falaises (f)
to climb grimper
clinic une clinique (8)
cloakroom un vestiaire (15)
clock une pendule
to close fermer
closed fermé
clothes les vêtements (m)
cloud un nuage
coach un (auto)car; —-station une gare routière
coast la côte
cock un coq
coffee le café; — with cream le café-crème; white — le café au lait
coin une pièce
'coke' un coca

**cold** *froid;* **to be** —— *avoir\* froid*
**colleague** *un/une collègue* (16)
to **collect** *collectionner*
**comb** *un peigne*
to **come** *venir\*;* **to** —— **back** *revenir\*;* **come along now!** *allons!; voyons!;* **to** —— **down** *descendre;* —— **on!** *allez!*
**comfort** *le confort* (1)
**comfortable** *confortable*
**coming from** *en provenance de* (13)
**comment** *une observation*
in **common** *en commun* (3)
**competition** *un concours* (10)
**completely** *complètement*
**complicated** *compliqué* (17)
**composer** *un compositeur* (9)
**compulsory** *obligatoire* (2)
**computer** *un ordinateur*
**concrete** *le béton* (18)
**confectioner's shop** *une pâtisserie-confiserie*
**congratulations** *les félicitations* (f)
**connection** *une correspondance* (14)
to **consult** *consulter*
to **contain** *contenir\** (11)
**continuation** *la suite* (10)
**contrary, on the** —— *au contraire* (7)
**control-tower** *la tour de contrôle*
**convenient** *pratique*
**conversation** *une conversation*
**cooked** *cuit* (16); **a** —— **dish** *un plat cuisiné*
**cooker** *une cuisinière*
**cooking** *la cuisine*
**corner** *le coin*
**correct** *juste; correct*
**correspondence** *la correspondance* (7)
**correspondent** *un/une correspondant(e)* (7)
**corridor** *un couloir* (13)
**costume, bathing-** —— *le maillot de bain*
**cottage, rented** *le gîte*
to **count** *compter*
**country** *le pays*
**countryside** *la campagne*
of **course** *naturellement; bien sûr*
**cousin** *un(e) cousin(e)*
to **cover** *couvrir\**
**cow** *la vache*
**cream** *la crème*

to **create** *créer* (18)
**crisps** *les chips* (m)
**crockery** *la vaisselle*
to **cross** *traverser*
**crossing, pedestrian** *un passage clouté* (2)
**cross-roads** *le carrefour*
**crowd** *une foule* (5); (at football match) *le public* (10); **what a** ——! *quel monde!*
to **cry** *pleurer*
**cup** *une tasse*
**cupboard** *un placard*
**currently** *actuellement* (9)
**cushion** *un coussin*
**customs** *la douane;* —— **officer** *un douanier*
**cut off** *coupé* (17)

**Dad** *papa*
**daily (paper)** *un quotidien* (10)
**dairy shop** *une crémerie*
**damaged** *endommagé* (5)
**dance** *un bal* (16); **to** —— *danser*
**dancing** *la danse* (9)
**dark, to be** —— *faire\* nuit*
**darling** *chéri(e)*
**date** *la date*
**daughter** *une fille*
**day** *un jour;* **day's activity** *une journée;* **D-Day** *Jour J* (11) —— **after tomorrow** *après-demain* (m) (12)
**dear (expensive)** *cher, chère*
**dear me! (etc.)** *çà alors!*
**debate** *un débat*
**December** *décembre* (m)
to **decide to** *décider de*
to **declare** *déclarer*
**decorated with** *décoré de* (16)
**defeat** *une défaite* (15)
**delay** *le retard*
**delicate** *délicat* (11)
**delicious** *délicieux (-euse)*
to **demolish** *démolir* (15)
**dentist** *un dentiste* (8)
to **depart** *partir\**
**departure** *le départ*
**depressed, thoroughly** *en pleine déprime* (11)
to **deserve** *mériter* (3)
**designer** *une dessinatrice* (3)
to **destroy\*** *détruire* (15)
**detective** *un détective;* —— **film** *un film policier*
**detention** *une retenue* (5)
**development**

*l'aménagement* (m) (18)
to **devote** *consacrer* (9)
**diagram** *un schéma* (14)
to **dial** *composer* (5)
**diary** *un journal*
to **die** *mourir\**
**diesel fuel** *le diesel* (3)
**difficult** *difficile;* **something** —— *quelque chose de difficile*
**difficulty** *une difficulté* (2)
**din, to make a** —— *chahuter*
**dinghy** *un canot*
**dining-car** *une voiture-restaurant*
**dining-room** *une salle à manger*
**dinner** *un dîner*
**direction** *la direction* (14)
**directly** *directement* (14)
**director (film)** *le metteur en scène* (9)
**dirty** *sale*
to **disappear** *disparaître\** (17)
**disappointed** *déçu* (13)
**disastrous** *désastreux (-euse)*
**disc, parking** *un disque* (2)
**disco** *une discothèque*
to **discover** *découvrir\**
to **discuss** *discuter de* (9)
**dish (of food)** *un plat;* (utensil) *un plat;* —— **of the day** *le plat du jour* (16)
**district** *un arrondissement* (7); *un quartier* (18)
**disturbed** *agité* (5)
to **do** *faire\*;* **what shall I** ——? *que faire?* (2)
**doctor** *un médecin;* (title) *le docteur*
**document** *un document* (15)
**dog** *un chien*
**do-it-yourself** *le bricolage*
**door** *une porte;* (of train) *une portière*
**double** *double*
**doubt** *le doute*
**down, to come/go** *descendre*
**down below** *en bas*
**drat (etc.)** *zut alors!*
**draw (lottery)** *un tirage;* **to** —— *dessiner*
to **dream** *rêver* (10)
**dress** *une robe*
**dressed, to get** *s'habiller*
**dressed in** *habillé en*
**drink** *une boisson;* **a pre-meal** —— *un apéritif* (16); **to** —— *boire\**
**drinks stall** *une buvette* (6)
**drive** *une allée;* **to** —— *conduire\**

**driver** *un conducteur* (2); *un/une automobiliste* (3)
**train-** —— *un mécanicien*
**duck** *un canard*
**during** *pendant*

**each** *chaque*
**ear** *une oreille;* —— **-phone** *un écouteur* (15)
**earlier** *auparavant* (11)
**early** *tôt* (4)
**east** *est*
**easy** *facile*
**easily** *facilement*
to **eat** *manger*
**edge** *le bord*
**efficiency** *l'efficacité* (f) (18)
**effort** *un effort*
**egg** *un œuf*
**elephant** *un éléphant* (6)
**elsewhere** *ailleurs*
to **embark** *s'embarquer* (12)
**emergency service** *le service de secours*
**empty** *vide* (16)
**end** *la fin;* **towards the** —— **of the afternoon** *en fin d'après-midi* (12)
**enemy** *un ennemi* (10)
to **engage** *engager* (2)
**engine** *un moteur* (3); **railway-** —— *une locomotive*
**English (language)** *l'anglais* (m)
to **enjoy oneself** *s'amuser; rigoler* (9)
**enjoyable** *amusant*
**enormous** *énorme*
**enough, that's** —— *ça suffit;* **that's quite** —— **for me** *ça me suffit largement* (3)
**enquiry** *une enquête* (9)
to **enter** *entrer dans*
**entertainment, light** —— *les variétés* (f)
**entertainments** *les distractions* (f)
**entire** *entier (-ère)* (9)
**entirely** *entièrement* (10)
**entrance** *l'entrée* (f)
**episode** *un épisode*
**equally** *également* (11)
**equipment, camping-** —— *le matériel de camping*
**equipped with** *muni de* (18)
**era** *une époque* (15)
**eraser** *une gomme*
**escalator** *un escalier roulant* (18)
to **escape** *se sauver*
**especially** *surtout*
**essay** *une rédaction*
**even** *même*
**evening** *un soir; une*

*soirée* (3)
**event** *un événem[ent]*
**every** *tout, toute,[ toutes; chaque]* —— **four hou[rs]** *toutes les quat[re] heures* (8); —— **body** *tout le monde;* —— **w[here]** *partout;* **more less** ——*where[ ]* *peu partout* (9[)]
**exactly** *exacteme[nt]*
**exam** *un examen*
to **examine** *examine[r]*
**example, for** *par exemple*
**excellent** *exceller[t]*
**except** *sauf*
**exchange** *un éch[ange]* (7)
**excited** *agité* (5)
**exciting** *passionn[ant]*
to **exclaim** *s'écrier[ ]*
**excuse** *une excus[e];* —— **me!** *pard[on]*
**exercise** *un exerc[ice]* (7); *crevant* (1[ ])
**exhibition** *une exposition* (15[ ]) —— *exposé* ([ ])
**exit** *la sortie*
**exotic** *exotique* ([ ])
**expensive** *cher (-[ ]* **to be** —— *coû[te]* *cher*
**experiment** *une expérience*
to **explain** *explique[r]*
**extra** *supplémen[taire]* —— **income** *u[n] supplément* (1[ ])
**extract** *un extrai[t]*
**eye** *un œil; (les y[eux])*

**fabulous (etc.)** *sensationnel ([ ])* (1)
in **fact** *en effet*
**fair** *juste*
**fairly** *assez*
to **fall** *tomber;* **to** —— **asleep** *s'endor[mir]* (5); **to** —— **suddenly in lo[ve]** **with** *avoir\* le [coup] de foudre pou[r]*
**familiar** *familier (-ière)*
**family** *une famil[le]*
**famous** *célèbre*
**fan** *un fervent; u[n/une] fana(tique)*
**fantastic** *génial; fantastique*
**far away** *loin*
**far, at the** —— *[end] au fond de*
**farm** *une ferme*
**farmer** *un fermi[er]*
**fashion** *la mode*
**fashionable** *chic*
**fat** *gros (sse); to* —— *grossir*
**father** *un père*
**Father Christmas** *Père Noël*
**favourite** *préfér[é]*

avori (-te)
oruary février (m)
un forfait (15)
d donner à manger
à (6)
l se sentir (8)
ling, to have the
—— of avoir*
'impression de (18)
ry-boat un ferry
12)
tival une fête
quelques
d un champ
ce féroce
un dossier (8)
in remplir (7); to
—— up (with
petrol) faire* le
plein (3)
l trouver; to ——
out se renseigner
sh se terminer; finir
shed terminé; fini
tree le sapin
un feu; fire! au
eu! —— -eater un
avaleur de feu (18);
——man un
pompier;
place une
heminée;
tation un poste de
pompiers;
——work display
un feu d'artifice
16)
t premier (-ière); at
—— d'abord; ——
orm la sixième
un poisson; to
—— pêcher
ing la pêche
un drapeau (-x)
un appartement
4)
ht un vol
r un plancher;
storey, level) un
tage
ver une fleur
le brouillard
owing, the ——
day le lendemain;
he —— morning le
endemain matin

1)
d la nourriture;
—— -store le
nagasin
d'alimentation;
——stuffs les
provisions (f)
l sbdy mener qqn
n bateau (11)
t un pied; on —— à
pied
tball le football;
able- —— le
baby-foot
pour; (= because)
ar; (= during,
while) pendant
eigner un étranger
13)
get oublier
k une fourchette
m une fiche (7)
mer ancien (-enne)
15)
tnight une

quinzaine (10)
fortunately
heureusement
fracture une fracture
franc un franc
franking
l'affranchissement
(m) (17)
frankly franchement
(9)
free libre; —— of
charge gratuit
to freeze geler
French français
Friday vendredi (m)
fridge un frigo
friend un(e) ami(e);
school- —— un/une
camarade de classe;
un copain, une
copine (1)
friendly sympathique;
amical (-aux) (6)
friendship l'amitié (f)
in front of devant
frozen, deep surgelé
fruit un fruit
fun, to make —— of
se moquer de; it's
——! c'est marrant!
(9)
funny amusant
furious furieux
(-ieuse)
furiously furieusement
(4)
furniture les meubles
(m)
future l'avenir (m)
(15)

gallery une galerie
(18)
game un jeu; une
partie
games (school,
open-air) plein air
(m)
games-room une salle
de récréation
garage un garage
garden un jardin
gardener un jardinier
gas, camping- —— le
gaz butane
gate (in airport) une
porte
to gather together se
grouper (5)
gear la vitesse (2)
gentleman un
monsieur
gently doucement (8)
geography la
géographie
German (language)
l'allemand (m)
to get up se lever; to ——
up again se relever;
to —— going
mettre* en marche
(3); to —— on well
s'entendre bien (7)
giraffe une girafe (6)
girl une (jeune) fille;
—— in love une
amoureuse (11);
—— friend une
petite amie

to give donner; to ——
as a present offrir*;
to —— up
abandonner (15);
renoncer à (16)
gladly avec plaisir;
volontiers
glass un verre
to go aller*; se rendre; to
—— boating faire*
du bateau; to ——
home rentrer; to
—— back
retourner; to ——
out sortir*; to ——
towards se diriger
vers (14); to ——
up monter; to ——
down descendre
goal un but (10)
good bon (bonne);
—— at fort en;
goodbye au revoir;
have a —— day!
bonne journée!; ——
—— evening!
bonsoir!; have a
—— journey! bon
voyage!; ——
morning! bonjour!
goodness me! mon
dieu!
goods, tinned —— les
conserves (f)
government (regime)
le régime (16)
gradually doucement
(8)
grammar la
grammaire
grandchild un
petit-enfant
grandfather un
grand-père
grandmother une
grand-mère
grandparents les
grands-parents (m)
great! chic alors!;
chouette! (9);
formidable! (1)
greedy gourmand
grey gris
group un groupe (8)
to grumble grogner
guard un chef de train
(13)
guide un guide (14);
—— -book (15) un
livret-guide
guided guidé (15)
guitar une guitare

hair les cheveux (m)
half demi; —— a kilo
un demi-kilo; ——
-hour une
demi-heure (2); ——
-time la
mi-temps (10); ——
-price le demi-tarif
(15)
hall un vestibule; un
hall (18)
hand une main; to
give a —— donner
un coup de main; a
helping —— un

coup de main (11);
like the back of his
—— comme sa
poche (3); a free
—— carte blanche
(8)
handkerchief un
mouchoir (13)
to hang up (phone)
raccrocher (17)
to happen se passer
happening, what's
——? qu'est-ce qui
se passe?
happiness le bonheur
Happy Birthday! Bon
Anniversaire!
Happy New Year!
Bonne Année!
hard dur
hat un chapeau (-x)
to hate avoir* horreur
de; détester
to have avoir*; to —— to
devoir*; to ——
sthg done faire*
faire qq.ch. (15)
he il
head une tête
health la santé
hear entendre
heated chauffé (10)
heavy lourd
helicopter (rescue-) un
hélicoptère (de
sauvetage)
hello! salut! (on
phone) allô!
helmet un casque
to help aider
help le secours; help!
au secours!; glad to
be of —— à votre
service!; ——
yourself! sers-toi!
servez-vous!
here ici; over ——!
par ici!; —— is
voici
herring-fillet le filet de
hareng (16)
to hesitate hésiter
hide, to play ——
-and-seek jouer à
cache-cache
high haut (15)
Highway Code le
Code de la Route
(2)
himself lui-même (8)
hippopotamus un
hippopotame (6)
hire la location (15)
to hire louer
historic historique
(15)
history l'histoire (f)
(15)
'hit' un tube (11)
Hit-Parade le
hit-parade
hobby un passe-temps
to hold tenir*; to —— on
(phone) patienter
(17)
hole un trou (18)
holidays les vacances
(f); bank-holiday
un jour férié (15)
home, to go ——
rentrer
home-made maison
(16)

homework un devoir
honestly honnêtement
honour l'honneur (m)
(15)
horoscope un
horoscope
horse un cheval (-aux)
hospital un hôpital
(-aux)
hostel, youth —— une
auberge de jeunesse
hot chaud; to be ——
avoir* chaud
hotel un hôtel
house une maison;
country- —— une
maison de
campagne;
boarding- —— une
pension (4)
household goods shop
une droguerie
housewife une
ménagère
hoverport un
hoverport (2)
how comment; and
——! et comment!;
—— are you? ça
va?; ——
many/much?
combien?
hundred une centaine
(16)
hungry, to be ——
avoir* faim
to hurry se dépêcher; in
a —— pressé
to hurt faire* mal à
husband un mari
hush! chut!
hypermarket un
hypermarché

ice la glace; black ——
le verglas
ice-cream une glace;
—— seller un
marchand de glaces
idea une idée
ideal idéal
identity card une carte
d'identité
idiot! tête de mule! (5)
idiotic idiot
if si
ill malade
impossible impossible
to improve améliorer
(18)
in dans; —— France
en France
incident un incident
(3)
to include comprendre
(16)
included compris
including dont (10)
inconvenience un
inconvénient (9)
indeed en effet;
effectivement (11)
individual un individu
(11)
inevitably forcément
(9)
infants' school une
école maternelle

influenza *la grippe*
to **inform** *renseigner*
   (15); *prévenir** (17)
**information** *les*
   *renseignements* (m)
**informed, to get** ——
   *se renseigner*
**ingratitude**
   *l'ingratitude* (f)
to **injure o.s.** *se blesser*
   (5)
**injured** *blessé*; **an**
   —— **person** *un(e)*
   *blessé(e)*
**inspector** *un*
   *inspecteur* (2)
**instructor** *un*
   *moniteur* (10)
**instrument** *un*
   *instrument* (9)
**intelligent** *intelligent*
**intention** *l'intention*
   (f) (4)
**interest** *l'intérêt* (m)
   (9)
**interested, to be** ——
   **in** *s'intéresser à*
**interesting** *intéressant*
**interior** *l'intérieur* (m)
**international**
   *international* (7)
**interview** *une*
   *interview* (8); **to**
   —— *interviewer* (8)
to **invent** *inventer*
**invention** *une*
   *invention* (15)
**invitation** *une*
   *invitation*
to **invite** *inviter*
to **isolate o.s.** *s'isoler*
   (11)

**jam** *la confiture*
**January** *janvier* (m)
**Japanese** *japonais* (9)
**jealousy** *la jalousie*
   (11)
**jersey** *un maillot* (10)
**job** *le métier*
**jogging** *le jogging*
**joke** *plaisanter* (11)
**journey** *le voyage*; *un*
   *trajet* (14); ——
   **back** *le retour*; **have**
   **a safe** ——! *bonne*
   *route!* (3)
**joyful** *joyeux (-euse)*
**juggler** *un jongleur*
   (18)
**juice** *le jus*
**July** *juillet* (m)
to **jump** *sauter*
**June** *juin* (m)
**jungle** *la jungle* (6)
**just, to have** ——
   **done sthg** *venir** *de*
   *faire qq.ch.*

**keen on** *passionné de*
   (11)
to **keep** *conserver*
**key** *la ilef*
**kind** *gentil (ille);*
   *aimable* (9)
**king** *le roi* (6)

to **kiss** *embrasser* (8)
**kitchen** *la cuisine*
**knife** *un couteau (-x)*
to **knock** *frapper*
to **know (how to)**
   *savoir*; *connaître**
   (3); **to get to** ——
   **each other** *se*
   *connaître** (11)

**ladies** *mesdames*
**lamp** *une lampe*
to **land** *atterrir*
**lap (in race)** *un tour*
   (10)
**last** *dernier (-ière)*; **at**
   —— *enfin*; **to** ——
   *durer* (2)
**late** *en retard*
**later** *plus tard*; **no**
   —— **than, first**
   **thing** *dès*
**lavatory** *le W.C.*; *les*
   *toilettes*
to **lay** *déposer* (16); **to**
   —— **the table**
   *mettre** le couvert*
**leaf, to turn over a**
   **new** —— *faire**
   *peau neuve*
to **learn** *apprendre**
**at least** *au moins*
to **leave** *quitter*; *laisser*;
   **to** —— **the table** *se*
   *lever de table* (17)
**left, on the** —— *à*
   *gauche*
**leg** *une jambe*; ——
   **(of match)** *1st*
   **match** *aller*; *2nd*
   **match** *retour* (10)
**legibly** *lisiblement* (7)
**leisure** *le loisir* (9)
**lemonade** *la limonade*
to **lend** *prêter* (13)
**lesson** *un cours*; *une*
   *classe*; *une leçon* (2)
**less (than)** *moins (de)*
to **let off (fireworks)** *tirer*
   (16)
**letter** *une lettre*
**level** *un étage*; *un*
   *niveau (-x)* (18)
**library** *une*
   *bibliothèque*
**licence, driving** ——
   *un permis (de*
   *conduire)* (2)
**lie-in, to have a** ——
   *faire** la grasse*
   *matinée*
**lifeguard** *le sauveteur*
**lift** *un ascenseur* (8);
   **to** —— **up (the**
   **receiver)** *décrocher*
   (17)
**light entertainment** *les*
   *variétés* (f)
**lightning** *un éclair*
to **like** *aimer*; **I should**
   —— *je voudrais*; **I**
   —— **this** *ceci me*
   *plaît*
**line** *une ligne* (14)
**linen** *le linge*
**lion** *un lion* (6)
**lip-stick** *le rouge à*
   *lèvres*
to **listen to** *écouter*

**lit up** *illuminé* (11)
**little, (just) a** —— *un*
   *(petit) peu*
**live (broadcast)** *en*
   *direct*
to **live (in)** *habiter*; *vivre**
   (11)
**living-room** *une salle*
   *de séjour*
**llama** *un lama* (6)
to **lodge** *loger* (13)
**lollipop** *une sucette*
**a long time** *longtemps*
**no longer** *ne . . . plus*
to **look after** *s'occuper de*
to **look (at)** *regarder*
to **look for** *chercher*
to **lose** *perdre*
**loss** *une perte* (17)
**lost** *perdu*; **to get** ——
   *s'égarer* (13); ——
   **property** *les objets*
   *trouvés* (13)
**a lot** *beaucoup*
**lottery, National** ——
   *la Loterie Nationale*
**loudspeaker** *un*
   *haut-parleur* (1)
**love** *l'amour* (m) (11);
   **in** —— *amoureux*
   *(-se)* (11); **to fall**
   **suddenly in** ——
   **with** *avoir** le coup*
   *de foudre pour*
**luck, what** ——!
   *quelle chance!*
**lucky, to be** ——
   *avoir** de la chance*;
   —— **number** *le*
   *chiffre*
   *porte-bonheur*
**luggage** *les bagages*
   (m)
**lump** *un morceau (-x)*
**lunch** *le déjeuner*; **to**
   **have** —— *déjeuner*
**luxury** *de luxe* (1)

**mad** *fou, fol, folle* (5)
**magazine** *un*
   *magazine*
**magnificent**
   *magnifique*
**main road** *la route*
   *nationale*
to **maintain** *entretenir**
   (3)
to **make** *faire**; **to** —— **a**
   **din** *chahuter*; **to**
   —— **a mistake** *se*
   *tromper*; **to** ——
   **oneself up** *se*
   *maquiller*
**make (of car)** *une*
   *marque* (3)
**man** *un homme*
to **manage (for oneself)**
   *se débrouiller*
**management** *la*
   *direction* (8)
**mansion** *un château*
   *(-x)*
**map** *une carte*
**March** *mars* (m)
**march-past** *un défilé*
   *militaire*, *une*
   *parade* (16)
**mark** *une note*

**market** *un marché*
   (18)
**mascara** *le mascara*
**Mass** *la messe* (4)
**match** *un match*
**maths** *les*
   *mathématiques* (f);
   *(les maths)*
**matter, it doesn't** ——
   **which** *n'importe*
   *lequel* (8)
**May** *mai* (m)
**mayor** *un maire* (16)
**meal** *un repas*;
   **fixed-price** —— *un*
   *menu* (16)
**means** *le moyen*
to **measure** *mesurer*
**meat** *la viande*
**mechanic** *un*
   *mécanicien* (3)
**medicine** *un*
   *médicament*
to **meet** *rencontrer*;
   *retrouver*; **to** ——
   **up** *se voir**; **to** ——
   **each other** *se*
   *rencontrer* (5)
**meeting** *une rencontre*
   (10) *un*
   *rendez-vous* (10)
**melon** *un melon* (16)
**member** *un membre*
   (9)
**memory** *la mémoire*
**menu** *une carte* (16)
**Merry Christmas!**
   *Joyeux Noël!*
**message, to take a**
   —— *faire la*
   *commission* (17)
**meter** *un mètre* (15)
**midday** *midi* (m)
**middle, in the** —— **of**
   *au milieu de*
**midnight** *minuit* (m)
**military** *militaire* (16)
**milk** *le lait*
**million** *un million*
**mind the doors!**
   *attention au départ!*
**miniature** *miniature*
**minute** *une minute*
**misfortune** *le malheur*
to **miss** *rater* (13)
**missing, to be** ——
   *manquer* (14)
**mistake** *une erreur*; **to**
   **make a** —— *se*
   *tromper*
**misty** *brumeux (-se)*
   (15)
**modelling** *le*
   *modélisme* (9)
**moment** *le moment*
   (5)
**Monday** *lundi* (m)
**money** *l'argent* (m);
   **pocket-** ——
   *l'argent de poche*
   (11)
**monkey** *un singe* (6)
**month** *le mois*
**monument** *un*
   *monument* (12)
**moon** *la lune*
**no more** *ne . . . plus*
**moreover** *d'ailleurs*
   (5)
**morning** *le matin*;
   ——**'s activity** *la*

**matinée**
**most of** *la plupart*
   (2)
**mother** *une mère*
**motor cycle** *une m*
**motorway** *une*
   *autoroute* (2)
**mountain** *la mont*
**mouse** *une souris*
**mouth** *une bouch*
to **move** *bouger*; ——
   *circulez!* (2)
**moving (staircase**
   *roulant*
**Mr** *Monsieur*
**Mrs** *Madame*
**as much as that** *à ce*
   *point-là* (15)
**mud** *la boue* (4)
**Mum** *maman*
**museum** *le musée*
**music** *la musique*
**musician** *un(e)*
   *musicien (-enne*
   (9)
**'must'** *devoir**
to **mutter** *murmurer*
**myself** *moi-même*
**mysterious** *mysté*
   *(-euse)*
**mystery** *le mystèr*

**name** *un nom*
**national** *national*
   *(-aux)*
**naughty** *méchant*,
   *insupportable*
**near** *près de*
**nearby, from** ——
   *près* (15)
**necessary** *nécessa*
   **it is** —— **to . . .**
   *faut* . . . *(fallo*
   (2)
**neck** *le cou*
to **need** *avoir** besoi*
**neighbour** *le voisi*
**neighbouring** *vois*
**nervous breakdow**
   *une crise de ner*
   (11)
**network** *le réseau*
   (14)
**never** *ne . . . jama*
**new** *nouveau (nou*
   *nouvelle,*
   *nouveaux,*
   *nouvelles)*;
   **(brand-)** —— *ne*
   *(neuve)*
**news** *les actualités*
   **a piece of** —— *t*
   *nouvelle* (8)
**newspaper** *un jou*
   *(-aux)*
**New Year's Day** *le*
   *jour de l'an*
**next** *prochain*; *ens*
   (6)
**nice** *gentil (-ille)*
**night** *la nuit*;
   **-dress** *une chem*
   *de nuit*
**nightmare** *un*
   *cauchemar* (11)
**no** *non*; —— **than**
   **you** *merci* (16)
**nobody** *ne . . .*

personne

o more/longer ne . . .
plus

oise un bruit

oisy bruyant (6)

onsense pas
d'histoires! (5)

on-smoker
non-fumeur

orth nord

orth-west le
nord-ouest (7)

ot ne . . . pas;
at all pas du tout;
—— particularly
pas tellement; ——
much pas
grand'chose (5)

othing ne . . . rien

otice un panneau (-x)
(17); to ——
remarquer

ovember novembre
(m)

ow maintenant

umber le numéro;
lucky —— le chiffre
porte-bonheur

umerous nombreux
(-euse) (16)

belisk un obélisque
(15)

bject un objet

btain obtenir* (10)

bvious, it's ça saute
aux yeux (8)

bviously évidemment
(15)

ccasion, on the ——
of lors de (10)

ccur to sbdy venir* à
l'esprit de qqn (8)

ctober octobre (m)

f, of the de, du, des,
de la, de l'

f course
naturellement; bien
sûr

f it, of them en

f which dont (10)

ffer, special —— la
promotion

ffice le bureau (-x)

ften souvent

il l'huile (f) (3)

.K. d'accord

ld vieux, vieille, etc.;
âgé; how —— are
you? quel âge
avez-vous?

lder aîné

n sur

nly seulement

pen ouvert; to ——
ouvrir*

pinion une opinion;
in your —— à ton
avis (6)

pposite en face de

range une orange;
(-coloured) orange

rder commander
(16)

rganise organiser

riginal original
(-aux) (9)

ther autre

otherwise sinon (11)

out of, 17 —— 20 17
sur 20

outing une sortie (5)

outside dehors

over here! par ici!

over there là-bas

owner le propriétaire

packet un paquet

page une page

pain une douleur (8);
to be in ——
souffrir*

palace un palais (4)

pancake une crêpe

paper le papier; a
sheet of —— une
feuille de papier

parade une parade
(16)

parents les parents
(m)

Parisian parisien
(-enne) (8)

park un parc; to ——
stationner; garer (1)

parrot un perroquet
(6)

part une partie (2); un
rôle (11); to take
—— in participer à

part-time à temps
partiel (3)

particularly, not ——
pas tellement

particulars, personal
—— les
coordonnées (f)
(13)

party une fête; une
surprise-partie; une
(sur)boum

pass, boarding- ——
une carte
d'embarquement

to pass passer; to ——
sbdy (going in
opposite direction)
croiser qqn

passenger le passager

passer-by le passant

passport le passeport

pastime un
passe-temps

patient patient

pavement un trottoir

to pay; to —— attention
(to) faire* attention
(à) for (payer)

peace du calme!

peaceful tranquille (4)

peach une pêche

pear une poire

pedestrian un piéton
(2)

pen un stylo

pencil un crayon

pen-friend un(e)
correspondant(e)
(7)

people les gens (m)

per week par semaine

perfect parfait (15)

perfume le parfum

perhaps peut-être

permission la
permission (9)

to permit permettre* (2)

petrol l'essence (f)

phone, on the —— à
l'appareil (12)

photograph une photo

physical education
l'éducation (f)
physique

physics la physique
(15)

piano le piano

to pick up ramasser

picnic un pique-nique;
to ——
pique-niquer (4)

picture un tableau (-x)

picturesque
pittoresque (4)

piece un morceau (-x)

pillion, to ride ——
monter derrière

pink rose; (wine) rosé

pipe une pipe; un
tuyau (18)

pitch un terrain

pity, what a ——! quel
dommage!

place un endroit; (for
tent) un
emplacement; un
lieu (15) to take
—— avoir* lieu
(10)

plan un plan

plate une assiette

platform un quai;
(track) une voie;
(on top of building)
une plate-forme
(15); —— ticket un
ticket de quai

to play jouer; to ——
football jouer au
football; to —— the
piano jouer du
piano; to —— a
record passer un
disque

player un joueur (10)

playing-card une carte

pleasant agréable

please s'il te/vous plaît

please do not . . .
prière de ne pas . . .

pleased (with) content
(de)

pleases, sthg —— me
qq.ch. me plaît

plug une prise

to plug in brancher

pocket une poche (1);
—— -money
l'argent (m) de
poche (11)

to point to montrer;
indiquer (1)

police la police;
——man un agent
de police; un
gendarme; ——
-station la
gendarmerie; le
commissariat (17)

poll, opinion- —— un
sondage (8)

pollution la pollution
(4)

poor pauvre

pork le porc; ——
-chop une côte de
porc (16)

possibility une
possibilité

possible possible

postal order un
mandat postal (17)

postcard une carte
postale

poster un poster (6)

postman un facteur

Post Office la Poste

to postpone reporter à
plus tard

pot un pot

potato une pomme de
terre

pound (currency) la
livre (sterling)

practical pratique

to practise pratiquer (10)

precise précis

precisely, at 8 o'clock
—— à huit heures
précises

to prefer préférer

preparations les
préparatifs (m) (4)

to prepare préparer

prescription une
ordonnance

present un cadeau
(-x); it's to be given
as a —— c'est pour
offrir; to ——
présenter; to be
—— at assister à (4)

presenter (T.V.) le
présentateur

to press appuyer sur

pressure la pression
(3)

pretty joli

price le prix; full ——
le plein tarif (15);
fixed —— à prix
fixe (16)

primary school une
école primaire

prison la prison (16)

private privé (4);
particulier (-ère)
(17)

prize le prix; first ——
le gros lot

problem un problème
(18)

produce le produit

producer un régisseur
(8)

profession un métier

programme un
programme

project un projet (8)

proud fier (fière) (6)

public public (-ique)
(16)

to pull tirer

pullover un pull-over
une pompe (3);
pump une pompe (3);
—— -attendant
un/une pompiste
(3)

to punch a ticket
composter

to punish punir

pupil un/une élève

pure pur (4)

purple violet (-ette)

to push pousser

to put poser; mettre*; to
—— back
remettre*; to ——
to one side mettre*

de côté (11)

pyjamas le pyjama

to question interroger
(11)

to queue faire* la queue

quickly vite

quite, absolutely tout
à fait (3)

race une course (10)

rack, luggage- —— un
filet (13)

radiator un radiateur

radio une radio (6)

railway station une
gare

rain la pluie; to ——
pleuvoir*

raincoat un
imper(méable)

ranked classé (10)

ranking un classement
(10)

rapid rapide

rare (of beef) saignant
(16)

raspberry la
framboise

rate un tarif (15)

rather assez

ravine une gorge (4)

razor un rasoir

to read lire*; to ——
again relire* (5)

reading la lecture (9)

ready prêt

to realise comprendre*
(11)

to reassure rassurer (13)

reassuring rassurant
(13)

receipt (till-) un ticket

to receive recevoir* (7)

recently récemment
(6)

to recognise reconnaître*
(13)

to recommend
recommander (16)

record un disque; to
play a —— passer
un disque; ——
-player un
tourne-disques; to
—— enregistrer
(10)

to recover récupérer (13)

red rouge

reduction la réduction
(15)

refreshing
rafraîchissant

to refuse to refuser de

region la région

relatives les parents
(m)

to rely on compter sur

remains, Roman ——
les antiquités
romaines (f)

remark une
observation

remarkable
remarquable

to rent louer

repair une réparation

(3); to —— réparer
to repeat répéter (17)
to reply répondre
report un bulletin; un
reportage; to ——
signaler (17)
reporter un reporter
requested to prié de
to reserve réserver
reserved retenu (16)
resolution une
résolution
to rest se reposer
restaurant un
restaurant
result le résultat
to retrieve récupérer (13)
return ticket un aller
et retour
return to school la
rentrée
revolution la
révolution
revolver le revolver
rich riche
to ride horses monter à
cheval
ridiculous ridicule
rifle(-shot) un (coup
de) fusil (4)
right le droit (2); to be
—— avoir* raison;
just —— à point
(16); on the —— à
droite; —— up to
jusqu'à; —— of
way la priorité
to ring sonner
ringing une sonnerie
(11)
rival un rival (-aux)
(10)
river une rivière
road la route; main
—— une route
nationale,
principale (2)
roadway une chaussée
(2)
rock un rocher (4)
roller skates les patins
(m) à roulettes
rolling roulant
Roman remains les
antiquités (f)
romaines
room une salle; une
pièce; games- ——
une salle de
récréation; living-
—— une salle de
séjour
rosé (wine) rosé
roundabout un
rond-point
row (disagreement)
une dispute (5)
rucksack un sac à dos
rugby le rugby
ruined gâché
to run away se sauver
runway une piste
to rush se précipiter (8)
Russia la Russie

sad triste (6)
sailing la voile; to go
—— faire* de la
voile

sailor un marin (16)
saleswoman une
vendeuse
same même; all the
—— quand même
sand-castle un château
de sable
sandwich un
sandwich; fried
—— of ham and
cheese un
croque-monsieur
satellite un satellite
Saturday samedi (m)
saucepan une
casserole
saucer une soucoupe
to save sauver; to ——
up faire* des
économies
scarf un foulard
school une école; un
collège; driving-
—— une auto-école
(2)
schoolboy/girl un(e)
lycéen(ne) (9)
schools, relating to
—— scolaire (7)
science les sciences (f)
to score marquer (10)
scouting le scoutisme
(9)
sea la mer; —— -food
les fruits de mer
(16)
in search of à la
recherche de (13)
season la saison
seat (in cinema) une
place; (in train) une
banquette (2)
second une seconde
secondary school un
C.E.S. (= Collège
d'Enseignement
Secondaire)
second-hand
d'occasion (1)
seductive séduisant
(11)
to see voir*; to ——
again revoir*; to
—— each other se
voir*
to seem sembler; avoir*
l'air (6)
to seize saisir
selection une sélection
(9)
to sell vendre
to send envoyer; to ——
for faire* venir
September septembre
(m)
serial un feuilleton
(11)
series une série (8)
serious grave; sérieux
(-ieuse)
seriously gravement
to serve servir* (3); to
—— o.s. se servir*
service, emergency-
—— le service de
secours; at your
—— à votre service
to service (cars)
entretenir* (2)
serving-point (at
counter) un guichet
(17)

to set off partir*; to ——
off again repartir*
(4)
settee un canapé
to settle oneself
s'installer
several plusieurs
to shake hands serrer la
main (13)
to shave, to have a ——
se raser
she elle
sheet (of paper) une
feuille (de papier)
shelf le rayon
shelter l'abri (m)
shirt une chemise
shoe une chaussure
shooting, clay-pigeon
—— le ball-trap (4)
shop une boutique
short court (13)
shorts un short
shout un cri (4); to
—— crier
to show montrer; faire*
preuve de (9)
Show, Motor —— le
Salon de l'Auto (1)
shower une douche
shut up! tais-toi!,
taisez-vous!
shy timide
sideboard un buffet
to sign signer
simple simple (13)
since depuis; puisque
to sing chanter
singer un chanteur
single ticket un aller
simple
sink un évier
sister une sœur
sit down! assieds-toi!
asseyez-vous
site le terrain;
(historic) —— un
site (18)
sitting-room un salon;
—— suite un salon
situated, to be —— se
trouver
situation une situation
(11)
size la grandeur (15)
skates, roller- —— les
patins (m) à
roulettes
skating le patinage
(10)
to skid déraper
skier un skieur
skiing, (water-) ——
le ski (nautique); to
go —— faire* du
ski
skin, soaked to the
—— mouillé
jusqu'aux os
skirt une jupe
sky le ciel; ——
scraper un
gratte-ciel (18)
to sleep dormir*; ——
well! dors/dormez
bien!
sleeveless sans
manches (10)
slippery glissant
slowly lentement
small petit
smell, there's a ——

of burning ça sent le
brûlé; that ——s
good ça sent bon
smelly malodorant (4)
to smoke fumer
smoker le fumeur
snack bar le snack-bar
to snow neiger; ——man
un bonhomme de
neige
so donc; so . . .!
tellement . . .! (8)
soaked to the skin
mouillé jusqu'aux
os
sock une chaussette
sofa un canapé
soldier un soldat (15)
solution une solution
(3)
some du, de la, de l',
des;
quelques-un(e)s
(15)
somebody quelqu'un
something quelque
chose; —— difficult
quelque chose de
difficile
sometimes quelquefois
somewhere quelque
part (1)
son un fils
soon bientôt; tôt; as
—— as possible
aussitôt que
possible; very ——
dans un petit instant
(5)
sooner plus tôt
sorry, very ——
désolé (2)
sorting le tri (17)
source (of inspiration)
une source
(d'inspiration) (8)
south sud
souvenir, as a —— of
en souvenir de (6)
space la place
to speak parler
special spécial; ——
offer la promotion;
—— dish la
spécialité (16)
to specify préciser (9)
spectacles les lunettes
(f)
speed, at top —— à
toute vitesse
to spell épeler (13)
to spend time passer; to
—— money
dépenser (11)
in spite of malgré (9)
splendid splendide
spoilt for choice
avoir* l'embarras
du choix (1)
spoonful une cuillerée
sport le sport
sporty sportif (-ive)
spring le printemps
squabble une dispute
(5)
squashed écrasé
stadium le stade
stage (in bus journey)
une section (14); (of
race) une étape (10)
staircase un escalier
to stall caler (3)

stalls (in cinema)
l'orchestre (m)
stamp un timbre;
-collecting la
philatélie (17)
star une étoile (15
(person, male o
female) une ve
(10)
start, (hill——) u
démarrage (en
(2)
to start (car) démar
(2); commence
—— again
recommencer
starter (first cour
les hors-d'œuvr
(16)
station une gare;
bus/coach- ——
gare routière; –
entrance hall l
salle des pas
perdus; port- –
une gare marit
(2); undergrou
railway- —— u
station (6)
stationery la pape
stay un séjour; to
rester
steak, beef- —
bifteck (16)
to steal voler
step un pas (11)
stereo (-unit) une
chaîne hi-fi
still toujours
stomach le ventre
to stop s'arrêter; to –
doing sthg arrê
de faire qq.ch.
thief! au voleu
stop (road-sign) le
«stop»; bus- —
un arrêt
store, food—— le
magasin
d'alimentation;
large —— un
magasin
storm un orage
story une histoire
straight on tout dr
strange bizarre
stream un ruissea
(-x) (4)
street une rue; ma
—— la grand'r
(2)
strict sévère
stronger, to get ——
reprendre* des
forces (8)
strongly fort
student un étudian
(15)
studio le studio
study un cabinet
stupid bête
subject une matièr
un sujet (5)
subscription un
abonnement
suburbs la banlieu
(7)
to succeed in réussir
such a un tel, une
(12); pareil (-lle
(15)

**suddenly** *soudain*
to **suffer** *souffrir**
**sufficient** *suffisant*
   (11); *ça suffit* (14)
**sugar** *le sucre*
to **suggest** *proposer*
**suit** *un complet* (13)
to **suit** *convenir** (12)
**suitable** *convenable*
   (12)
**suitcase** *une valise*
**suite, sitting-room**
   —— *le salon*
**sum** *un calcul;* **(of**
   **money)** *une somme*
   (17)
**summer** *l'été* (m)
**sun** *le soleil;* **to** ——
   **-bathe** *prendre** un*
   *bain de soleil*
**Sunday** *dimanche* (m)
**supermarket** *le*
   *supermarché*
**supporter** *un*
   *supporter* (13)
**sure** *sûr* (3)
**surname** *le nom*
**surprise** *une surprise;*
   **to** —— *surprendre**
   (3)
**surprised** *étonné* (8)
**surrounded by**
   *entouré de* (4)
**Swede** *un Suédois* (11)
**Swedish** *suédois* (11)
**sweet** *un bonbon;*
   **(pudding)** *un*
   *dessert;* **(nice)**
   *mignon (-onne)* (9)
**swim** *nager* (7)
**swimming** *la natation*
   (10); ——**-pool** *une*
   *piscine*
**switch on** *allumer*
**symbol** *un symbole*
   (15)

**table** *une table;* ——
   **football** *le*
   *baby-foot;* ——
   **tennis** *le ping-pong*
**tablet** *un comprimé*
to **take** *prendre**; **to** ——
   **away** *emporter;* **to**
   —— **off (plane)**
   *décoller;* **to** ——
   **part in** *participer à;*
   **to** —— **an exam**
   *passer* (2); **to** ——
   **place** *avoir** lieu*
   (10)
**tank** *un char* (16)
**tap** *un robinet*
**tart, (apple-)** —— *une*
   *tarte (aux pommes)*
   (16)
**taste** *le goût* (7)
**tea (snack, meal)** *le*
   *goûter;* **(drink)** *le*
   *thé;* —— **with**
   **lemon** *le thé au*
   *citron;* —— **with**
   **milk** *le thé au lait*
**team** *une équipe* (5)
**tee-shirt** *le tee-shirt*
**telephone** *un*
   *téléphone;* ——
   **-box** *une cabine*
   *téléphonique* (17);

—— **-call** *un coup*
   *de fil, téléphone*
   (13); **to** ——
   *téléphoner (à);*
   —— **operator**
   *un(e) standardiste*
   (17)
**televised** *télévisé*
**television** *la télévision;*
   **to be on** —— *passer*
   *à la télévision*
to **tell a story** *raconter*
**temper, in a bad** ——
   *de mauvaise*
   *humeur*
**ten, 'about** —— *une*
   *dizaine*
**telegram** *un*
   *télégramme* (17)
**tennis** *le tennis;* ——
   **-shoes** *les tennis;*
   **table** —— *le*
   *ping-pong*
**tent** *une tente*
**terminal, air-** ——
   *une aérogare*
**terminus** *un terminus*
   (14)
**terrace** *une terrasse*
**terrific** *terrible*
**terrorist** *un terroriste*
**test** *une épreuve* (2)
to **thank** *remercier*
**thank you** *merci*
**that** *ça; cela*
**theatre** *un théâtre*
**then** *puis*
in **theory** *en principe*
**there** *là; y;* —— **we**
   **are!** etc. *ça y est!*
**therefore** *donc*
**these** *ces*
**they** *ils* (male), *elles*
   (female)
**thief** *un voleur;* **stop**
   ——**!** *au voleur!*
**thing** *une chose*
**things** *les affaires* (f)
to **think** *penser*
**third form** *la*
   *quatrième*
**thirsty, to be** ——
   *avoir** soif* (9)
**this** *ce, cet, cette; ceci*
**those** *ces*
**thought, I** —— **as**
   **much** *je m'en*
   *doutais* (15)
**thousand** *un millier*
   (16)
**throat** *une gorge*
to **throw** *jeter* (5)
**thunder** *le tonnerre*
**Thursday** *jeudi* (m)
to **tick** *cocher* (2)
**ticket** *un billet;* **return**
   —— *un aller et*
   *retour;* **single** ——
   *un aller simple;*
   **platform** —— *un*
   *ticket de quai;* ——
   **-cancelling machine**
   *un composteur* (14)
to **tidy away/up** *ranger*
**tie** *une cravate*
**tiger** *un tigre* (6)
**time** *l'heure* (f); **the**
   **best** —— *le bon*
   *moment;* **a long**
   —— *longtemps;*
   —— **off** *le congé;* **at**

**the** —— *à l'époque*
   (15); **some other**
   —— *ce sera pour*
   *une autre fois* (12);
   **at the same** —— *à*
   *la fois* (13);
   ——**table** *un emploi*
   *du temps; un*
   *horaire*
**times, a thousand**
   —— *mille fois*
**timid** *timide*
**tinned goods** *les*
   *conserves* (f)
to **tip over** *se renverser*
**tired** *fatigué*
**tiring** *fatigant*
**tobacco** *le tabac*
**tobacconist's** *un*
   *café-tabac*
**to-do, what a** ——**!**
   *quel drame!*
**today** *aujourd'hui*
**together** *ensemble*
**toilets** *les toilettes* (f)
**toll** *le péage* (9)
**tomato** *une tomate*
**tomb** *le tombeau (-x)*
   (4)
**tomorrow** *demain*
**too** *trop*
**tool** *un outil*
**tooth** *une dent;*
   ——**brush** *une*
   *brosse à dents*
**top** *le sommet* (14)
**tour** *le tour* (10)
**tourist** *un/une*
   *touriste;* —— **office**
   *un syndicat*
   *d'initiative*
**tournament** *un*
   *tournoi* (10)
to **tow** *tracter*
**towards** *vers*
**tower** *une tour* (14);
   **control-** —— *une*
   *tour de contrôle*
**town** *une ville;* **of the**
   —— *municipal*
   (10); —— **hall** *un*
   *hôtel de ville; la*
   *mairie* (16)
**toy** *un jouet*
**track** *une voie; une*
   *piste*
**tractor** *un tracteur* (4)
**traffic** *la circulation*
   (2); ——**-jam** *un*
   *embouteillage* (4);
   —— **-lights** *les feux*
   (m) (2)
**train** *un train;* ——
   **-door** *une portière;*
   —— **-driver** *un*
   *mécanicien*
to **train** *s'entraîner* (10)
**trainer** *un entraîneur*
   (10)
**training** *un*
   *entraînement* (10)
to **transfer** *transférer*
   (18)
**transmitter** *un*
   *émetteur* (15)
**transport** *le transport*
   (14); **to** ——
   *transporter*
to **travel** *voyager;* ——
   **agency** *une agence*
   *de voyages*

**travelator** *un tapis*
   *roulant*
**traveller** *un voyageur;*
   ——**'s cheque** *un*
   *chèque de voyage*
**tray** *un plateau (-x)*
**treat** *un régal* (16)
**tree** *un arbre;*
   **Christmas** —— *un*
   *sapin de Noël*
**trial** *un essai* (10)
**tricolour (French flag)**
   *le tricolore* (16)
**trolley** *un chariot*
**trouble, to get sbdy**
   **out of** ——
   *dépanner qqn* (3)
**trousers** *un pantalon*
to **try (to)** *essayer (de)*
   (3)
**tube** *un tube*
**Tuesday** *mardi* (m)
**tunnel** *un tunnel*
to **turn** *tourner;* **to** ——
   **over a new leaf**
   *faire** peau neuve;*
   **3-point** —— *un*
   *demi-tour* (2)
**twin** *jumeaux,*
   *jumelles* (6)
**typical** *typique* (8)
**tyre** *un pneu (-s)*

**umbrella** *un parapluie*
**unable** *incapable* (3)
**unbearable**
   *insupportable*
**unbelievable**
   *incroyable* (1)
**uncle** *un oncle*
**under** *sous*
**underground**
   *souterrain* (15);
   —— **railway** *le*
   *métro* (6)
to **understand**
   *comprendre**
**unexpected** *inattendu*
**unforeseen** *imprévu*
**uniform** *un uniforme*
**United States** *les*
   *États-Unis* (m)
**universal** *universel*
   *(-elle)* (15)
**unknown** *inconnu*
   (15)
**unmarried** *célibataire*
   (9)
**untidy** *mal rangé* (16)
**unusual** *anormal*
**urgently** *d'urgence*
   (17)
to **use** *utiliser*
**useful** *utile; pratique*
**usefulness** *l'utilité* (f)
   (15)
**usual, obvious, to be**
   **expected** *normal*
   (17); **as** ——
   *comme toujours*
**usually** *d'habitude;*
   *normalement*
**utensils (kitchen)** *la*
   *batterie de cuisine*

**vacuum-cleaner** *un*
   *aspirateur*

**valid** *valable* (14)
to **validate** *valider* (14)
**valley** *une vallée* (4)
**value** *la valeur*
**van** *une camionnette*
**vase** *un vase*
**vegetables** *les légumes*
   (m); **raw** —— **dish**
   *les crudités* (16)
**version** *la version* (9)
**very** *très;* **in the**
   **middle of** *en plein*
   *centre de* (18)
**vet** *un vétérinaire* (6)
**video game** *un*
   *vidéo-jeu*
**view** *la vue*
**viewer** *un*
   *téléspectateur*
**villa** *une villa* (4)
**visibility** *la visibilité*
   (15)
**visit** *une visite;* **to** ——
   **(a place)** *visiter;*
   *rendre visite à* (9)
**visitor** *un visiteur*
**voice** *une voix* (1)
**volleyball** *le*
   *volley-ball*

to **wait (for)** *attendre*
**waiter** *un serveur; un*
   *garçon*
**waiting-room** *une*
   *salle d'attente*
**walk** *une promenade;*
   **to** —— *marcher*
**walking** *la randonnée*
   (9)
**wall** *un mur*
**wallet** *un portefeuille*
   (1)
**want** *désirer; vouloir**
**war** *la guerre* (15);
   —— **-memorial** *un*
   *monument aux*
   *morts* (15)
**wardrobe** *une armoire*
to **wash** *laver;* **to** ——
   **oneself** *se laver;*
   —— **up** *faire** la*
   *vaisselle;* ——
   **-basin** *un lavabo*
**washing facilities** *le*
   *bloc sanitaire*
**washing-machine** *une*
   *machine à laver*
**watch** *une montre*
**water** *l'eau* (f); ——
   **skiing** *le ski*
   *nautique*
**way, on the** —— *en*
   *route;* **this** ——**!** *par*
   *ici!*
**weak (at)** *faible (en)*
to **wear** *porter*
**weather** *le temps;* ——
   **forecast** *la météo*
**Wednesday** *mercredi*
   (m)
**week** *une semaine;* **per**
   —— *par semaine*
**weekend** *un week-end*
**weighing-scale** *une*
   *bascule*
to **weigh** *peser*
**welcome** *bienvenu;* **to**
   —— *accueillir** (9)

well *bien;* well! *ça alors!;* ——
-behaved *sage;* ——
done! *bravo!;* ——
then . . . *alors . . .*
west *ouest*
western (film) *un western*
what *quel, quelle, quels, quelles;* ——
is it? *qu'est-ce que c'est?*
wheel, steering- ——
*un volant* (5);
(spare-) —— *une roue (de secours)* (3)
when *quand*
where *où*

whereas *tandis que* (5)
which *qui;* ——?
*lequel, laquelle, lesquels, lesquelles?* (15)
Which? *«Que Choisir?»*
while, a little —— ago *il y a un certain temps* (9)
whilst *pendant que*
whisky *le whisky*
white *blanc (blanche)*
who *qui*
why *pourquoi*
wife *la femme*
to win *gagner; remporter* (10)
wind *le vent*

window *une fenêtre;*
shop- —— *une vitrine* (18)
wine *le vin*
winning *gagnant*
winter *l'hiver* (m)
to wipe *essuyer*
to wish *souhaiter*
with *avec*
woman *la femme;*
strong —— *une amazone;* Women's Lib *le M.L.F.*
wood *le bois*
work *le travail;* to
—— *travailler;* (of equipment)
*marcher; fonctionner;*

——man *un ouvrier* (15); ——shop *un atelier*
world *le monde;* in/of the —— *mondial* (11)
worn *usé* (13)
worry, don't ——! *ne t'en fais pas!*
worse *pire* (5)
wreath *une gerbe* (16)
to write *écrire**
written *écrit*
wrong, to be ——
*avoir* tort;* ——
number *le mauvais numéro* (17)

year *un an, une année;* school ——
*l'année scolaire*
yellow *jaune*
yes *oui; si (in respo to negative question)*
young *jeune*
youth hostel *une auberge de jeun*

zone, restricted parking- —— *zone bleue* (2)
zoo *un zoo* (6)

# Index

## A    GRAMMATICAL STRUCTURES

*If you want to check how a grammatical structure is used, use this index to find the page on which it was first explained. The number in brackets refers to the unit.*

## B    CONVERSATIONAL TOPICS AND SITUATIONS

# Contents